Nurculuk Hareketi

Sosyolojik Bir Araştırma

2. Baskı

Dr. Cemil Şahinöz

Tüm yayın hakları yazara aittir.

Herstellung und Verlag:

BoD – Books on Demand, Norderstedt

ISBN 9783752832075

©2018 www.misawa.de

2. Baskı: 2021

Cover: Erman Doğan

Cemil Şahinöz

Dr. Cemil Şahinöz, 1981 yılında Almanya'nın Halle/Westf. şehrinde doğdu. Bielefeld Üniversitesinde sosyoloji ve psikoloji okudu ve ilahiyat ve dinpsikolojisi alanında doktorasını yaptı. Aynı zamanda Üniversitede İstatistik Öğretmenliği yaptı. 15 yaşında ilk kitabını ve 16 yaşında ilk aylık dergisini çıkaran Şahinöz, 2001 senesinde gazetecilik, yazarlık ve köşe yazarlığı yapmaya başladı. Aynı sene "Ayasofya" dergisini çıkarmaya başladı. Farklı dergilerde ilmi makaleleri yayımlandı. Birçok kitap yazdı, birçok kitabı tercüme etti veya editörlüğünü yaptı. Farklı gazete ve dergilerde gazeteci ve köşe yazarlığı yapmakta. Gazeteci olarak Almanya Cumhurbaşkanı Christian Wulff ve Türkiye Cumhurbaşkanı Abdullah Gül ile Osnabrück Gezisine katıldı. Türkiye Münster Konsolosluğu Tercümanı olarak çalıştı. Said Nursi'nin Risale-i Nur eserlerinin almanca tercümelerinde görev aldı. 2006 senesinde yazdığı "Avrupa'da Türk Aile Yapısı" makalesi Almanya'da Diyanet tarafından "Yılın Makalesi" seçildi. Şuan kumar bağımlılığı uzmanı, entegrasyon (uyum) sorumlusu ve psikolojik aile danışmanı olarak görev yapan Şahinöz, geçmişte öğretmen, eğitimci, ve projemenejeri olarak çalıştı ve "Misawa Talk" internet radyo programını sundu. Kurduğu internet sitesi (www.misawa.de) Almanya'da bir üniversite tarafından yapılan araştırmada "En iyi almanca İslami Websitesi" seçildi. Uyum Sorumlusu olarak yaptığı projeleri Almanya Başbakanı Merkel tarafından Ocak 2011 tarihinde onore edildi. Şubat 2011'de Barack Obama'nın baş danışmanı Rashid Hussain'e "Almanya'da ki Müslümanlar" hakkında rapor verdi. Haziran 2011'de Avrupa İşadamları ve Akademisyenler Birliği Derneği (AİB) tarafından kendisine "Akademisyen ve Uyum Ödülü" verildi. Almanya'nın en çok satan dergilerinden biri olan "Focus" dergisinde Eylül 2015'de müslüman genç entellektüel olarak tanıtıldı. Şahinöz, Almanya genelinde birçok kuruma seminerler ve konferanslar veriyor. Aynı zamanda Avrupa'daki Risale-i Nur hareketinin çatı derneği ERNA'nın genelsekreteri, kurucu üyesi ve eski başkanı ve Bielefeld İslami cemaatlerin çatı derneği BİG'in başkanlığını yapıyor.

İrtibat: www.misawa.de   cemil.sahinoez@gmx.de
twitter.com/Cemil_Sahinoez
facebook.com/CemilSa
youtube.com/user/Cemil4000
instagram.com/cemilshnz

İçindekiler

Önsöz

Bu çalışma ilk olarak 2008 yılında Almanya'da Bielefeld Üniversitesinde tez olarak yayınlandı. Hemen ardından 2009 senesinde içeriği biraz değiştirilerek kitap olarak yayınlandı (Şahinöz, 2019). Daha sonra kitap Gonca Taşgın tarafından almanca'dan türkçe'ye çevirildi. O günden bugüne kadar yaşanan gelişmeler ve yeni bilgiler de çalışmaya eklendi.

Kitabın ana hedefi popüler olarak bir çok kitaba konu olmuş olan Nurculuk Hareketini objektif, sosyolojik ve ilmi olarak ele almak. Hareketi anlayabilmek için hem tarihsel olarak gelişmesi, hem de yapısı ve işleyiş tarzı detaylarıyla araştırıldı. Özellike Hareketin kurucusu olan Bediüzzaman Said Nursi'nin eserleri kaynak olarak kullanıldı ve bizzat talebeleriyle söyleşiler gerçekleştirildi. Almanya'da ve Türkiye'deki Hareketin buluşma yerleri olan medreseler araştırma için ziyaret edildi ve gözlemci olarak notlar alındı.

Araştırmanın oluşmasında bir çok kişinin emeği geçtiği için bazılarının isimlerini yazıp bazılarını unutmak yerine, hepsine buradan teşekkürlerimi arz ederim. Özellikle çalışma esnasında vakitlerinden çaldığım aileme minnet borçluyum.

Dr. Cemil Şahinöz

1.0 Giriş

Son yıllarda farklı gruplara[1] yönelik bir çok sosyolojik araştırmalar yapılmasına rağmen, aralarında fazla popüler olmayan bir tanesi geri planda kalmış bulunmakta. Söz konusu olan cemaat Nurcular, ya da Risale-i Nur Cemaati ve Nur Hareketi olarak bilinen cemaat. Bu cemaat Türkiye'de milyonlarca mensubu bulmakla kalmıyor, aynı zamanda Türkiye'de topluma en büyük etkiyi yapan müslüman gruplardan biri gibi görünüyor. Nur Hareketini bugünkü Türkiye Cumhuriyetinde ilk organize olabilen dini hareket olarak adlandırmak da mümkün. Sadece Türkiye'de değil, Nur Hareketinin tüm dünyada mensupları bulunmaktadır. Dolayısıyla bilimsel araştırmaların hedefi olması gerekir. Siyasi ve popüler olarak bu cemaat hakkında bir çok kitap yayınlanmış olmasına rağmen, sosyolojik ve bilimsel yanlarının araştırılmadığı kanaatindeyiz.

Bu cemaat hakkında bilimsel çalışmaların[2] az ve yetersiz olduğundan dolayı, elinizdeki çalışma ile bu açığı kapatmayı hedefliyoruz. Bu cemaati detaylı değerlendirmenin iki önemli nedeni var: **Birincisi,** Türkiye'de doğan bu hareketin uluslararası yaygınlaşmasının sebepleri ve neticeleri nelerdir? **İkinci** nedeni ise, kendi şeklini belirlemiş, diğer din çevrelerinde bulunamayan bir cemaat yapısına sahip

---

1 Söz konusu olan 'grublar' kelimesi gündelik konuşma tarzındadır, sosyolojik anlam taşımıyor.

2 Şerif Mardin'in çalışması (1989, 2003a) Said Nursi'nin şahsıyla ilgili. Nurculuk cemaatini analiz etmiyor.

9

olması. Hareketin mensupları genellikle kamuoyunda tartışmalara katılmıyorlar. Daha çok kendi çaplarında programlar düzenleyip, akedemisyen müslümanları ve müslüman olmayan insanları davet ediyorlar. Cemaat bireyleri, yani Risale-i Nur talebeleri, diğer adıyla da Nurcular ise, genellikle akedemisyenlerden, bilim adamlarından, üniversite öğrencilerinden ve öğretmenlerden oluşmaktadır. Dolayısıyla hedef kitleleri öncelikle entelektüellerden[3] oluşuyor.

Cemaatin 'kurucusu' olan Said Nursi dahi bir çok popüler eserin konusu oldu. Tümü 'Risale-i Nur' (kısacası: Risale) olarak adlandırılan Said Nursi'nin eserlerini Abu Rabi, 'uluslararası tarih ve dinsel metin' (2000) olarak nitelendiriyor. Abu Rabi'nin tanımlamasına göre Risale-i Nur, 'modern entellektüel Müslüman toplumunun en önemli eserlerinden biri. Öyle bir döküman ki, Atatürk'ten sonraki Türkiye'ye damgasını vurmuş ve yavaş yavaş bütün dünya Müslümanları tarafından keşfedilmekte' (2003, s.77).

Hareketin kurucusu olan Said Nursi kendisini toplumdan geri plana çeken biri değildi. Sufilik gibi İslamiyetin değişik geleneksel formlarından kendini ayıran Said Nursi kendi yolunu çizdi. Bu bağlamda hakikatin sadece birilerinin elinde olduğu anlayışını red etti (1995b, s.121; 2001d, s.645; 2004b, s.368; 2004e, s.17). İslamiyet anlayışı Said Nursi'ye göre; zamana, mekana ve farklı şartlara bağlı olarak, dolayısıyla İslamiyetin değişik yorumlu paradigmalarını da

---

3 Entellektüel kavramını, akedemik yüksek seviyeye ulaşmış bilim adamları olarak kullanıyorum.

kabullenmek demektir. Üstelik Said Nursi'nin görüşüne göre, dinin siyasi hedeflere alet edilmesi dini özgürce yorumlamayı engelliyor (Yavuz, 2004, s.126ff). Bahsi geçen İslam'ın yeni yolunu, geleneksellikten modernizme geçiş olarakta tanımlayabiliriz. Said Nursi müslüman toplumunun sorunlarını 'modern bilim'[4] ile çözmeye çalıştı ve en büyük hedefi olarak İslam'daki gerçeklerle modern bilimi birleştirmeyi öne sürdü. Çünkü ona göre İslamiyet ve modern bilim birbirlerini dışlamak yerine tamamlıyordu. Böylelikle 20'nci yüzyılda Türkiye'de sosyal devrim niteliğinde 'Nurculuk Hareketi' oluşmuştur.

Gelecek bölümlerde öncelikle çalışmamızın teorik alt yapısı işlenecek. Bu bölümde 'toplum', 'cemaat', 'anlam bulmak', 'karizma', 'toplumsal ağ' terimleri büyük anlam taşıyor. Dördüncü bölümde ise araştırmanın metot ve yöntemleri aydınlatılacaktır. Beşinci bölüm, Türkiye'nin tarihsel düzeyini ve 20'nci yüzyılın başındaki durumunu Said Nursi'nin biyografisi ışığında değerlendirilecek. Said Nursi'nin vefatından sonra hareketteki gelişimler ve değişik grublaşmaların sebebiyetine de değinilecektir. Sonraki bölümde ise araştırma örneği olarak hareketin Türkiye dışındaki bir ülkede gelişimi aktarılacak. Türkiye'nin dışında en çok türkler Almanya'da yaşadığı için ve örnek olarak en uygunu olduğu için bu ülke araştırma için seçildi. Organizasyonun düzeni hangi uygun terimlerle açıklanabilir sorusuna cevap aranacaktır. Buna yönelik

---

4 Said Nursi'nin 'Modern Bilim' kavramı mühendislik ve tabiat bilimlerini kapsıyor. Beşeri ve Sosyal bilimleri içeriğine almıyor. Kitabın 5.2.1. bölümünde Van'daki kütüphane meselesi bu konuya ışık tutuyor.

11

hiyerarşi, mensuplar veya merkez kavramları daha iyi anlaşılması için alt bölümde işlenecek. Sekizinci bölüm daha çok harekete zemin hazırlayan genel kavramları, yani ihlas, hizmet, uhuvvet, müsbet hareket, kutsallık, karizma, siyaset, diyalog ve bilim kelimelerini göz önüne getirecektir. Dokuzuncu ve sonuncu bölümde ise araştırmayı toparlayarak, araştırmanın sorularına cevap bulmaya çalışılacaktır. Ardından kısa bir sonuç belirlenecek ve geleceğe yönelik düşünceler yer alacaktır.

2.0 Araştırmanın bilimsel düzeyi ve soruları

İlmi araştırmaların eksikliği nedeniyle bazı konuları detayında işlemek gerekir, mesela hareketin doğuşu gibi. Konuyu temelden ve esas biçimde anlamak için, hareketin tarihsel gelişimini analiz etmemiz ve Nurcuların genel karakteristik özelliklerini göz önünde bulundurmamız gerekiyor. Bu nedenle araştırılması gereken konular şu şekilde oluşuyor:

- **Nurculuk nedir? Nurculuğun yapısını ve organizasyonunu nasıl tanımlayabiliriz?**

Bu soruları cevaplandırmak için sistemi göz önüne getirmek gerekli. Dolayısıyla yapılanma şeklinin ve orginazasyonun analiz edilmesi gereklidir. Bunun yanı sıra, cemaat ve toplum terimleri Nurcuları tanımlamak için büyük önem taşıyor. (6.2. ve 7. Bölüm)

- **Tüm yasaklara ve dirençlere rağmen Nurculuk Hareketi nasıl ayakta kalıp yaygınlaşmayı başardı?**

Türkiye'nin tarihçesi, eski sosyal durumu ve bazı damga vuran olaylar Nurculuğun yaygınlaşmasını ve büyümesini tetiklemiştir. Bu yüzden Nurcu Hareketi'nin Türkiye'deki başlangıcı ve örnek olarak Almanya'ya da yayılması bu araştırmada analiz edilecektir. (5.ve 6. Bölüm)

13

- **Nurculuğun hangi özellikleri var? Nur Cemaatindeki mensupların amaçları nelerdir? Cemaatte kullanılan kavramlar nelerdir?**

Bu gibi sorulara Said Nursi'nin eserlerinden ve araştırma için yaptığımız söyleşilerden faydalanarak cevap arayacağız. Nurcuların, kendileri için yaptıkları tarifler çok önemli olduğu için, özellikle söyleşiler bu bölümde önemli bir yer alacaktır. (8. Bölüm)

Bütün bu araştırma sorularına Said Nursi'nin eserleri, Nurcular ile yaptığımız söyleşileri ve sosyolojik teorileri göz önünde bulundurarak cevap aranacaktır. Araştırmamızın teorik çerçevesi gelecek bölümde aydınlatılacak.

3.0 Teorik çerceve

Bazı noktalara değinmeden önce kısaca başka bir konuyu dile getirelim. Bu araştırmada kapsayıcı bir teori kullanılmayacak - çünkü müslüman olmayan bilim adamlarının İslamiyet ve müslümanlar hakkında yapmış oldukları bilimsel araştırmalarda bazı ciddi problemlerle karşılaşıyoruz. Hristiyan örnekleri İslamiyete taşıdıkları için, İslamiyetin aslı ve gerçekliği arka plana düşüyor. Bu nedenlede bilimsel arıştırmalar otantikliğini yitiriyor. (Tezcan, 2003). İslamiyet, Hristiyanlık münakaşalarında tecrübe edilen konularla değerlendirildiği için yanlış bir algı ortaya çıkıyor. Dolayısıyla İslam dininin fenomenlerini Hristiyanların terimleriyle yeterli bir şekilde anlatmak imkansız. Bu konudaki bilimsel araştırmaların sonuçları yeterli özen ve hassasiyeti taşımıyor. Böyle sorunlar yaşamamak için standart şablonlaşmış teoriler bu araştırma esnasında kullanılmayacaktır.

İlk önce toplum, cemiyet ve cemaat kelimelerinin analiz edilmesi gerekmekte. Bu bağlamda Tönnies'nin bazı düşüncelerine göz atacağız. Ardından anlam oluşturma konusunu işleyeceğiz. Genelde cemaatlerde anlam karizmatik bir önder sayesinde oluşur. Bu nedenle karizma konusu da bu bölümde işlenecektir. Son bölümde ise ağlaşma teorisini ele alacağız. Burada göz önünde bulundurulması gereken en önemli faktör sosyal ağlaşmadır.

3.1 Toplum, Cemiyet, Cemaat

Aristo Milat'tan önce, 4'üncü yüzyılda, insanların yaşamak için sosyal çevrelere ve birbirlerine muhtaç olduklarını belirtirken, Durkheim (1992) sosyal düzeni ve toplumu birleştiren faktör olarak 'insanlar arası dayanışmayı' kaynak olarak görüyor. Durkheim'a göre toplum, insanların ihtiyaçlarından dolayı oluşuyor. 'Gemeinschaft und Gesellschaft' (Türkçe: 'Cemaat ve Cemiyet') kitabında Ferdinand Tönnies (1979) 'kentsel-feodal ve tarımsal toplumun nasıl modern endüstriyel sanayileşmiş bir toplum haline geldiğini ve bireysel anonimleşmenin' (Schäfers, 2003b, s.111) nasıl geliştiğini analiz ediyor. İbn Khaldun (1966) 14'üncü yüzyılda köy ve şehir hayatının farklarını anlattığı eserinde kullandığı 'Asabiyyet' kelimesi hala günümüzde toplumsal nitelikleri anlatmak için büyük önem taşıyor. Bell (1989) gelişmiş batı endüstrilerini 'post-endüstri toplumu', Spinner (1998) 'bilgi ve bilim toplumu', Castells (2001) 'ağlaşma toplumu' ve Beck (1986; 1991; 2007) ise 'risk alma toplumu' olarak tanımlamış (Schäfers, 2003b, s.113). Bunun yanı sıra sosyolojik tartışmalar bir 'Dünya Topluluğu Tezi'ni de oluşturmakta (Beck, 1998; Luhmann, 1995b). Kitle iletişim araçları yerel iletişimi kaldırıp, global iletişimi yaygınlaştırdı. Günümüzde artık ulaşılamayan bir bölge yok. Yani 'Sosyal adalaşma' kalmadığı için, bu teoride 'dünya topluluğu'ndan bahsediliyor.

Sosyolojide toplum kelimesi karmaşık bir anlam taşıyor. Bu terim ile canlıların, yani insan, hayvan ve bitkilerin bağlılığını da ifade edebilirsiniz. Fakat aynı zamanda ihtiyaçları karşılamak için bir birleşim veya belli bir amaç için organize olmuş bir birleşimi de ifade eder. Halbuki toplum bir kurgu'dur. İnsanlar toplumda değil, toplumun gruplarında, derneklerinde, organizasyonlarında ve kurumlarında yaşarlar (Schäfers, 2003b, s.109ff). İnsanları birleştiren Tönnies'e göre (1979, s.17) uzlaşmadır ('consensus'). Ona göre uzlaşma, sosyal güç, sempati ve insanların birbirine gösterdiği samimi anlayıştır. Bunun yanı sıra dayanışma duygusu da insanları bütünleştiriyor (Durkheim, 1992; Anderson, 1991; Mettele, 2006, s.48).

İnsanlar arası müsbet bir ilişki Tönnies'e göre (1979, s.3ff) ya bir cemaati veya bir cemiyeti meydana getirir. Tönnies'e göre her sosyal yapı aslında bu teoriyle aydınlatılabilinir. Küçük ve samimi olan ve gerçek ve organik yaşam olarak algılanabilinen birleşimlere cemaat (Gemeinschaft) ismini veriyor. İdeolojik ve mekanik bir şekilde birbirlerine bağlı olan büyük sayıda insan gruplarında ise cemiyet (Gesellschaft) kavramını kullanıyor. Cemaati eskiye dayanaklı fakat sürekli bir birleşme olarak, cemiyeti ise 'yeni' fakat geçici bir kamu olarak görüyor. İşte bu yüzden cemaat 'gerçek' bir beraberlik, cemiyet ise görünüşte bir beraberlik. Tönnies de bunu göz önünde bulundurarak cemaati canlı bir organizma, cemiyeti ise mekanik ve insanların kendilerinin oluşturduğu bir etken olarak tanımlıyor.

Yaradılışa dayanan ana-çocuk-bütünlüğünden gelen sosyalleşme insanların birbirlerine ilişkilerinin önceden beri var olduğunu, yani öğrenilmesi gerekilmediğinin bir göstergesidir. Cemaat tam anlamıyla beraber yaşamak demektir. Schäfers (2003a, s.98)

17

cemaati, 'insanların birbirleriyle çok yakın, tanıdık ve fıtraten var olan bir birarada yaşama şekli' olarak tarif ediyor. Bu birleşimler insanların yaşamını ve hayatta kalmalarını kolaylaştırıyor. Her nerede insanlar organik veya hür iradeyle biraraya gelseler ve ortak eylemler, ortak gelenek veya ortak mülkiyet ile bibirlerine bağlı olsalar, cemaat oluşur. Bu şekildeki cemaatlerin orijinali akrabalık, komşuluk ve arkadaşlık ilişkileri (Tönnies, 1979, s.12ff). Üstelik Tönnies için cemaat çok önemli ve çekici bir unsudurr. Tarifine göre cemaat, insanların beraber en ideal yaşama şeklidir ve yakınlığa, duygusallığa, dayanışmaya, karşılıklı anlayışa, güvenliğe ve yardımcılığa dayanan bir birleşimdir. Buna karşılık ahlaki bir yükümlülük olarak, bireyden cemaate faydalı olunması istenilir (Schäfers, 2003a, s.99ff).

Cemaatte güven dolu bağlılık esastır. Tanıdık ve bilindik herşey cemaattedir. Doğuştan itibaren bir cemaatin içinde olunur. Tönnies'e (1979, S. 169) göre üç farklı beraberlik vardır: kan bağlılığı (akrabalık), mekan bağlılığı (komşuluk) ve ruh yakınlığı (arkadaşlık). Akrabalık, doğunca oluşan bir grublaşmadır, sonradan oluşması gerekmez. Aile, köy veya kent Tönnies (1979, s.12) için birleşim noktalarıdır ve özellikle aile, cemaatlerin en dar ve yakınını ve genel olarak cemaatlerin yapısını temsil eder. Bu tip sosyalleşme subjektif olarak algılanan beraberliğe dayanmaktadır (Weber, 1984, s.69). Cemaatin bireyleri davranışlarını birbirlerine göre ayarlarlar. Bağlılık, Doğal İrade (Wesenwille) nedeniyle gerçekleşir (Tönnies, 1979, S.73ff). Gelenekler, örf, adet ve din doğal iradelerdir. Doğal İrade sonradan oluşan suni bir biçim değildir, tabi olarak var olandır.

Cemiyet de ise birlikte değil, paralel olarak yaşamak vardır. İnsanlar kendi istekleriyle beraber yaşasalar bile, cemiyetin içerisinde yabancı gibidirler. Sadece istekleri nedeniyle organik olarak beraberdirler. Bireyler yabancı gibi ve ayrı yaşarlar ve birbirleri için yaşamazlar. Kendi çıkarları oldukları zaman birleşir, çıkarları olmadığı zaman ayrılırlar. Cemiyetin yöneticileri kapitalistlerdir. Cemiyet, onlar için var olan bir araçtır (Tönnies, 1979, s.52). Ayrıca Tönnies cemiyeti doğal ve yapay bireylerin toplamı diye ayırıyor (Tönnies, 1979, s.44). Bu yüzden cemiyetin var olması için bireyciliği ön plana getiriyor (1979, s.139). Görüşlerine göre cemiyet, insanların ulaşabileceği en yüksek ve gelişmiş beraber yaşama biçimi. Cemiyetleşme ise ev ekonomisinden genel ticaret ekonomisine, çiftçilikten endüstriye geçiş demektir (1979, s.46). Sosyal davranış Weber'e (1984, s.69) göre rasyonel çıkarlar dengesiyle şekillenir. Tönnies aynı konu için şöyle diyor: 'Cemiyet birleşimleri, çıkar sağlayabilecek ve birlik içinde ulaşılabilecek her türlü amaç için gerçekleşebilirler' (1979, s.171). Tönnies (1979, s.216) cemiyeti üç farklı şekile ayırıyor: büyük şehir yaşantısı, ülkesel ve evrensel yaşama şekli. Cemiyet, Akılcı İrade (Kürwille) sayesinde ayakta durur (1979, s.91ff). Akılcı İrade devletin yasaları ve kurumlarından oluşuyor ve anlaşarak ve karar vererek oluşturulur.

Endüstriyel, seküler ve modernitenin gelişmesinden dolayı cemaat çağı cemiyet çağına dönüştü. Yapıcı ve bütünleştirici ev ekonomisinin çöküşünün sebebi Tönnies'e göre, bireylerin aile ve din içerisindeki emansipasyonudur (1979, s.182). İnsanların birbirine yardımcı ve paylaşımcı olmalarının yerini, rasyonel birleşmeler almış bulunuyor. Rasyonellik önceden cemaatte insanları birleştiren örf, gelenek ve ortak değerlerdi. Bunlar sayesinde insanlar tüm ayrılıklara rağmen birbirlerine bağlıdılar. Cemiyet de ise insanlar tüm bağlılıklara rağmen ayrılar (Tönnies, 1979, s.34).

Müslüman dünyasında da cemaatlerin uzun gelenekleri var. Cemaatlerin meydana gelmesi ne kan bağına ne de mekana bağlı. Cemaat terimi arapçadan gelip, 'bir araya toplamak' olarak tercüme edilebilinir. Mana olarak farklı kişilerin bir araya gelip birlik göstermesi demektir (Akgündüz, 1995, s.157ff). Bu nedenle halihazırda İslam terminolojisinde kullanılan cemaat kelimesi, Tönnies'in cemaat anlayışıyla birebir uyuşmuyor. İslam'daki mevcut cemaat anlayışı daha çok çağdaş, moderniteden sonra veya sonucu olarak ortaya çıkan ve Türkiye örneğinde cumhuriyetin bir fenomeni.

Şehirleşme ve endrüstiyel devrim, cemaatlerin var olmasına yol açmıştır. Geleneksel ilişkilerin moderniteye uyum sağlama şeklidir cemaat. Cemaatler insanların sosyal ve dinsel ihtiyaçlarını karşılamak için oluştu. Cemaat, bireylerine gündelik hayatlarını dinin gerektirdiği gibi yaşamayabilmelerini sağlar. Bireyler sosyalleşip, kendilerine yaşamları için sosyal çerçeve geliştirirler. Agai cemaat kavramını şöyle tarif ediyor: 'Ağlaşma teorisine göre cemaat, müzakere ve söylemleri tanıyan ve amaca yönelik hedeflere bağlı olan bir ilişki ağı' (Agai, 2004, s.51ff).

Dolayısıyla cemaatler kötü ekonomilerin veya siyasi krizlerin eseri değildirler. Modernizme geçici tepki olarakta meydana gelmemişlerdir (Göle, 1997, s.69; Çayır, 2000, s.44). Tam tersi; bir çok araştırmacı cemaatlerin verimliliğini modernizmde bulduklarını söylüyorlar (Akdoğan, 2000, s.121ff; Göle, 1986, s.515; Roy, 1995 s.77). Müslüman yazarların görüşlerine göre, kentleşmeyle birlikte dinsel bir çelişki oluştu (Yavuz, 1995, s.646). Bu durum cemaatlere büyük bir hareket etme alanı sağladı. Dinsel çelişkileri veya imana gelen şüpheleri giderebilme çabası cemaatlerin büyümesine sebep verdi. Cemaatler, modern hayatta dinin koruyucusu oldular. Said Nursi de dinden kuşku duymanın modern yaşam tarzı ile büyüdüğünü şöyle dile getiriyor: 'Eski zamanda bir memlekette olan bir kafir-i mutlak yerine, şimdi bir kasabada yüz tane bulunabilir' (1994, s.149; 2003, s.179; bkz. 1995b, s.22ff). Bu düşünce Said Nursi'nin fıkıh gibi konularla değil daha çok iman hakikatlarıyla ilgilenmesine sebep oldu.

Modern İslam gruplarının liderleri eskisi gibi dağlarda yaşayan, kendilerini dış hayattan çekmiş mollalardan değil, sekülerizmin bilgin kişiliklerinden[5] oluşuyor. Bu yüzden Siyasi İslam modernizmde yükselen bir gelişimdir (Akdoğan, 2000, s.314).

---

5 Bir kaç misal (Akdoğan, 2000, s.313ff): Prof. Dr. Necmettin Erbakan (Milli Görüş), Gulbettin Hikmetyar (Hizb-i İslami), Sosyolog Prof. Seyyid Kutub (İhvan-i Müslimin), Psikolog Muhammed Kutup, Burhaneddin Rabbani (Cemiyet-i İslami), Raşid el-Gannuşi (Tunus İslam Hareketi), Abbas Medeni (Cezayir Hareketi), Malik Binnebi (Cezayir Hareketi), Abdulkadir Udeh (İhvan), Mustafa Sıbai (Suriye İhvan).

'İslami Modernizm'de cemaatler kaçınılmaz bir yer aldı, çünkü cemaatler, bireylere İslamiyete uygun bir yaşam olanağı sunuyorlar. Cemaatler, bireylerine kimlik[6] ve anlam sunarak toplumdaki yaşama hazırlıyorlar. Bu anlam ile olabilecek veya karşı karşıya kalabilecekleri ihtimalleri (contingency) aşabilirler. İslami cemaatlerin bir başka özelliği ise, moderniteye islami bir kimlik giydirmeleri. Ekonomi, insan hakları, demokrasi gibi konular islami usullere göre ele alınıyor ve modern çağa - moderniteye - uygun bir şekilde cevaplanıyor. Bu yüzden cemaatler sadece kendi köşelerinde kalmıyorlar, toplumda da aktif olarak yer alıyorlar. Mesela İslamiyete uygun, faizsiz çalışan bankalar kuruluyor. Müslüman olmayan ülkelerde Helal-Gıda konusunda farklı projeler geliştiriyorlar. Bu şekilde bu hareketler dünyevileşiyorlar. 'Her alanda modern kurumsallaşmış cemaatler, kendi yapısal ilkelerine göre kamusal alanı şekillendiriyorlar ve kendi sosyal-ahlaki çevrelerini oluşturuyorlar' (Seufert, 1997, s.149). Yeni eylem alanları İslamiyet'e uygun olarak tanımlanıyor (Agai, 2004, s.185). Buna cemaatleri ayakta tutan ekonomik ve ticari şirketler de dahil. Normalde cemaatler mensuplarının gönüllü verdikleri aydatlarla geçinirler. Fakat globalleşen ekonomide bir cemaatin sadece verilen bağışlarla ayakta kalması ve fikirlerini yayması mümkün değildir. Bu şekilde cemaatler tarafından kurulan şirketler meşruluk kazanıyorlar. Ayrıca şirketlerin kurulması

---

6 Kimliğin modernizmdeki rolü: 'Kimlik oluşturmak, moden toplumlarda yaşam için en önemli etkenlerden biridir, çünkü bireyler modern toplumlarda farklı rol beklentileri ile karşı karşıya kalırlar ve bu rollere karşı bir mesafe geliştirmek zorunda kalırlar' (Mıhçıyazgan, 1994, s.33).

cemaatlerin ekonomik yönden mensuplarından bağımsız olmasını sağlıyor.

Cemaatler, düşüncelerini yaymak için modern teknolojileri kullanıyorlar. Mesela internet ortamı, fikirlerini yaymak için önemli bir ortam. Ama sırf internette değil, dijital platformda zamanında DVD/VCD'ler İslami dünyada bir patlama yaşamıştı. 90'lı yıllarda Nurcular tek İslami grub olarak bu yöntemleri kullanırken, şimdi ise teknolojiyi amaçları için kullanmayan grub yok. Bu tip yöntemlerle kamuoyunda geniş bir kitleye seslenilmekte.

20'inci yüzyılın ortalarından itibaren Türkiye'de küçük şehirlerden büyük şehirlere göçler gerçekleşti:

Yıl	Büyük şehirlerde yaşayanların oranları
1950	%18,1
1960	%22,5
1970	%35,8
1980	%45
1985	%51
1990	%56
1997	%65
2012	%77,3
2020	%93

1950 yılında Türk toplumunun sadece %18,1'i şehirlerde yaşarken, bu oran 1960 yılında %22,5'e, 1970 yılında ise %35,8'e çıkmıştır. Bu ani gelişme gelecek yıllarda daha da yükselmektedir. 1980 yılında şehirlerde %45 yaşarken, 1985'de %51, 1990'da %56 ve 1997 yılında ise %65'e çıktı (Albayrak, 2002, s.130-133). 2012'de bu rakam %77,3'e ve 2020'de %93'e yükseldi.

Mardin'e (1997, s.371) göre günde 3000 kişi İstanbul'a göç ediyordu. Bu kentleşme Türk halkındaki sosyal değişikliklerle alakalıydı. Köyde yaşayanlar modern hayatın getirdiği bazı sorunları ve ihtiyaçları gideremiyorlardı[7]. Şehirdeki cemaatler köyden gelenlere bir dayanak sunuyorlardı. Şehire göçenler böylece köklerinden kopmadan, yabancılaşmadan yaşamlarını sürdürebiliyorlardı. Şehirde uyum sağlayamayan kişilerdeki sosyalleşme boşluğunu, cemaatler dolduruyordu. Sosyal problemlerin çözümlerinde cemaatler alternatif olmaya başlamışlardı. Sorunlarda ilk gidebilecekleri ve gittikleri kapı cemaatler oluyordu (Albayrak, 2002, s.49). Fakat kentleşmek cemaatler içerisinde yeni problemleri beraberinde getirmişti. Köy halkının İslamiyet anlayışı artık şehirlere taşınmıştı ve yaşam tarzları değişmişti. Bu tarz bir İslamiyet anlayışının en yaygın olduğu tarikatlar büyük değişimlere uğramışlardı. Aralarındaki iç tartışmalardan sonra, yeni yorumlar geliştirdiler ve şehir hayatını İslamiyete göre yaşama yöntemleri buldular. Bu tarikatlar hem eski köylüler için, hem de şehirde yaşayan ama şehir yaşantısından kopmak isteyenlere bir merkez oluşturmuşdu. Bir nevi şehirden kaçış merkezleri olmuşlardı. Bu yüzden modern cemaatlerin bir özelliği olan topluma açılma ve toplumu şekillendirme buralarda gerçekleşemiyordu.

---

7 Bu şehirlesme özellikle modernitede kaybeden köylüyor nedeniyle hızlandı: çiftçiliğin değerinin kaybolması, tarımsal üretimle uğraşanların ihtiyaçlarını karşılayamaz hale gelmeleri ve esnafların sanayi üretimin baskısına uğramaları.

24

Cemaat içerisinde dayanışma düşüncesi önemlidir. İslamiyet, müminlerin birbirine yardım ettiği ve birbirlerine dayanak oldukları bir dindir.[8] Bu dayanışma temeline dayanarak zaten İslam dünyasında cemaatler kendiliğinden oluşmuştur.[9] Buna, cemaatler tarafından kurulan yardım kuruluşları veya vakıflar örnektir. Bu kuruluşlar İslamdaki dayanışma fikrine ve müminlerin birbirlerine gösterdikleri desteğin en büyük işaretidir.

Genel olarak yukarıda bahsedildiği gibi cemaatler, ister kentsel olsun ister kırsal, mensuplarına hayat anlamı verirler. Dünyayı anlayabilmek ve olabilecek veya karşı karşıya kalabilecekleri ihtimalleri (contingency) aşabilmek için yardımcı olurlar. Bu konuyu gelecek bölümde daha detaylı analiz edeceğiz.

3.2 Anlam Kazanma ve Karizma

Peter L. Berger için toplum diyalektik bir fenomendir (1973, s.3). Toplumu insan var ettiği gibi, insanı da toplum var eder. Dolayısıyla her insan toplumu kendilerine bir dünya inşa ederler. Yani insanlar toplumu meydana getirirler. Ve bu aynı toplumda insan kişilik

---

8 Hiçretin ilk yıllarında oluşan ümmet yapısı buna güzel bir örnektir.
9 Sadece İslam dünyasında değil, 60'lı yıllarda Almanya'ya gelen misafir işçilerini düşünürsek, onlar zamanında dinlerini yaşayabilmek için büyük çabalarla camiler ve dernekler kurdular. Bunun için dinleri onlara yeterli motivasyonu veriyordu.

oluşturur ve kimlik elde eder. Bu diyalektik sürecin üç aşaması vardır: dışsallaştırma, nesneleştirilme ve içselleştirilme [10] (1973, s.4).

1. Dışsallaştırma: insanın kendini sürekli dışa vurma çabası, yani taşıdığı anlamı dışa taşıması.

2. Nesneleştirilme: bir gerçekliğe ulaşma süreci.

3. İçselleştirilme: son olarak bu gerçeği tekrar içselleştirerek kabul etmek.

Dışsallaştırma toplumu oluşturuyor. Yani toplum insanın ürettiği bir üründür. Nesleleştirme sayesinde ise gerçeğe dönüşüyor. İçselleştirilme devresinde ise, bu sefer insan toplumun ürünü oluyor. Yani birey sosyal dünyanın ortak yapıcısı ve böylece de kendinin de yapıcısıdır (Berger, 1973, s.19). Bu sosyal dünya insanlar arasındaki iletişime belli bir düzen ve nizam katıyor. Toplum insanlara düzen, nizam, intizam sunar ve böylece insanların davranış şekillerini ve bireysel bilinçlerini belirler (Berger, 1973, s.8). Yani toplum insanlara bir anlam verir. İnsanlar da zaten böyle bir anlam ve anlamlılık için çabalarlar.

Fakat insanlar hayvanlara göre tamamlanmış olmadıklarından dünyalarını kendileri tamamlamak zorundalardır. Kurmuş oldukları dünya düzenleri hayvanlardaki kadar sağlam değildir (Berger, 1973, s.7). İnsanların kurması gereken düzene Berger 'Nomos'[11]

---

10 İçselleştirilmenin teorik terimi için Berger, Mead (1968) ve Strauss'dan (1956) esinlenmiştir.
11 Berger 'Nomos' terimini Durkheim'in 'Anomie' (1973)

adını veriyor (1973, s.20ff). 'Toplumsal açıdan Nomos terimi; anlamsızlık içerisinde anlam, karanlık ve korkunç ormanda görülen bir ışıktır' (1973, s.24). Yani toplum kişiye özel ve ayrıca da objektif bir Nomos kurma çabasındadır. Sosyal çevreleşme sürecinde objektif Nomos gerçekleşiyor ve toplumun yapmış olduğu deneyimlerle de düzen daha da sağlamlaşıyor. Sözü geçen Nomos insanlara nizam içerisinde ve anlamlı yaşamanın imkanını sunuyor. Yani toplum düzen ve anlamı koruyor. Radikalce toplumdan uzaklaşmak, kişinin (bireyin) büyük bir zarara uğramasına sebeb olur. Toplumdan uzaklaşmak düzensizlik, anlamsızlık ve kişilik bozuklukları getirebilir. Nomos insanı bu tehlikelerden ve belirsizliklerden korur ve hayatına yaşam dengesi verir. Bu nedenle Berger'e göre, toplumun en önemli fonksiyonu hayata bağlayıcı bir anlam katmaktır (1973, s.22).

İşte bu anlamı Luhmann şöyle değerlendirmektedir: 'Eğer anlamsızlığı veya anlamlığı kavramak istiyorsak ilk önce bu iki kelimeyi tanımlayan bir kriter seçmemiz gereklidir' (1995b, s.11). Kişiye yönelik sorularda bu çok kolay. Fakat toplumsal kararlarda öyle değildir. Tam bu noktada dine önemli bir rol düşüyor. Luhmann bunu şöyle açıklıyor: 'Böyle bir durumda dinin fonksiyonu karmaşıklıkları düzenleyip, onları kullanılabilecek bir düzeyde belirlenebilir bilgiye çevirmektir' (Luhmann, 1995b, s.12). Yani kısacası dinin fonksiyonu, karışıklığı (belirsizliği) belli bir açıklığa (belirliliğe) kavuşturup, hayatın ve yaşadığımız dünyanın karmaşıklığını azaltmaktır. Berger'in terimleriyle dinin

---

teriminden esinlenerek üretmiştir.

fonksiyonu dünyayı inşa etmek (1973, s.28). İnsana anlam veren bir düzen kurmak, yani bir Nomos oluşturmak. Böylece din, anlam taşıyan, psikolojik ve sosyal fonksiyonları olan bir sistemdir ve toplumsal gerçekliğin inşa ve meşruiyetinde önemli bir rol üstlenir. Din insanları kapsamlı ve objektif bir gerçeğe bağlar ve mana sunar (Berger 1965; Berger, Luckmann, 1970). Sözü geçen mana ancak iletişimle (Luhmann, 1998, s.138) kurulur ve genelde insanları etkileyen karizmatik bir liderle ortaya çıkar.

Max Weber'e göre karizma kişinin kalitesini ifade eder (1995, s.271ff; 1980, s.245ff). Doğa üstü, insanlık üstü, sıradışı, herkes için erişilebilinir olmayan ve taraftarları tarafından tanrı'dan seçilmiş veya örnek olarak görünen ve lider olarak tanımlanan şahsiyetler karizmatiktir. Bu belirli özelliklere sahip karizmatik önderler her türlü sosyal yaşam alanlarında bulunabilirler. Önderlerin farkı sadece önemli sosyal değerleri kendilerine çekmek değil, aynı zamanda kendileri değerleri temsil ediyorlar ve topluma yansıtıyorlar. Böylelikle önderler, mensuplarına bir anlam ve mana verebiliyorlar. Bir cemiyetin karizmatik lideri, mevcut sosyo-kültürel standartlar hakkında yeniden düşünmeye sevk edebilir. Böyle bir lider tarihdeki devrimci güçtür. Zaten ihtilaller, sosyal devrimler ve toplumsal değişiklikler sıradışı gözüken ve kahraman olarak algılanan karizmatik bir lideri gerektiriyor (Lipp, 2003, s.45). Bu kahraman, çoğunluğa yeni bir sosyal kimlik verme çabasındadır (Lipp, 1985 ve 1994) ve mensuplarından gördüğü ortak destek sayesinde karizma elde eder. Ancak zamana bağlı olan karizmatik cemaatler rutinleşmeye mahkumdurlar (Weber, 1995,

28

s.271ff). Bu durum araştırmamızda büyük bir rol alacaktır.

3.3 Ağlaşma

20'inci yüzyılın başlarında Simmel (1908) toplumsallaşmanın değişik formlarını dile getirmiştir. Bu araştırmaları bugünkü ağlaşma analizlerinin başlangıcı veya temeli olarak değerlendirebiliriz. Sosyal Antropoloji de, özellikle ingiliz kaynaklı olan, bu bağlamda 20'inci yüzyılın ortalarında ağlaşma teorisine büyük katkıda bulundu (örneğin Fortes, 1949). Ağ (network) kelimesi de ingiliz sosyal antropolog Alfred R. Radclife-Brown tarafından ortaya konmuştur. Fakat bu güne kadar bazı teoriler, mesela instrumentalizm (Braun, 2004; Gould, 1993), determinizm (Watts, 2004; Urry, 2004), ilişkisel yapılandırmacılık (White, 1992 ve 1993) ve sistem teorisi (Tacke, 2000; Teubner, 1993; Fuchs, 2001) bu konuyu ele alıp tamamlaştırmaya çalışsalar da, teori tamamlanmış değildir (Holzer, 2006, S.73ff).

Ağ teriminin değişik anlamları olmasıyla beraber (Dehnbostel, 2001), genel olarak ağ birbirleriyle bağlı olan ve aynı hedefleri olan aktörlerden oluşuyor. Belli bir sistem ağı içinde ekonomik faaliyetlerin iş tahsisinin sonucudurlar (Staber, 1999, s.58; Johanson, Mattson, 1987). Ağ terimi resmi olmayan, yönetilen bir üyelik sistemine bağlı olmayan, tanışmayla ve belli

29

birlikteliklerle (mesela göç hikayesi) bir araya gelen dernekler için de kullanılır (Becker, 2004, s.316). İş birliği, birbirine bağlı ilişkiler, güven, ortak değerler, hedefler ve istekler ağlaşmanın meydana gelmesinin ilk temelleridir (Jütte, 2002, s.23). Yani ağlaşma terimi, bir sistemdeki sosyal farklılaşmaları ve insani ilişkileri açıklamak için kullanılabilinir (Hartfiel, Hillmann, 1982, s.537). Bahsi geçen ilişkileri Granovetter (1973) weak ties, yani zayıf ilişkiler, ve strong ties, güçlü ilişkiler, diye ikiye ayırmıştır. Bunu aşağıda daha açık aydınlatacağız.

İçinde yaşadığımız modern dünya karmaşık ve çok perspektiflidir. Çevre ve sistemi komple görmek ve olanları anlamak imkansız olduğu gibi, olacakların da önceden tahmin edilmesi imkansızdır (Sydow, Windeler, 1999, s.1). Bu yüzden modern dünyanın bireyleri hayatı kolaylaştırmak için farklı yöntemlerle sosyal çevrenin karmaşıklığını, belirsizliğini ve olasılığını azaltma çabası içerisindelerdir. Böylece, sosyal dünya 'dağınıktır'. 'Bir an geliyor, sanki neredeyse herşey belirlenebilir ve beklenebilir gibi oluyor, bir an sonra ise düzensizlik ve karmaşıklık ile karşı karşıya kalıyoruz' (Holzer, 2006, s.81; White, 1992). Bu yüzden beklentilerin tahmin edilebilinmesi için onları kontrol altına almak gerekir. Luhmann, beklentiler ile ilgili çifte ihtimal kavramını kullanıyor. Buna göre herkes diğerinin beklediği gibi hareket edebilir – yada başka türlü. Ve ikisi de diğerinin bunu bildiğini ve beklediğini düşünür (Luhmann, 1984, s.148). Kısacası asıl olay beklentileri kontrol altına alabilmek ve beklenmedik davranışları azaltmak. Bu noktada ağların rolü çok önemli.

Castells (2001) bugünün toplumuna 'Network Society', yani ağ toplumu adını veriyor. Onun görüşüne göre ağlar bazı işlemlerin fonksiyon ve sonuçlarını değiştirebilmekte ve farklı toplumsal tartışmalara girebilmekteler (2001, S. 527). Özellikle internetin sağladığı global ağlaşma sayesinde heryerde yerel ve uluslararası ağlar bulmak mümkün. Holzer'e göre ağlar kesinlikle tesadüfen oluşmuyor; bilinçli ve çoğu zaman ihtiyaca binaen oluşuyor (2006, s.5). Bireyler ve organizasyonlar bilinçli olarak ağları arıyorlar.

Ağlar için sosyal ilişkiler çok önemli. Bu ilişkilerin sebebleri ve süreleri çok farklı olabilir. Bütün farklılıklara rağmen hepsini sosyal ilişkiler kavramında toplamak mümkün. Weber sosyal ilişkileri, bir çok kişinin karşılıklı birbirlerine ayarlanabilir ve böylece yöneltilmiş davranışlar sergilemesi olarak tarif ediyor (Weber, 1980, s.13; Holzer, 2006, s.9). Yani aktörlerin davranışları da sosyal ilişkinin içerisindedir (Granovetter, 1992). Sosyal ilişkiler stabil ve beklenilen bir ilişki modeline girdikleri an, ağlaşma teorisi için önem kazanırlar (Holzer, 2006, s.9).

Karşılıklılık sosyal ilişkilerde önemlidir. Çünkü karşılıklık ilişkileri ayakta tutar ve devamlı kılar. Bunun nedeni tarafların karşılıklı alışverişe girmesidir. 'Ön ödemeye' bir 'karşı ödeme' beklentisi oluşur. Fakat bu beklentinin temeli güvendir.

Max Weber modern toplumu zorunlu bir güven toplumu olarak adlandırıyor (1988, s.470). Yaşama standartları karmaşıklaştıkça ve zorlaştıkça güven dolu ilişkiler de önem kazanıyor (Grunwald, 1995, s.73).

Simmel (1992, s.393) güveni, bilmek ve bilmemek arasında bir durum olarak tarif ediyor. Çünkü herşeyi bilenin güvenmeye ihtiyacı yoktur, hiç bir şeyi bilmeyen de güvenemez bile. Güven bir sosyal ilişkinin düzgün çalışması için anahtar rolündedir. Güven karmaşıklığı azaltan bir mekanizmadır (Luhmann, 1973, s.1) ve karmaşık gerçekleri tahminden, otoriteden ve müzakareden çok daha çabuk ve ekonomik[12] bir şekilde azaltır (Powell, 1996, s.226). Çünkü güven sosyal aktörler arasındaki iletişimi hızlandıran ve kolaylaştıran bir şifredir (Bachmann, 1999, s.110). Tabii ki güven duymak riski tamamen yok etmez, fakat sosyal iletişimi mümkünleştiriyor. Sonsuz karmaşık bir dünyada güven duygusu, bazı riskli problemlerde çözüm yolu gösterir, çünkü belirsizliği azaltır. Gelecek, bize bugün beklediğimizden daha çok imkanlar sunmaktadır. Bu nedenle belirsizlikler içinde kararlar veririz. Fakat güven duygusu bize gelecekte olacakları tahmin edebilme imkanı sunar. Buradaki hedef, beklenmedik davranışları azaltmaktır. Yani bu geleceğe bağlı bir durumdur. Güven için gerekli olan bilgiler ise geçmişe dayanır. Onun için güvenebilmek için asgari ölçüde içtenlik gereklidir. İçtenlik ise sürekli tekrarlanan iletişim ve irtibat ile oluşur (Ripperger, 1999, s.267). Güven eksikliği de hareket etmeyi, birşeyler yapmayı önler (Luhmann, 2001, s.158). Bir grub ne kadar birbirine benzerse (mesela etik, coğrafi, ideolojik veya profesyonellik açısından), o kadar güven duymak ve işbirliğine girmek kolaylaşır. Çoğu zaman da bilgi alışverişi ortak değerleri oluşturur,

---

12 Güvenin 'masrafları' ağırlıklı olarak güveni sağlarken oluşan bilgi ve teşvik masraflarından ve sadece başlangıçta oluşuyor (Ripperger, 1999, s.275).

insanların beraberlik ve birliğini pekiştirir ve böylece güven duygusunu otomatik olarak arttırır (Powell, 1996, s.254-256; Buckley, Casson, 1988). Coleman'a (1990; Preisendörfer, 1995, s.270) göre güven duygusu kredi vermeyi andırıyor. Güven, bir kararın sonucu ve karar rasyonel bir hesabın sonucudur. Bu karar da üç farklı etkene göre şekilleniyor: Kazanma şansı, olası kâr ve olası zarar[13] (Coleman, 1991, s.127). Bu yüzden güven duygusu avansa bağlı ve beklentiler beraberinde getiriyor. Bu durumu geleceği tanımlamayabilek ve varsayabilmek için başkalarının davranışları hakkında bahis oynamak olarak da değerlendirebiliriz (Sztompka, 1995, s.255ff). Fakat varsayımlar emin bir olanak olmadığı ve beklentilerin tersi gerçekleşebileceği için, Luhmann güven hissini 'riskli yatırım' olarak tanımlıyor (1979, s.24).

İletişim içerisindeki her kişiye güvenilmez. Bu yüzden güvensizliği yok etmek gerekir. Dolayısıyla analizimize bir başka faktör daha eklemek zorundayız: 'Seçici olmak ve Ayırmak'. Kişisel güveni geliştirebilmek için kapasiteler ve bunu yapma ihtiyacı sınırlıdır. Bu yüzden kişisel ağlar, özel bir çevre oluşturarak ve bazı kişileri diğerlerinden ayırarak sosyal karmaşıklığı azaltan bir mekanizma halindedirler (Holzer, 2006, S. 13ff). Yani ayırmak bu durumda çok önemli bir etkendir, çünkü birincisi herkes ile irtibata geçme imkanı yok ve ikincisi tanıdığımız insanların bilgilerine yabancılarınkinden daha fazla güveniriz (Powell, 1996, s.225).

---

13 Coleman'ın formülündeki değişkenleri belirleyebilmek şüpheli: P
* G > (1-p) L

Sosyal bir ilişkide karşılıklılık ve güven varsa eğer, bunları bazı hedeflere ulaşmak için kullanmak mümkün. Aktörler bu şekilde bulundukları ağlardan sosyal dayanışma elde edebilirler (Jansen, 2003, s.11). Bu ilişkiler onlar için sosyal sermaya halini alır. İletişim ağında desteğe, yardıma ve maddi ve manevi kaynaklara ulaşımı sağlıyorlar, hatta kolaylaştırıyorlar. Böylece başka ihtimal dışı hareket olanakları açılır (Holzer, 2006, s.14). Bourdieu sosyal sermayeyi, karşılıklı bilmeye ve kabul etmeye bağlı olan az ya da çok kurumsallaşmış ilişkilerin meydana getirdiği kalıcı bir ağın tüm mecvut ve potansiyel kaynakları olarak tanımlıyor (Bourdieu, 1983, s.190ff). Yani sosyal sermaye aktörlerin davranışlarını kolaylaştırıyor (Coleman, 1988, s.97; Pappi, 1987). Sermayenin kendisi giriş noklarında belli oluyor[14].

Bir ilişki ne kadar güçlü olursa, o kadar faydalı olur beklentisinin aksine Granovetter (1973) araştırmalarında, zayıf ilişkilerin (weak ties) güçlü ilişkilerden (strong ties) daha karlı olduğunu göstermeye çalışır. Zayıf ilişkiler davranış imkanlarını çoğaltır çünkü kendinde olmayan veya ulaşılamayan bilgilere kapı açar. Güçlü ilişkiler dediğimiz, sürekli irtibatta olunan kişiler ile oluşur, örneğin arkadaşlar veya akrabalar gibi. Hep aynı kişiler ve aynı bilgi kaynakları bizim davranış şeklimizi kısıtlar. Holzer (2006, s.17) bu ilişkilerin özelliklerini dörde ayırmıştır: ilişkinin süresi ve sıklığı, duygusal yoğunluk, samimiyet ve birbirinden hizmet alışverişi. Bu özellikler ne kadar zayıf olursa, yeni

---

[14] Giddens'in (1990, 1994) 'access points' terimiyle benzerlik var.

bilgiler edinmekte ilişkiler daha etkili olur. Bu zayıf ilişkiler farklı ağlar arasında köprü oluştururlar ve bu şekilde birbirlerine farklı olan insan gruplarını biraya getirirler (Wegmann, Zimmermann, 2003, s.253). Üçüncü şahıslarla temas kurarlar. Bu yüzden bahsi geçen ilişkiler belli hedefler için aktif olur[15]. Yani şahısların kendileri sermayedir ve anahtar olarak hizmet görürler (Holzer, 2006, s.20). Bu irtibatları ayakta tutmak ve beklenebilir hale getirmek gerekir (Holzer, 2006, s.84). Zaten her zaman için tanımadığınız kişileri tanıyanları tanımak yararlıdır (Luhmann, 1995a, s.251).

İlişkiler bu sayede bir adres oluşturur. Fakat sadece kişiler değil, resmi organizasyonlar da modernitede adres olarak geçerlidir. Yaşadığımız modern toplum çok sayıda ve çeşitli potansiyel adreslerden oluşur, yani sosyal karmaşıklık daha çoktur (Holzer, 2006, s.99). Tacke (2000) bu konuda 'ilk adres'lerden bahseder ve misal olarak kişilerin buluşabildiği sosyal mekanları örnek verir. Buna göre çalıştaylar, forumlar ve toplantılar organize edilmiş sosyal mekanlardır. Bir ilişkinin adres olması için, sosyal ilişkilerde konuşabilme imkanı oluşması gerekiyor, yani adres iletişim ile oluşturulması gerekir. O zaman yukarıda bahsedilen giriş noktası haline gelir. 'Konuşmak' yeni bilinmeyen imkanlar sunar (Wagner, 2006, s.237). Bu nedenle ilişkiler bir çok olanak sağlarlar. Çünkü bireylerin arasına hep yeni yeni insanlar katılır ve böylece de yeni bilgilere ulaşılır.

---

15 'Arkadaşın olması güç demektir' (Hobbes, 1651, s.54), 'Arkadaşların arkadaşları' (Boissevain, 1974) ve 'Arkadaşımın arkadaşı benim arkadaşımdır'.

İlişkiler sayesinde bireylerden veya gruplardan oluşan bir sosyal ağ kurmak mümkün (Holzer, 2006, s.73). Organizasyonlar veya devletler de bu gruplardan olabilirler. Bu durumda aktörler ve davranışları birbirine bağlıdır. Çünkü aktörler arasındaki ilişki kişilerin başka kişilerle olan ilişkisini etkiler. A ve B'nin ikili ilişkisi, B ve C'nin ve A ve D'nin arasındaki ilişkilere bağlı ve onu etkilemektedirler. Ve üstelik ilişkilerin hepsi de yoğunluk ve bağlantı gibi küresel parametrelerden bağımsız değiller (Holzer, 2006, s.75). Bu ilişkilerde bilgi ve kaynak alışverişi yapılır ve eylem (hareket) imkanları seferber edilir veya engellenir (Braun, 2004; Gould, 1993; Holzer, 2006, s.77). Bu alışveriş ise karşılıklı güven duygusuyla oluşur. Kaynak ve bilgi alışverişi, ağların kurulması için en önemli nedenlerden biri. Özellikle verimli ve güvenilir bilgilere ihtiyaç duyulduğunda, ağlar çok uygundur (Powell, 1996, s.225). Yani ağlarda sosyal bir değiş tokuş gerçekleşir (Fox, 1974, s.70ff). Bu değiş tokuş adeta bir alışveriş oyunu gibi gerçekleşir. Birşey verildiği zaman, verilen kişiden bir karşılık beklenir. Böylece karşıdakinin verebileceğine ilgili olan bir faydalaşma sistemi oluşur. Dolayısıyla sosyal değiş tokuş, bir başkasının ihtiyaç duyduğu birşeye sahip olunduğu zaman gerçekleşir. Bununda olması için öncelikle sosyal ağ'da algılanmak gerekiyor (Gondek, Heisig, Littek, 1992, s.39ff).

Üstelik ağlarda bilgiler oluşur, tartışılır, değerlendirilir ve özellikle yorumlanır. Bu şekilde yeni anlamlar ve yorumlar ortaya çıkabilir (Powell, 1996, s.255). Ağlardan beklenen diğer avantajlar stratejik avantajlar, belirsizliğin azaltılması, bilgilere daha hızlı erişim, güvenirlik, duyarlılık, bilgi vs. (Powell, 1996, S. 250-252).

Kısacası sosyal ağlar, bireylerin kendi çıkarları için kurulur. Bireyler bilinçli olarak sosyal sermayeye yatırım yapıyorlar ve ağlarda belli makamlarda kendilerine çıkar elde etmeye çalışıyorlar. Ağ içinde bir kişi ne kadar ön planda olursa, onun için o kadar avantajlıdır, çünkü diğer bireyler ağlardaki başka şahıslara ulaşmaları için onunla temasa geçmeleri gereklidir. Bu önemli stratejik konum sayesinde merkezde olan şahıs diğerlerine karşı bir avantaj elde etmiş olur. Bu kişilere, yani ağlardaki sahışları birbirine bağlayan kilit isimlere 'Broker' adı verilir.

Ağ içerisindeki yoğunluk ağlaşma analizi için büyük önem taşıyor. Yoğunlugu tespit edebilmek için, ağlardaki varolan gerçek irtibatlara ve potansiyel irtibatlara bakmak gerekiyor. Bu veri bize ağdaki aktörlerin arasındaki iletişimin ve değişimin sıklığı hakkında bilgi verir. İrtibat yoğunluğu ne kadar fazla olursa, ağdaki dayanıklılık ve işbirliği de o kadar iyi olur. Bir bölgede ne kadar aktör irtibat halinde olursa, o kadar da işbirliği imkanları artar. Ayrıca bir ağın yoğunluğu, yeniliklerin yaygınlaşmasını da ifade eder (Jansen, 2003, s.88; Jütte, 2002).

Ama ağlarda sadece avantajlar değil, tabii ki çözülmesi gereken sorunlar da vardır: sorumlulukların belirlenmesi, uzunvadeli işbirligi için gerekli olan aktörler arası güveni ayakta tutabilmek ve bilgi alışverişinde haksızlıklara karşı gelmek ağların problemlerinden bir kaçı (Staber, 1999, s.58). Mesela

37

bazı bireyler arasında anlaşmamazlıklar olduğu zaman, birini diğerine karşı kullanmak ve böylece ağı kötüyü kullanmak mümkün. Yapısal kısıtlamaların olmaması ve anlaşmamazlıkları kötüye kullanma imkanları olması güç için bir göstergedir (Jansen, 2003, s.163, 192). Eğer ki aktörler birbirlerinden koparsa, en çok sosyal bağlantıları olan aktör belirli kurumsal alanlarda önemli bir avantaj elde eder (Granovetter, 2000, s.214). Bu durumda sadece güvenmek yeterli olmaz. Çünkü yanlış ve aşırı bir güven, aldatma durumunda daha çok kazanç demektir (Granovetter, 1992, s.62). Özellikle sosyal ağlar yolsuzluklara çok açıktır (Wagner, 2006, s.239). Bu yüzden bir çok durumda hiyerarşik bir düzen kaçınılmazdır. Ayrıca çıkarcılığı azaltmak ve güveni çoğaltmak için karar verme mekanizmaları gereklidir (Williamson, 1979, s.242).

Ağlaşma düşüncesi sosyal hareketlerin iletişim ve davranış misyonudur (Wegmann, Zimmermann, 2003, s.253). Bu şekilde gayri resmi destek almak kurumsal destekten daha faydalı ve ucuzdur. Bu yüzden kendilerini 'sosyal İslam' olarak tanımlayan Nurcular (Güleçyüz, 2006) ağlaşmayı bilinçli ve yoğun bir şekilde kullanmaktadırlar.

4.0 Araştırma Metodu

Konunun önceden ilmi ve özellikle sosyolojik olarak araştırılmaması nedeniyle nicel bir araştırma yapmak mümkün değildir. Bu nedenle araştırmamızın metodu nitel olacaktır. Özellikle daha önce detaylarıyla analiz edilmemiş konularda nitel araştırmalar daha uygundur. Araştırma için üç farklı analiz yöntemi seçilmiştir: uzman kişilerle söyleşi, gözlem analizi ve döküman analizi.

Gözlemler hem Almanya'da hem de Türkiye'de yapılmıştır. Bu gözlemlerin en önemli noktası sosyal davranış şekilleridir. Araştırmacının kendini gözlemlerde geri çekmesi, hem olacakları etkileyip sahteleştirmek açısından, hem de geri planda gözlemleri daha düzgün not alması açısından en uygunudur. Böylelikle gözlemleyip protokoller tutulmuş ve ardından o protokoller analiz edilmiştir. Gözlemler cemaat mensuplarının bulunduğu ve toplandığı mekanlarda gerçekleşdi. Genellikle medreselerde buluşup, Said Nursi'nin eserleri okunduğu için, gözlemler medreselerde yapıldı. Bu medreseler, Risale-i Nur Hareketinin ağlarının parçalarıdır. Medreseler dışında farklı büyük organizasyonlara ve programlara da katılındı. Tüm ağı gözlemlemek elbette mümkün olmadığı için, bu ağın belli bölümlerinden kesitler sunulacak. Ayrıca sosyal gerçekler insanlar tarafından yaptıklarıyla oluşur (Knoblauch, 2003, s.57, Berger, Luckmann, 1970). Bu yüzden insanları kendi yaşadıkları çevrelerinde ve doğal ortamlarında araştırmak en önemlisiydi. Böylece sun-i bir durum engellenmiş oluyor. Netice itibariyle veriler mutlak gerçekleri oluşturmazlar, veriler herhangi bir gerçeği oluştururlar.

Sadece gözlemlerden bir davranış anlamı çıkarmak yeterli olmadığından, arastırmamız için söyleşiler de yaptık. Toplam 41 söyleşi yapıldı. Bu söyleşiler hem türkçe hem de almanca yapılmıştır. Risale-i Nur Hareketini temsil edebilecek ve içerik hakkında bilgi verebilecek kişiler söyleşiye tabi tutuldular. Böylelikle Said Nursi'nin bizzat talebeleri, entellektüeller, öğretmenler, üniversite talebeleri, cemaatte önemli rol oynayan şahıslar ve medreselerde derse katılan insanlar söyleşiler için seçildi. Aralarında müslüman olarak doğanlar ve sonradan müslüman olmuş kişiler de vardı. Söyleşi cümleleri italik yazılmıştır. Söyleşilerde belirli konular masaya yatırılmıştır. Karşılaştırabilmek için tüm söyleşilerde aynı konulara değinmeye çalışıldı. Etik sebeblerden dolayı söyleşi yapılan şahısların kimlikleri anonim bırakıldı. Dolayısıyla araştırmada kullanılan isimler gerçek değildir. Bazı konularda kim oldukları belli oldukları için bazı şahısların isimleri açıklanmıştır[16]. Bu söyleşilerin dışında planda olmayan, ama araştırma için önemli bazı kısa sohbetler de oldu, bunları da kısa sohbet (Knoblauch, 2003, s.111) olarak adlandırdık. Söyleşilerde kişilerin geçmiş hayatları üzerindeki yorumlarının bugünün bakış açısıyla değerlendirildiği de unutulmamalıdır (Schiffauer, 2000, S. 236). Söyleşilerde çıraklık metodu önemli bilgiler edinmek için yardımcı

---

16 Örneğin Mehmet Birinci, Mehmet Fırıncı, Mehmet Kutlular, Mehmed Paksu, Bünyamin Duran, Rüstem Ülker, Kenan Demirtaş, Safa Mürsel, Ahmed Aries ve Cübbeli Ahmet Hoca.

oldu. Bilerek 'bilgisiz' rolü yapmak söyleşi yapılan kişilerin en basit konuları bile detaylarıyla anlatmalarına sebeb oldu.

Döküman analizi ve kaynak analizi de araştırmada yer alıyor. Bu araştırmanın en önemli yanı ise, Said Nursi'nin Risale-i Nur Külliyatının tümü araştırmaya dahil edilmesidir[17].

---

17 Said Nursi'nin tüm eserleri için 18. Ek'e bkz.

5.0 Tarihsel gelişim

Bu bölümde hareketin tarihsel gelişmini analiz edeceğiz. Dindar hayatı etkileyen gelişme noktalarına özellikle deyineceğiz. İlk önce Türkiye'nin 20′inci yüzyıl başlarındaki durumunu göz önüne getirip, o günki sosyal durum sayesinde Said Nursi'nin hareketini anlamaya çalışacağız. Ardından Said Nursi'nin biyografisi aydınlatılacak. Nursi′nin vefatından sonraki gelişmeler de bu araştırmanın bir parçasıdır, çünkü vefattan sonra Nurculuk Hareketi farklı gruplara bölünmüştür. Bunların sebebini de aydınlatmaya çalışacağız.

5.1 Türkiye′nin 20′inci yüzyıl başlarındaki durumu

18′inci ve 19′uncu yüzyıllarda Avrupa hem teknolojik ve bilimsel olarak ilerlemiş hem de asker, ekonomi ve siyasi durumunu geliştirmiştir. Sosyo-politik ve sosyo-kültürel sebeblerden dolayı Osmanlı İmparatorluğunda bu gelişim gerçekleştirilemedi. Zaten ekonomik olarak Avrupa ülkelerine bağımlıydı. Bu gelişmeler sürecinde Osmanlı İmparatorluğunda küçük ve büyük çaplı savaşlar yapıldı. Üstelik Osmanlılar 1918 yılında gerçekleşen Birinci Dünya Savaşında kaybedenlerin arasındaydılar. Kazananlar Osmanlı devletini kendi aralarında paylaşmaya çalıştılar. Bunun üzerine Kurtuluş Savaşı gerçekleşmiş ve işgal güçlerle mücadele edilmiş. Neticesinde Türkiye Büyük Millet

Meclisi 23 Nisan 1920 yılında ilk meclis başkanı olan Mustafa Kemal Atatürk[18] önderliğinde kurulmuştur.

Yeni kurulan Cumhuriyet Osmanlı İmparatorluğunun çökmesinin sebebini çağ dışı geleneklerde görmekdeydi. Batılaşmaya uygun yeni değerler ön plana gelip, Türkiye artık ekonomisi yüksek, kültürel ve sosyal değerleri batıya uyarlanılmış ulusal bir ülke olacaktı. Bunun için yeni reformlar gerekliydi. 29 Ekim 1923'den 1945'e kadar Türkiye'de tek bir parti, CHP, yani Cumhuriyet Halk Partisi, olduğundan, reformları gerçekleştirmek çok kolay oldu. Bu zaman içerisinde toplumun yapısını etkileyen bir sürü siyasi, hukuksal, kültürel ve dini değişiklikler yapıldı:

1922: Saltanat kaldırıldı.

1923: Türkiye Cumhuriyeti 29.10.1923 tarihinde kuruldu. Mustafa Kemal Atatürk ilk cumhurbaşkanı oldu. O zamana kadar hakim olan ümmet fikri yerine ulusal bir devlet kuruldu. 19'uncu yüzyıldan itibaren var olan ulusal devlet olma fikri gerçekleşti.

1924: 3.3.1924 tarihinde halifelik kaldırıldı ve son halife sınır dışı edildi.

1925: Dini kurum ve mekanlar, tekkeler ve medreseler dağıtıldı.

---

18 27.03.1923 tarihli nüfüs cüzdanına göre ismi Mustafa Kemal olarak geçiyor. Yeni alfabenin kabulünden sonra aldığı nüfüs cüzdanında (Seri No: 993.814-B, Sıra No: 51) ismi Kemal Atatürk ve son olarak aldığı nüfüs cüzdanında (Seri No: 993.815-B, Sıra No: 51) Kamal Atatürk olarak geçiyor.

1925: Şapka takma zorunluluğu çıktı. Bu yasa yüzünden bir sürü Osmanlı adet ve kültürüne uygun olarak fes takan veya hiç bir şapka takmayan insanlar tutuklandı, işkenceye tabi tutuldu ya da idam edildi.

1925: Hicret takviminin yerini Gregoryan takvimi aldı ve böylece hafta sonu Perşembe-Cuma'dan Cumartesi-Pazar günü olarak degiştirildi.

1926: Parlamento'da İsviçre yasalarına göre yeni bir Medeni Kanun yürürlüğe girdi.

1928: Latin alfabesi uygulaması arap yazısının yerini aldı. Böylece büyük bir kültürel değişim yaşandı.

1928: 'Türkiye Devleti'nin dini İslam'dır' maddesi ve meclisin görevlerinden olan dinsel hükümlerin yerine getirilmesi hükmü anayasadan kaldırıldı. İslamiyet böylece devletin resmi dini olarak yerini kaybetti. Ayrıca milletvekillerin yeminlerinde 'vallahi' kelimesi 'namusum üzerine söz veririm' ifadesiyle değiştirildi.

1929: İmam Hatip okulları kapatıldı.

1931: Arap ölçü birimleri Avrupa ölçüleriyle değiştirildi.

1932: Ezan türkçe okunmaya başladı. Ezanı hala arapça okuyanlar siyasi mahkumlar olarak tutuklandılar.

1932: Mustafa Kemal tarafından Türk Dil Kurumu kuruldu. Bu kurum gelecek yıllarda bir çok dil reformları çıkarttı ve türkçe dilini arapça ve farsça'dan 'temizledi'.

1932: Ülkenin en önemli camisi olan Ayasofya camii kapatıldı ve 1934'de müzeye dönüştürüldü.

1933: İlahiyat Fakülteleri kapatıldı.

1934: Dini kapsayan kıyafetler kamuda yasaklandı.

1934: Bir müslümanın üzerine farz olan Hacc vazifesi yasaklandı. Bu yasak 1947'de kalktı.

1937: Türkiye laik bir ülke oldu.

Bu değişimler Türkiye'nin kısa zaman içerisinde geçirdigi en önemli değişimlerdir. Sosyal hayatın her alanında büyük değişimler yaşandı. Schiffauer bu devrimi en radikal, belki de bu yüzyılın geçirdiği en şiddetli kültür devrimi olarak görüyor (2000, s.41), hatta Fransız İhtilalindeki din düşmanlığını gölgede bırakan bir devrim (2003, s.148) olarak nitelendirmiştir. Halk savaştan dinlenmeye çalışırken, en büyük kültür şokunu yaşadı. Özellikle dindar çevreler kendilerini baskı altında hissediyorlardı. Artık batının değerleri yaşadıkları toplumun ön planındaydı. Bu radikal değişimleri anyabilmek için Schiffauer şöyle bir misal veriyor: 'Düşünün ki Almanya'da birden arap yazısı ve hicret takvimi zorunluluğu çıkıyor. Tatil Pazar gününden Cuma'ya değiştiriliyor. Şapka takmamak yasaklanıp, türban mecburiyeti çıkıyor. Arap Medeni Hukuk'un tüm yasaları uygulanıyor. Kilise devletin gözetimi altına veriliyor ve din dersleri yasaklanıyor. Bunların hepsi Almanya'yı Hristiyan-Avrupa bağlamından çıkarmak, müslümanlığa sürüklemek için yapılıyor' (2000, s.46).

Kinross bu 'batı devriminin' kaynağı olan Mustafa Kemal Atatürk'ü şöyle anlatıyor: 'Kendisi hem bedensel hem de ruhsal olarak batılıydı. Ne doğuşdan ne de sonradan olmaktan, fakat derin bir iç güdüden dolayı' (Kinross, 1995, s.45). 19'uncu yüzyılın sonlarında Osmanlı Devleti'nde, özellikle İstanbul'da, yaygınlaşan rasyonalizm ve pozitivizm gibi batı düşünceleri (Ülken, 1966, s.200), şimdi de batılaşma fikri nedeniyle yeni kurulan devletin temel taşları haline gelmişti. Bu durum cumhuriyetciler ve muhafazakarlar arasında değişik tartışmalara ve çatışmalara yol açmıştır. 3 Mart 1924'de halifeliğin kaldırılması zaten büyük bir değişime yol açmıştı. Gelecek yıllarda 1934'e kadar tüm İslamiyet'i çağrıştıran semboller toplumsal hayattan çıkartılmıştır. Üstelik İslamiyet, Türkiye'de yaşayan tüm farklı etnik kökenleri birarada tutan bir unsurdu. Bu yeni ulus devlet müslümanların geçmiş ile bağlantılarını koparıyordu (Mardin, 2003b, s.48). İslami sembolleri uzaklaştırarak kolektif hafıza silinmek isteniliyordu. İslamiyet artık kamuoyunda yer almıyor ve İslam kültürünün gelişimini engellemek için herşey yapılıyordu (Mardin, 1997, s.362ff). İslam devleti artık laik bir türk ulus devleti olmuştu. Bu değişimlerin yankıları hala bugün de toplumda hissedilmekte. Bu çatışmayı dini sosyal hareketler ve devletin ideolojisi olan kemalizm arasındaki tartışmalarda görmek mümkün (Yavuz, 2004, s.121).

Said Nursi'nin eserleri de bu olaylar esnasında meydana gelmiştir. Yani öyle bir zamanda ki, türk, bilhassa müslüman toplumunun ard arda sarsıntılar yaşadığı bir zamanda. O günleri huzursuzluk ve belirsizlik ile tarif etmek de isabetli olur. Gelecek bölümde Said Nursi'nin gelişimini ve hareketin başlangıcını aydınlatacağız.

5.2 Said Nursi

Tabii ki Said Nursi'nin tüm hayatını bir kaç sayfaya sığdırmak mümkün değil. Zaten araştırmanın hedefi bu olamaz. Biyografik analiz yapılmayacaktır. Daha çok hayatındaki kendisini, Risale-i Nur'ları ve hareketi etkileyen bazı olaylara değineceğiz. Said Nursi mektuplarında kendi hayatını 'Eski Said' ve 'Yeni Said' olarak ayırdığı ve oluşan cemaatin daha sonra 'Üçüncü Said' dönemini de eklediği için, biz de bölümleri bu sebebten aynı şekilde ayırdık. Bu şekilde analiz etmek mensupları daha iyi anlamak için önem taşıyor. Önümüzdeki analizde farklı grupların karizmatik liderleri olan Said Nursi'nin farklı hayat bölümlerine kattıkları farklı anlamlar ortaya çıkacak. Böylece değişik Nurcu grupların söylemlerinde hangi 'Said'i ön plana çıkardıkları ortaya çıkacak. Üstelik bu ayrım Nursi'nin kişisel gelişimini de daha iyi gösteriyor.

5.2.1 Eski Said

Said Nursi[19] 1876[20]'da çok çocuklu bir ailenin[21] oğlu olarak doğu anadoluda Bitlis'in Nurs[22] köyünde

---

19 Said Nursi'nin pasaportundaki ismi 'Muhammed Said Okur' dur.
20 Said Nursi'nin doğum yılı net değildir. 'Tarihçe-i Hayat'ta 1873

47

dünyaya geldi. O zamanlarda Bitlis'in nüfusu yaklaşık 397.044 idi. Bunların %63,97si müslüman, %32,74ü ermeni, %1,5i Suriye Jakobenleri ve %0,655i katolik idi. Yezidiler nüfusun %0,97sini kapsıyordu. Roma Katolik Kilisesine bağlı olan %0,05 idi. Kıptı ırkından olanların sayısı %0,09 ile oldukça azdı (Cuinet, 1891, s.526). 1887'de Fransız eğitim bakanlığından Bitlis´e oradaki toplumsal hayatı inceleme amaçlı gönderilen Henry Binder'in yazısına göre, bu kadar farklı milletler birarada yaşamalarına rağmen ayrımcılık sorunu yoktu (Binder,

---

olarak geçiyor (2001a, s.29). Şükran Vahide 1877 yazıyor (2005, s.3). Yasaya göre ise doğum yılı 1876 (bkz. Ergin, 2001, s.35). Genel olarak sonuncusu kabul ediliyor. Nursi davet üzerine 1919'da Daru´l Hikmeti´l İslamiye'ye özgeçmişini bildirirken, doğum tarihi olarak hicri 1293 yılını veriyor. Yani Miladi olarak 1876/1877 (12. Ek´e bkz).

21 Kardeş sıralaması (yaşlıdan gence doğru): Düriyye (k), Hanım (k), Abdullah (e), Said (e), Muhammed (e), Abdulmecid (e), Mercan (k).

22 ´Nur´ ismi Nursi'nin hayatında çok önemli rol oynuyor: 1.) Doğduğu yerin adı Nurs 2.) Kendi ismi Said Nursi 3.) Yazdığı eserleri Risale-i Nur olarak adlandırıyor. Bunun hakkında şöyle yazıyor: ´Bütün hayatımda Nur kelimesi her yerde bana rastgelmiştir. Ezcümle, karyem Nurs'tur, merhume validemin ismi Nuriye'dir, Nakşî üstadım Seyyid Nur Muhammed'dir, Kadirî üstadım Nureddin. Kur'ân üstadlarımdan Nuri, talebelerimden benimle en ziyade alâkadarı Nur isimli bulunanlardır. Kitaplarımı en ziyade izah ve tenvir eden, nur misâlidir. Kur'ân-ı Hakîmdeki en evvel aklıma, kalbime parlayan ve fikrimi meşgul eden, ´Allah göklerin ve yerin nurudur. Onun nurunun misâli, bir lâmba yuvası gibidir...´ (Nur Sûresi, 24:35) âyetidir. Hem hakaik-i İlâhiyede müşkûlâtımın ekserisini halleden Esmâ-i Hüsnâdan Nur ism-i nurânîsidir. Hem Kur'ân'a şiddet-i sevk ve inhisar-ı hizmetim için hususî imamım Zinnûreyn'dir.´ (2004a, s.479ff; 2000g, s.104, 156; 2000d, s.378). ´Nur´ kelimesi ile elektrik ışığı veya doğal ışık kastedilmiyor, Allahın ışığı kastediliyor.

48

1887, s.152). Fakat farklı sosyal sorunlar yaşanıyordu. Huzursuzluk ve çatışmalar günlük hayatın bir parçasıydı. Kendi yazısına göre Said Nursi o zamanlarda bir çok defa aracı rolünü üstlenmiş ve kendisi de aşiret liderleriyle tartışmalara girmiş (Nursi, 1999a). Said Nursi işte bu şartlar altında yetişmiştir.

Said Nursi hocasının tavsiyesi ile sekiz yaşında eğitimine başladı. O zamanlar medreselerde eğitim alınıyordu. Burada Kur'an-ı Kerim'i ve hadisleri öğrenmenin yanı sıra, arapça ve mantık dersi aldı. Yaşının çok genç olması sebebiyle ve sonradan kendi ifadesine göre hocalarının ona 'çocukmuş gibi' (2001a, s.35; bkz. Ergin, 2001, s.41; Yaşar, 1993b, s.120ff) davranışlarının etkisi ile sık sık medrese değiştirdi. Bunların yanı sıra Nursi genç yaşlardayken bile başkalarından emir almayı sevmezdi. Hiyerarşiden ise nefret ederdi. Bu özellikleri ve yaşıtlarının Said Nursi'nin zekasını kıskanmaları nedeniyle çoğu kez kendisini kavgaların içinde bulurdu.

Seyyid Sibgatullah gibi öğretmenlerinin çoğu nakşibendi tarikatından idi. Bu nedenle Said Nursi'nin yazılarında Ahmet Sirhindi (İmam Rabbani olarakta tanınır, 1564 – 1624)[23] ve Ahmet Ziyaeddin Gümüşhaneli (Yavuz, 2004, s.137) gibi nakşibendi önderlerinin etkisi kendini belli ediyor. Kadiri tarikatının kurucusu Abdülkadir Geylani'den de çoğu kez alıntı yapmıştır. Akrabalarının ve çevresindeki insanların çoğu nakşibendi tarikatından olmasına rağmen Kadiri tarikatından çok etkilendiğini yazıyor. Fakat sürekli yeni bilgilere sahip

---

23 Hem Sirhindi'nin hemde Nursinin 'Mektubat' isimli eserleri var.

olma arzusunun onu bir tarikata mensup olmaktan alıkoyduğunu söylüyor (2000e, s.128). Şeyh Mehmet Celali'ye rastlayınca beş yıllık gezginlik yaşamı sona erdi. Şeyh Mehmet Celali'nin yanında sert ve ağır bir eğitim aldıktan sonra, imtihanını üç ay gibi çok kısa bir sürede vererek eğitimini tamamlamıştır. Bunu takiben memleketinin alimleriyle bilimsel tartışmalara sohbetlere katıldı ve kendini kanıtlamayı başardı. Anadolu'da bu tür tartışmalar günlük hayatın bir parçasıydı. Said Nursi de bu tip buluşmalardan zevk alırdı ve sık sık çeşitli sohbetlerde yer almayı severdi. Gösterişin çok yaygın olduğu köylerinde bu tarz tartışmalarda hiyerarşiler belirleniyormuş (Nursi, 2001c, s.49). Ayrıca bu tartışmaların ün kazanmak için bir platform olduğunu da varsayabiliriz.

14 yaşında gördüğü bir rüya Said Nursi'nin hayatında büyük dönüm noktası olmuştu. Rüyasında dünyanın batışını görür. Bu durumda peygamberi ziyaret etmek ister. Hz. Muhammed (sav.)'in Sırat Köprüsünden geçeceğini düşünerek, köprünün başında beklemeye başlar. Bütün peygamberler teker teker köprüden geçmeye başlar. Nursi, her birinin de tek tek elini öper. En son Hazret-i Muhammed (s.a.v.) gelir. Said, peygamberin ayaklarına kapanarak ilim ister. Hz. Peygamber, ümmetine soru sormamak şartıyla, kendisine Kur'an ilminin verileceğini söyler. Nursi, sevinç içinde uykudan kalkar (2001a, s.30). Bu rüya Said Nursi'nin hayatı boyunca ilim açlığında büyük bir rol oynamıştır.

Eğitimine Bitlis'de devam eden Said Nursi, o şehirde de medreseden medreseye geçti ve bir çok alimle tanışma fırsatı buldu. Beraber sohbet platformlarında yer aldığı alimlerden Siirt'li Molla Fethullah, Nursi'yi olağan özel bir imtihana tabi tutmuştu. Said Nursi girdiği imtihanı üstün başarı ile geçince, Molla Fethullah onu 1892'de ´Bediüzzaman´[24] (Zaman´ın güzeli) diye namlandırmıştı. Said Nursi bu nam ile ileride ünlü olmuştur.

1894'de Mardin'e seyahat etti ve bu büyük şehirde çeşitli alimlerle sohbetlere katıldı. Burada da kendini kanıtlamayı başaran Said Nursi, yeni fikirlerini yaşlı alimlere beğendiremedi ve küçük boyutlu tartışmalar meydana geldi. Bunun üzerine Vali Nadir Bey tarafından Bitlis'e sürüldü. İki yıl Bitlis'te ikamet etti. 1896 yılında Van valisinin daveti üzerine bu şehire giden Said Nursi, kütüphanede o zamanların modern bilim dallarını tanıma fırsatı buldu. Orada edindiği bilgiler onu bir ömür boyu meşgul edecekti. O zamana kadar arapça ve ana dili olan kürtçe'yi konuşuyordu. Valinin misafiri olan Said Nursi burada türkçesini geliştirme fırsatı buldu. Tam 10 yıl Van'da ikamet etti.

1906 yılında gazetede ingiliz komutanı William Edwart Gladstone´un[25] ağzından Kur'an-ı Kerim hakkında şu sözlerini okudu: ´Bu Kur'an İslamların elinde bulundukça, biz onlara hakim olamayız. Ne yapıp yapmalıyız, bu Kur'an'ı onların elinden kaldırmalıyız; yahut Müslümanları Kur'an'dan soğutmalıyız´. Bunun üzerine Said Nursi yine gazetede şu sözleri yayınlattı: ´Kur'an'ın sönmez ve söndürülmez manevî bir güneş

---

24 Said Nursi'nin bu lakabı kendine takdığı iddiası gerçeği yansıtmamaktadır (Bruinessen, 1989, s.354).
25 Gladstone bu sözü İlgiliz Parlamentosunda 1882´de söylüyor.

hükmünde olduğunu, ben dünyaya ispat edeceğim ve
göstereceğim!' (Nursi, 2001a, s.44). Bu olay Said
Nursi'nin hayatında bir dönüm noktası oldu. Bu sözler ve
bu görevden dolayı ileride Nurculuk Hareketi doğacaktı.

Van'da ikamet ederken hayatı boyunca onu
meşgul edecek bir üniversite fikri oluştu. Nursi bilimdeki
gerilemeyi Osmanlı'da eğitim sisteminin çökmesine
neden olduğunu varsayıyordu. Bunun üzerine Van'da bir
üniversite kurma fikri geliştirmişti. Üniversitenin ismi
Kahire'deki El Ezher Üniversitesini örnek alarak
Medresetü'z-Zehra olacaktı. Bu üniversitede dini ilimler
ve tabiat bilimleri birbirine paralel olarak okutulacaktı.
Bu düşüncesiyle dini ilimlerin ve bilimin, özgürlük ve
inancın, modern hayat ve geleneksel hayatın birbirleriyle
uyum içerisinde olabileceklerini göstermek istedi
(Yavuz, 2004, s.122). Nursi bu düşüncesini şu
cümlelerinde özetliyor: 'Vicdanın ziyası ulum-u
diniyedir. Aklın nuru fünun-u medeniyedir. İkisinin
imtizacıyla hakikat tecelli eder. O iki cenah ile talebenin
himmeti pervaz eder. İftirak ettikleri vakit birincisinde
taassub, ikincisinde hile ve şüphe tevellüd eder'[26] (Nursi,
1999a, s.80). Böylelikle Nursi, fen ilimlerini
inançsızlıktan, dini eğitimi ise fanatizmden korumak
istedi (Yavuz, 2004, s.124). Burada önemli olan Said
Nursi'nin medreselerde verilen eğitimin yetersiz
olduğunu düşünmesiydi. Cahillikten ve ilimsizlikten

---

26 Ziya ve nurun farkı: Ziya, bizzat kaynağın ışığıdır, mesela güneş
ışığı gibi. Nur ise dolaylı bir kaynaktan yayılan bir ışıktır, mesela ay
ışığı gibi. Ayet (10:5), ziyayı güneşe ve nuru ise aya atfederek bu
noktaya parmak basıyor. Yani bize doğrudan gelen güneş ışığı
ziya'dır, ay ile dünya üzerinde yansıyan ışık ise nur'dur
(Karabaşoğlu, 2003, s.291).

kurtulmanın yolu da toplumsal düşüşün çözümü de, Van'da kütüphanede öğrendiği modern ilmi ve dini birleştirmekten geçiyordu. Nursi, kendi çağdaşı olan bazı alimlerin orta çağı andırdıklarını ve insanlığın gelişim sürecinde modern düşünceyi kaçırdıklarını düşünüyordu (Nursi, 1998, s.24). Eğitim metotlarından şüphelendiği alimlerle çekişmesi de bu nedendendi. Nursi'ye göre bu metotlar kökten yenilenmeliydi. Üç yollu eğitim sistemini (medrese - tekke - halk okulu) Osmanlı'nın gelişememesinin sebebi olarak görüyordu (Şahiner, 1979a, s.93). Osmanlı'nın yükselmesi için tek olanak tekrar halk okullarında din dersi, medreselerde modern ilmin öğretilmesi ve tekkelerde ise öğretmenlerin ve akademisyenlerin öğretmenlik yapmasıdır (Mardin, 2003a, s.133). Böylelikle eğitim ve din konularını bağdaştırıyordu ve birbirinden ayrı olarak görmüyordu. Nursi bu üç değişik okul sisteminin ayrımına karşıydı ve bütün bunları birleştiren bir üniversite fikrini ortaya sunmuştu. Bu üniversitede zamana uygun ders verilecekti.

Bu fikri ile 1907'de Osmanlı'nın başkenti İstanbul'a hareket etmiştir. İstanbul'da yaşayan insanların sosyal hayatını ve psikolojik durumunu ele alan ve Sultan Abdulhamit II. ile de görüşmüş olan macar oryantalist ve türkolog Arminius Vámbéry'e göre İstanbul'un insanları tembel, kararsız ve duyarsız idi (1898, s.10-11). Nursi'nin de izlenimi aynı yöndeydi. Cehalet, zaruret ve ihtilafı en büyük düşman olarak gören Said Nursi, bunlara karşı sanat, marifet ve ittifakı öneriyordu (1978, s.14). Vali Tahir Paşa Said Nursi'yi üniversite fikrinde destekliyordu ve Sultan Abdulhamit'e bir öneri mektubu yazdı. İstanbul'da ise Nursi, devlet liderlerine fikirlerini anlattı.

Hükümetin kararını beklerken, bir yandan da İstanbul'da da dini ve bilim sohbetlerine katılıyordu. Nursi, kendisini bütün İstanbul'da ünlü yapacak bir şeye imza atıyordu: Kapısının üzerine 'Burada her müşkil halledilir; her suale cevap verilir, fakat sual sorulmaz!' [27] yazan bir levha asmıştı. Bu cesur ve özgüvenli davranış onu çok çabuk saygın biri yapmıştır. Daha çok onu rencide etmek isteğiyle, bir sürü aydın onu teste tabi tutmak için kapısına dayandı. Fakat Nursi üstün zekasıyla her zaman kendini kanıtlamayı başarmıştı. Bir gün Kahire'deki El Ezher Üniversitesinde bilim adamı olan Şeyh Bahit kendisini ziyaret etti. Şeyh, Nursi'ye Osmanlı ve Avrupa hakkındaki düşüncelerini sordu. Nursi'nin cevabı ise şöyleydi: 'Avrupa, bir İslam devletine hamiledir, günün birinde onu doğuracak; Osmanlılar da Avrupa ile hamiledir, o da onu doğuracak.' Bu derin içerikli cevaba şeyhin söyledikleri şöyle idi: 'Bu gençle münazara edilmez; ben de aynı kanaatteyim. Fakat, bu kadar vecîz ve beliğane bir tarzda ifade etmek, ancak Bediüzzaman'a hastır' (2001a, s.45ff).

Said Nursinin namı hızla yayılıyor ve Sultan Abdulhamit'e kadar varmıştı. Bu nedenle Sultan Abdulhamit Nursi'yi projesini tanıtması için davet etti. Ama sultan bu projeyi ciddiye almadı ve Nursi hayal kırıklığına uğradı. O zamanlar nadir olan, sultanı pasif yönetimi yüzünden eleştirmesi Nursi'nin bir deli olarak tanımlanmasına neden oldu. Nursi, İslam'da baskının olmadığını haykırıyordu. İstibdat'ı zulüm ve tahakküm

---

27 Soru sormaması daha önce bahsettiğimiz rüya ile bağlantılıdır, rüyada peygamberimiz ona bunu yasaklamıştı.

olarak görüyordu. Meşrûtiyet'i ise adalet ve şeriat olarak. Eleştirilerine göre kamuoyunu bilgilendirmeden veyahut casusluk ve anonim ihbarlarla kimse yargılanamazdı. Halifelik, sadece cuma namazlarından ibaret değildi. Tüm İslam alemini maddi ve manevi destelemek de onların görevlerindendi. Padişah, peygamberin emrine itaat etse ve yoluna gitse halîfe olur, ona da itaat edilirdi. Fakat, peygambere tabî olmayıp zulüm edenler, padişah da olsalar Nursi'ye göre hayduttular (1978, s.14; 2001a, s.57).

Bunun üzerine Said Nursi akıl hastanesine sevk edildi. Hükümet lafını saklamayan korkusuz Nursi'yi susturmayı umuyordu, çünkü kendilerine zarar verdiğini düşünüyorlardı. Akıl hastanesindeki doktor Said Nursi'yi dinledikten sonra onu raporuna 'Eğer Bediüzzaman'da zerre kadar delilik emaresi varsa, dünyada akıllı adam yoktur' (Yaşar, 1993b, s.293) yazar. Raporu okuyan padişah şaşkınlık duyar ve derhal Nursi'nin hastaneden çıkarılmasını emreder. Fakat bu seferde padişah maaş ile Said Nursi'yi ikna etmeye çalışır. 1000 kuruştan başlayıp, ileride 30 altın liraya kadar yükselecek bir maaş teklif eder. O zamanların Savunma Bakanı Şefik Paşa maaş teklifini Nursi'ye götürür. Said Nursi ise bu maaşı rüsvet olarak görür ve kesin dil ile red eder. Kendisinin dilenci olmadığını söyler.

23 Temmuz 1908'de II. Meşrutiyet ilan edilmişti. Nursi dergi ve gazetelerde bunu destekleyen çeşitli yazılar yazdı (Nursi, 1979; 1978, s.47-70)[28]. O zamanlarda özgürlüğe ne kadar ihtiyaç olunduğunu ve

---

[28] İlk köşe yazısı için 7. Ek'e bkz.

mutlakıyetin zalimliğini anlatan yazılar yazdı. Yazıları onun namını çok çabuk bütün ülkeye yaymıştı. Nursi ayrım göstermeden değişik düşüncelere sahip gazetelerde yazılar yazdı. 'Misbah', 'Şuray-ı Ümmet', 'Şark ve Kürdistan', 'Kürd Teavün ve Terakki', 'Volkan', 'Serbesti' ve 'Mizan' isimli gazetelerde makaleleri yayınlandı.

13 Nisan 1909'da (Türkiye'nin o zamanki kullandığı hicri takvime göre 31 Mart 1325'de) Nursi'yi mahkemeye götüren bir isyan gerçekleşti. '31 Mart Hadisesi' olarak tarihe geçen bu olayda Hamdi Çavuş, Kamacı Ustası Arif ve bölük emini Mehmet adlı üç kişinin emrinde bulunan askerler Sultan Ahmed Meydanında toplanmış ve 'Şeriat isteriz!' diye bağırıyorlardı. Bu ayaklanmada bir çok isyancı öldürüldü ve basım evleri basıldı. Hükümetin, eylemcileri tekrar kontrol altına alabilmesi 11 gün sürmüştü. Bu isyanın ardından bir çok dini lider idama mahkum oldu. Said Nursi de yatıştırıcı bir rol oynamasına rağmen, idam talebiyle Divan-ı Harp'te yargılandı. Fakat onun bu ayaklanmaya katılmamış olması ve hatta ayaklanmaya karşı bir duruş sergilemiş olması anlaşılınca serbest bırakıldı.

Nursi 1910'da doğu anadolunun aşiretlerini, onlara 'yeni siyaseti', yani meşrutiyeti, tanıtmak için ziyaret etti. Nursi, meşrutiyetin İslam dünyasının birliğini ve gelişmesini sağlayacağını düşünüyordu (Aries, 2004, s.68). Bunları anlatırken öte yandan da üniversite fikrine destekçi arıyordu.

Van'a giderken Gürcistan'ın başkenti Tiflis'e uğradı. Şeyh Sanan tepesinden dikkatlice şehri izledi. O sırada bır rus polisi Nursi'nin yanına yaklaştı ve aralarında şöyle bir konuşma geçti (2001a, s.69):

'(Polis:) 'Niye böyle dikkat ediyorsun?'
Bediüzzaman der:
'Medresemin plânını yapıyorum.'
O der:
'Nerelisin?'
Bediüzzaman:
'Bitlisliyim.'
Rus Polisi.
'Bu Tiflis'tir.'
Bediüzzaman:
'Bitlis Tiflis birbirinin kardeşidir.'
Rus Polisi:
'Ne demek?'
Bediüzzaman:
'Asya'da, Alem-İslâm'da, üç nur birbiri arkasında inkişafa başlıyor. Sizde, birbiri üstünde üç zulmet inkişafa başlayacak. Şu perde-i müstebidâne yırtılacak, takallüs edecek, bende gelip burada medresemi yapacağım.'
Rus Polisi:
'Heyhat!.. Şaşarım senin ümidine!'
Bediüzzaman:
'Ben de şaşarım senin aklına! Bu kışın devamına ihtimâl verebilir misin? Her kışın bir baharı, her gecenin bir nehârı vardır.'
Rus Polisi:
'İslâm parça parça olmuş?'
Bediüzzaman:

'Tahsile gitmişler. İşte Hindistan, İslamın müstaid bir veledidir; İngiliz mek- teb-i idadîsinde çalışıyor. Mısır İslamın zekî bir mahdumudur; İngiliz mekteb-i mülkiyesinden ders alıyor. Kafkas ve Türkistan İslamın iki bahadır oğullarıdır; Rus mekteb-i harbiyesinde talim ediyorlar, ila ahir... Yahu, şu asilzade evlat, şehadetnamelerini aldıktan sonra, herbiri bir kıta başına geçecek, muhteşem adil pederleri olan İslamiyetin bayrağını afak-ı kemalatta temevvüc ettirmekle, kader-i ezelînin nazarında feleğin inadına, nev-i beşerdeki hikmet-i ezeliyyenin sırrını ilan edecektir'.'[29]

1911'de 10.000 kişi önünde meşhur 'Hutbe-i Şamiye' konuşmasını Câmi-i Emevî'de yaptı. Burada Said Nursi'nin vizyonları daha açık şekilde ortaya çıkıyordu. İslam aleminde altı hastalık görüyordu: Birincisi: Ümitsizlik. İkincisi: Sahtekarlık. Üçüncüsü: Düşmanlık. Dördüncüsü: İhtilaf. Beşincisi: İstibdad. Altıncısı: Ferdiyetçilik. Bunlara karşı altı tane reçete öneriyordu: Birincisi: Ümitvar olmak, Allah'ın rahmetinden ümit kesmemek. İkincisi: Doğruluk. Üçüncüsü: Muhabbet. Dördüncüsü: İttifak. Beşincisi: İslami değerler. Altıncısı: İstişare ve meşveret (Nursi, 2001a, S.79-89; 1995b, s.27-68). Bu hutbe daha sonra yayınlandı (1995b). Said Nursi kapağa şöyle yazdırdı: 'Tamamını dikkatlice okumayan almasın!'. Thomas Michel (2004, s.36) bu konuşmayı manevi bir dokturun

---

29 Sonradan gerçekten Tiflis'te bir medrese açılmıştır. 1989 yılında, Risale-i Nur talebelerinin hiç bir etkisi olmadan Bitlis ve Tiflis kardeş şehir olmuşlardır.

bu asrın hastalıklarına yazdığı bir reçete olarak değerlendiriyor.

Bu zamanlarda Nursi, yine hayatının bir dönüm noktası olacak bir vakıa-i sadıka görür: ʹArarat Dağı denilen meşhur Ağrı Dağının altındayım. Birden o dağ müthiş infilâk etti. Dağlar gibi parçaları dünyanın her tarafına dağıttı. O dehşet içinde baktım ki, merhum validem yanımdadır. Dedim: ʹAna, korkma. Cenâb-ı Hakkın emridir; O Rahîmdir ve Hakîmdir.ʹ Birden, o hâlette iken, baktım ki, mühim bir zat bana âmirâne diyor ki: ʹİ'câz-ı Kur'ân'ı beyan et.ʹ Uyandım, anladım ki, bir büyük infilâk olacak. O infilâk ve inkılâptan sonra, Kur'ân etrafındaki surlar kırılacak. Doğrudan doğruya Kur'ân kendi kendini müdafaa edecek. Ve Kur'ân'a hücum edilecek; i'câzı onun çelik bir zırhı olacak. Ve şu i'câzın bir nevini şu zamanda izharına, haddimin fevkinde olarak, benim gibi bir adam namzet olacak. Ve namzet olduğumu anladımʹ (2004b, s.507; 2001b, s.357; bkz. 2001a, s.44). Bu vakıa-i sadıka nedeniyle daha sonra Said Nursi kendisini sadece Kur'an'a verecek ve Risale-i Nur olarak adlandırılacak olan iman hakikatlarını yazacak.

1913'te yeni bir sultanın (Mehmet Reşat) hükümetin başına geçmesi ile Van'da yaptırmayı planladığı üniversite fikrine onay aldı. Böylelikle inşaat çalışanlarıyla birlikte Nursi de bizzat çalışmalara katıldı. Fakat Birinci Dünya Savaşı başlayınca, bu hayali yine gerçekleşemedi. Çünkü İslam alimi birden gönüllü bir alayın komutanı olmuştu. Said Nursi savaşın tam ortasındaydı. Avusturyalı filizof Ludwig Wittgenstein ʹTractatus Logico Philosophicusʹ eserini savaşın ortasında yazdığı gibi, Said Nursi de 'İşaret'ül İcaz' namındaki ilk Kur'an tefsirini arapça olarak savaşın ortasında yazdı. Bu eser az önce bahsedilen vakıa-i sadıka'nin bir neticesiydi denilebilinir.

Savaş sırasında Nursi'yle batılı gazeteciler söyleşi yaptı. Bu söyleşi şu şekilde gerçekleşti (Demir, Schmitt, 2004, s.63-66):

- 'Soru: Siz bir müslüman alimsiniz ve savaşıyorsunuz. Sizi bu savaşa mecbur eden, düşmanların hristiyan olmalarımı?
- Cevap: Hayır! İslam barıştır, emniyettir, ibadettir. Biz başka dinden oldukları için hristiyanlara savaş açsaydık, kendi devletlerimizde yaşayan yahudi ve hiristiyanlara yaşama şansı tanımazdık. Soru soran unutmasın ki şuan bize saldıranlar 500 yıl önce bizim milletimizdi. Şuan yaşıyolarsa bunun tek sebebi bizim müslüman olmamızdır. Biz sadece müslümanların ve vatanımızın hakları ve özgürlüğü için savaşıyoruz.
- Soru: Hangi güç sizi buralara getirdi?
- Cevap: Bizim dinimizde kardeşlik çok önemli bir prensiptir.
- Soru: Yaşadığınız devlet bir Türk devleti. Ama siz İslam için savaştığınızı söylüyorsunuz.
- Cevap: Bizim devletimizi Türkler kurdu ve İslama göre tertip ettiler. Türkler devlet işlerinde hiç bir zaman başka vatandaşları dışlamadılar ve becerilerine göre devlet işlerinde makam verdiler. Ve herkes biliyor ki Türklerin kurduğu bu devlet İslam dünyasını

temsil ediyor. Bu devletin yıkılması sadece İslam dünyası için değil baskı altında olan insanlar için de bir facia olur.

- Soru: Neden Said-i Kürdi ismini kullanıyorsunuz? Başka bir millete ait olduğunuzu göstermez mi bu?
- Cevap: Menfi milliyetçiliği desteklemiyorum. Kimsenin içinde bulunduğu ırkı seçme olasılığı yoktur. Bir insanın uyruğu sadece doğduğu ve geldiği yeri belirler. Ben bu devleti destekliyorsam bu uyruğumdan dolayı değildir, müslüman olduğum ve buda bir İslam devleti olduğu içindir. Said-i Kürdi ismi sadece doğduğum yerin göstergesidir. Kürtlerin geçmisini merak ediyorsanız tarihçi İdris-i Bitlisi'nin kitabını okuyun.
- Soru: İslam devletlerinin içinde bulunduğu yoksulluk hakkında ne düşünüyorsunuz?
- Cevap: Müslümanların hatalarını İslam'a mal etmek çok basit bir düşünce tarzı. Bu devletler bir kriz geçiriyorlar ve Allah'ın izniyle bunu atlatacaklar. Biz de batı devletleri gibi hakimiyetimiz altındaki devletlerin değerli mülklerini kendi ülkemize taşısaydık, simdiki servetimiz paha biçilmez olurdu. Bizim dinimiz adalet ve merhamete dayandığı için, bize gücümüzü kötü emeller için kullanmayı yasaklıyor. Unutulmaması gereken birşey Fatih, Yavuz, Kanuni ve onlardan önce Selçuklu ve Karahanlar döneminde karşımızda duracak devlet yoktu. İslam bir engel tescil etseydi bu güce nasıl sahip olurduk. Hristiyanlık gelişmeye yeterli olsaydı, ilk

hristiyan devleti olan Etiyopya şuan en gelişmiş olurdu. Üstelik Avrupa dünden beri hristiyan topluluğu değil, hemen hemen 2000 yıldır böyle. Gücü dinden geliyorsa neden daha önceden güç elde etmedi. Ne batı dünyanın gelişmiş olması nede İslam dünyasının geri kalmış olması din'e bağlanacak şeyler değil. Batı düyası 150 seneyi aşkındır İslam devletlerinden üstün. Bu gelişimlerin kaynağı başka yerlerde aranmalı.'

1916'da Ruslar'ın Bitlis'e saldırısı sonrası Said Nursi ve birkaç kişi Bitlis'in Kafkas cephesinde rehin alındı ve savaş tutukluları olarak önce Rusya'nın St. Petersburg şehri yakınlarına, ardından ise Leningrad'a götürüldü. Orada geçen zamanı Nursi şöyle anlatıyor: 'Harb-i Umumîde, esaretle, Rusya'nın şark-ı şimalîsinde, çok uzak olan Kosturma vilâyetinde bulunuyordum. Orada Tatarların küçük bir camii, meşhur Volga Nehrinin kenarında bulunuyordu. Oradaki arkadaşlarım olan esir zabitler içinde sıkılıyordum. Yalnızlık istedim. Dışarıda izinsiz gezemiyordum. Tatar mahallesi, kefaletle beni o Volga Nehrinin kenarındaki küçük camie aldılar. Ben yalnız olarak camide yatıyordum. Bahar da yakın. O şimal kıtas"n"n pek çok uzun gecelerinde çok uyanık kalıyordum. O karanlık gecelerde ve karanlıklı gurbette, Volga Nehrinin hazîn şırıltıları ve yağmurun rikkatli şıpıltıları ve rüzgârın firkatli esmesi, beni derin gaflet uykusundan muvakkaten uyandırdı. Gerçi daha kendimi ihtiyar bilmiyordum; fakat Harb-i Umumîyi gören ihtiyardır. Güya 'Çocukları ihtiyarlatan bir gün' (Müzzemmil Sûresi, 73:17) sırrına mazhar olarak, öyle günlerdir ki, çocukları ihtiyarlandırdığı cihetle, kırk yaşında iken, kendimi seksen yaşında bir vaziyette buldum. O karanlıklı, uzun gece ve hazîn gurbet ve hazîn vaziyet içinde hayattan ve vatandan bir meyusiyet geldi. Aczime, yalnızlığıma baktım, ümidim kesildi. O hâlette iken, Kur'ân-ı Hakîmden imdat geldi. Dilim 'Allah bize yeter; O ne güzel vekildir' (Âl-i İmrân Sûresi, 3:173) dedi' (2005a, s.26ff; 2000f, s.292).

Nursi 1918 yazında Varşova, Berlin ve Viyana üzerinden İstanbul'a[30] kaçmayı başardı. Berlin'de iki ay ikamet etti. Dönüşünden sonra, 'Türk-Alman, Alman-Türk tarih boyunca kadim dostturlar. Türkler Alman dostluğuna sadakatte çok hassasiyet gösterirler' (Şahiner, 1979a, s.163) ifadesinde bulunur. Bu ve Nursi'nin 'Bahtiyar Alman milleti' (Nursi, 2001a, s.603) ifadesi Almanya'daki Nurcular tarafından çok kullanılmaktadır. Ayrıca Nursi Tevafuklu Kur'an'ın[31] Almanya'da veya İtalya'da basılmasını istiyordu. Daha sonra 50'li yıllarda kendi eserlerinin baskılarını da Almanya'ya yolladı (Şahiner, 2005, c.3, s.246) ve almanların bunu nasıl karşıladıklarını yazıyor: 'Hem Berlin'de Almanlar Zülfikar'ı aldıkları vakit, bir gazetelerinde alkışlayarak ilân etmişler' (Nursi, 2001c, s.296).

İstanbul'da 13 Ağustos 1918 tarihinde Daru'l Hikmeti'l-İslamiye kuruldu. Said Nursi, Mehmet Akif Ersoy, İsmail Hakkı İzmirli ve Elmalılı Hamdi Yazır gibi

---

30 Bu kaçış sırasında Türkiye'ye gidebilmesi için giriş izni ve kimlik verildi (1 ve 2'nci eke bakınız).

31 Tevafuklu Kuran çok özel bir baskı. Bilinçli bir şekilde yapılmamasına rağmen aynı kelimeler aynı sayfada dikey vaziyette alt alta yazılmış ve çoğu sayfada da aynı yerlerde aynı kelimeler yazıyordu.

bir çok önemli ve sözü geçen kişilerle birlikte bu konseyin üyesiydi. Bu dönemde sayısız yazı yazan Nursi, aylarca sürecek yoğun iş temposuna girmişti. Sosyal açıdan da boş durmuyordu. 5 Mart 1920'de alkolün yaygınlaşmasına karşı da mücadele eden Yeşilay organizasyonunu kuran üyelerdendi. Bu organizasyon şu an Türkiye'de hala faaliyette.

Şubat 1920'lere gelince Bağımsız Kürdistan sesleri yükselmeye başlamıştı. Kürtlerin temsilcisi Şerif Paşa, Ermeni Heyet Başkanı Bogos ile 20 Şubat 1920'de bağımsız Kürdistan'ı kurmak için antlaşma imzaladılar. Said Nursi bu anlaşmayı protesto etmek amacıyla İkdam gazetesinde şöyle yazdı: 'Henüz 500.000 şehidin kanı kurumadan yapılan anlaşmayı protesto ediyoruz. Kürtler, İslamiyet'ın zararına olacak bir ayrılık peşine düşmeyecekler, antlaşmayı imzalayanları tanımayacaklardır' (2006, s.577). Bu protestolar sebebiyle antlaşma neticesiz kalmıştır.

16 Martı'nda İstanbul işgal altındadır. İngilizlerin teşviki ile 'Kürd Teali Cemiyeti' reisi Abdülkadir, Said Nursi'ye Kürdistan devletini kurma teklifini yapar. Said Nursi 'Bin yıldan beri Alem-i İslamın bayraktarlığını yapan kahraman Türk milletine hizmet yerine, birkaç akılsız kavmiyetçilerin peşinden gidemem' diyerek bu talebi red eder. Ayrıca, sesiz kalmaz ve Kuvayı Milliye'yi desteklediğini açıklar.

Nursi bu ayrıma neden karşı çıktığını da açıklıyor: 'Kürtler, İslâm camiasından ayrılmaya asla tahammül edemezler. Bunun aksini iddia edenler, mutlaka özel maksatlar altında hareket eden ve Kürtlük adına söz

söylemeye yetkili olmayan beş-on kişiden ibarettir...
Kürtlük davası pek manasız bir iddiadır. Çünkü her
şeyden evvel Müslüman'dırlar. Hem de dinî salâbeti
kuvvetli olan hakiki Müslümanlardan... İslâm, cahiliye
asabiyesini ortadan kaldırmıştır. İslâm, İslâm
kardeşliğine aykırı olan kavmiyet davasını
yasaklamıştır... İslamiyet, herhangi bir ırkın diğer bir
İslam unsuru aleyhine olarak menfi surette ayrılmasını
kabul etmez. Binaenaleyh Kürtleri Müslümanlıktan
ayırmak isteyenler, İslâm'ın esaslarına muhalif hareket
ediyorlar. Fakat bunlar da kimlerdir? Bir-iki kulüpte
toplanan beş-on kişiden ibaret. Hakiki Kürtler, kimseyi
kendilerine savunma vekili olarak kabul etmiyorlar.
Onların vekili ve Kürtlük namına söz söyleyecek kişiler,
ancak Osmanlı Mebusan Meclisindeki kişiler olabilir.
Kürdistana verilecek muhtariyetten bahsediliyor. Kürtler,
yabancı himayesinde bir muhtariyeti kabul etmektense
ölümü tercih ederler. Eğer Kürtlerin inkişaf serbestliğini
düşünmek lazım gelirse, bunu Bogos Nubar ile Şerif Paşa
değil, Devlet-i Âliye düşünür. Hulâsa Kürtler, bu hususta
kimsenin aracılığına ve müdahalesine muhtaç değildirler'
(2006, s.578-580).

'İstanbul'da Kürdlere Edilen Telkinat' başlıklı
makalede ise (2006, s.25ff) Said Nursi kürtlere sesleniyor
ve keskin bir şekilde türklerle ittifak etmelerini, hatta
hükümete itaat etmelerini söylüyor. Bu makelede
öncelikle Said Nursi üç cevherden bahsediyor: 1.
İslamiyet 2. İnsaniyet 3. Millet. Bu üç cevherin şeriat,
namus, gayret lisanlarıyla muhafaza edilmesi gerektiğini
beyan ediyor. Ardından kürtleri mahveden üç düşmandan
bahsediyor: 1. Fakr 2. Cahillik 3. Keşmekeşlik. Bu üç
düşman nedeniyle kürt milletinin zarar gördüğünü

yazıyor. Bu üç cevheri muhafaza etmek ve bu üç düşmanı mahvetmek için çözüm sunuyor: 1. İttihad-ı Milli 2. Sa'y-ı İnsani 3. Muhabbet-i Milli. Çözümün gerekçesini de şu şekilde açıklıyor: 'Altı yüz seneden beri bayrak-ı tevhidi umum âleme karşı ilan eden ve istibdada şiddet-i itaat ve terk-i âdât-i milliye ile ihtiyarlanan bizim şanlı Türk pederlerimize kuvvet ve cesaretimizi peşkeş ve hediye edelim. Ona bedel, onların akıl ve marifetinden istifade edeceğiz ve asaletimizi de göstereceğiz. [...] Türkler bizim aklımız, biz de onların kuvveti; mecmuumuz bir iyi insan oluruz. Hodserane yapmayacağız. Bu azmimizle başka unsurlara ders-i ibret vereceğiz. İyi evlad böyle olur. Hem de istibdat zamanında bir batman itaat etmiş isek, şimdi bin batman itaat ve ittihad farzdır.' Makalesinin sonunda Said Nursi tekrar üstüne basa basa ittihad'ın gerekçesini açıklıyor: 'İttifakta kuvvet var. İttihadda hayat var. Uhuvvette saadet var. İtaat-i hükümette selâmet var. Hablü'l-metin-i ittihada ve şerit-i muhabbete sarılmak zaruridir'.

Başka bir yerde türklük-kürtlük meselesine şöyle cevap veriyor: 'Ey efendiler! Ben, herşeyden evvel Müslümanım ve Kürdistan'da dünyaya geldim. Fakat, Türklere hizmet ettim ve yüzde doksan dokuz menfaatli hizmetim Türklere olmuş ve en çok hayatım Türkler içinde geçmiş ve en sadık ve en halis kardeşlerim Türklerden çıkmış. Ve İslamiyet ordularının en kahramanı Türkler olduğundan, meslek-i Kur'aniyem cihetiyle, her milletten ziyade Türkleri sevmek ve taraftar olmak kudsî hizmetimin muktezası olduğundan, bana Kürd diyen ve kendini milliyetperver gösteren adamların bini kadar Türk milletine hizmet ettiğimi, hakîki ve civanmert bin Türk gençlerini işhad edebilirim´ (2001a, s.202).

Bediüzzaman, ancak kürtlerin ve türklerin birlik olduğu zaman saadete ulaşabileceğine inanıyordu: ´Emin olunuz biz Kürdler başkalara benzemiyoruz. Yakînen biliyoruz ki, içtimaî hayatımız Türklerin hayat ve saadetinden neş'et eder.´ (1999a, s.79).

Netice itibariyle Said Nursi için etnik köken önemli değildi. O, ümmetçi fikrini savunuyordu. Onun için müslüman olmak önemliydi: ´Ben dindar ve takvalı bir türkü, bin tane dine lakayt kürde tercih ederim' (Emirdağ Lahikası, 2001c, s.245).

İstanbul'da bir çok makale ve İngiliz işgal kuvvetlerine karşı ´Hutuvat-ı Sitte´ (1991) adlı bir kitap yazdı. İngilizler ise Nursi´yi öldürme emri veriyorlar. O zamanlar Said Nursi hükümetin başına geçen Mustafa Kemal'in dikkatini çekmişti. Bunun üzerine Ankara'ya davet edilince, Said Nursi Mustafa Kemal'e şöyle cevap verdi: ´Ben, tehlikeli yerde mücahede etmek istiyorum. Siper arkasında mücahede etmek hoşuma gitmiyor. Anadolu'dan ziyade burayı daha tehlikeli görüyorum´ (Nursi, 2001a, s.124). Nursi kendisinin yerine Ankara´ya talebeleri Tevfik Demiroğlu, Molla Süleyman ve Binbaşı Bitlisli Refik Bey'i yolladı. Fakat bir çok milletvekili arkadaşının, özellikle Van Valisi ve Milletvekili Tashin bey´in, ısrarları üzerine 19 Kasım 1922 günü yeğeni Abdurrahman ile birlikte trenle Ankara'ya gitti ve orada yedi ay Hacıbayram Camii'nin misafirhane bölümünde kaldı.

Ankara'da ise hayatının bir başka dönüm noktasıyla daha karşılaştı. 22 Kasım 1922'de meclis'de bulundu. O zamanlar Mustafa Kemal Meclis Başkanıydı. Nursi, kürsüden milletvekillerine bir konuşma yaptı ve ardından dualar etti. Bu olaya resmi kayıtlarda da yer veriliyor:

'Ulemadan Bediüzzaman Said Efendi Hazretlerine Beyan-ı Hoşamedî.

'Reis: Efendim, Bitlis mebusu Arif Bey'le rüfekasının (arkadaşlarının) takriri (önergesi) vardır:

'Riyaset'i celileye,

'Vilayat-ı Şarkiyye ulema-i benamından olup, Anadolu gazilerini ve Meclis-i Âli'yi ziyaret etmek üzere İstanbul'dan buraya gelerek, Sami'în Locasında bulunan Bediüzzaman Molla Said Efendi Hazretlerine 'beyan-ı hoşamedî' edilmesini teklif eyleriz.

Takriri (önergeyi) veren mebuslar: Bitlis milletvekili Arif, Bitlis milletvekili Derviş, Bitlis milletvekili Resul, Muş milletvekili Kasım, Muş milletvekili İlyas Sami, Siirt milletvekili Salih, Ergani milletvekili Hakkı 'Alkışlar...

'Rasih Efendi (Antalya): Kürsüye teşriflerini ve dua etmelerini kendilerinden rica ederiz' (TBMM Zabıt Ceridesi, c. 24, s. 457; 8. Ek'e bkz.).

Mustafa Kemal bu dönemde Said Nursi'ye Kürdistan bölgesinin umumi vaizliğini teklif eder. Nursi'nin buna yaklaşmadığını anlayınca milletvekilliği, Diyanet'te önemli bir görev ve husisi bir köşk teklif eder, fakat yine red cevabını alır.

Nursi hükümetin durumunu zafer sarhoşu olarak nitelendirdi. Bunun üzerine 1 Şubat 1923'de milletvekillerine namazın önemini anlatan bir beyanname dağıttı (Nursi, 2000i, s.85-87; 2001a, s.125-127). Bu olaydan sonra bazı milletvekilleri namaza başlamış, bu durum da Mustafa Kemal'i kızdırmıştı. Aralarında bir tartışma geçer ve Mustafa Kemal şöyle der: 'Sizin gibi kahraman bir hoca bize lazımdır. Sizi, yüksek fikirlerinizden istifade etmek için buraya çağırdık. Geldiniz, en evvel namaza dair şeyleri yazdınız, aramıza ihtilaf verdiniz.' Nursi karşılık olarak: 'Paşa, Paşa! İslamiyette, îmandan sonra en yüksek hakîkat namazdır. Namaz kılmayan haindir; hainin hükmü merduddur' (Vahide, 2005, s.171; Nursi, 2001a, s.128).

Bunun üzerine Mustafa Kemal bir gün sonra kendisini özel odasında ağırlar ve kendisinden özür diler. Nursi kendisine Hücumat-ı Sitte eserinden birinci ve ikinci desiseyi okur ve bir saate yakın görüşürler. Mustafa Kemal Nursi'ye 300 Lira maaş, milletvekilliği ve şark vaizi umumiliği önerir[32]. Fakat Nursi kabul etmez ve daha sonraları gerekcesini şöyle açıklar: 'Eğer o teklifi ben kabul etseydim, hiçbir şeye âlet olamayan ve tâbi olmayan ve sırr-ı ihlâsı taşıyan Risale-i Nur meydana gelmezdi' (2000d, s.258; 2004a, s.334).

Mustafa Kemal ve Said Nursi arasında özellikle içki, tesettür ve heykel hakkında hararetli tartışmalar yaşanır. Mustafa Kemal bu noktalarda dinde bir reform isterken, Nursi bunları şiddetle reddeder. Heykel konusuyla ilgili kayıtlarda şu konuşma geçer: 'M. Kemal sordu: 'Molla Said! Heykel meselesindeki fikrin nedir?

---

[32] Daha önce aynı teklifi Mustafa Kemal Şeyh Ahmed Eş-Şerif Es-Sünûsî'ye yapar, fakat netice alamaz.

Ben Sarayburnu'na bir heykelimin dikilmesini istiyorum. Buna ne dersin? Bunun bir fetvasını bulabilir misin?' 'Said Nursî: 'Paşa! Biz sana heykel dikmen için mi yardım ettik? Millet bunun için mi harbetti? ...Büyük Kur'anımızın bütün hücumu heykelleredir. Müslümanın heykelleri camiler, medreseler, hastahaneler, yetimhaneler gibi mabedler ve hayır müesseseleridir' (Şahiner, 1979a, s.250).

Bu görüşmelerden sonra Kadir Mısıroğlu'na göre bir olay daha yaşanmış. Mısıroğlu'nun aktardığı olayın kaynağı Said Nursi'nin talebelerinden Hüsrev Altınbaşak. Ona da bizzat Nursi aktarmış. 1971'de Eskişehir Askeri Cezaevinde Mısıroğlu ve Altınbaşak 4 ay beraber kalmışlar. Altınbaşak'ın kendisine anlattığına göre, bu olaydan sonra Ulus'da - bugün Atatürk heykelinin olduğu yerde - Nursi hançerini çekmiş ve Mustafa Kemal'i vuracakmış. Tam o an vazgeçmiş ve Altınbaşak'a olayı daha sonra anlatırken nedenini şu şekilde açıklamış: 'O an devrin kutbunu gördüm. 'Yapma' dedi. Anladımki bu ahir zaman fitnesidir, vaki olacak'' (Mısıroğlu, 2011).

Said Nursi'nin mahrem olduğu için neşredilmeyen Sırr-ı İnna A'tayna kitabında (bkz. 13. Ek) Mustafa Kemal için şöyle yazıyor: 'Ma'lum büyüğe karşı birden hiddete geldi, def'aten yazıldı: Ey mülhidler, münafıklar ve ahmaklar, cesedimi paramparça da etseniz susmayacağım. Hakkı söylemekten vazgeçmeyeceğim. Olabildiğince Şark'tan ve Garba konuşacağım. Hepsine sesleniyorum: Bu Kur'an Hakkdır, bu doğruluk/sıdk furkanıdır. Allah'ın kelamı, içinde şüphe bulunmayacak şekilde Hakkdır. Muhammed Allah'ın Rasulüdür, bunda şüphe yoktur. Onun Şeriatı Allah'ın vahyidir. Onda adalet vardır, zulüm yoktur. Ey dinsiz mülhidler, Arşı titretecek şekilde dine zulmeden zalimler. Kahırla, şiddetli sekerat-ı mevt ile kesin ölümü bekleyin, ağlayarak feryadlar içinde Cehennem çukuruna atılacaksınız, hem de perçemleriniz tutularak. Orada taamınız zakkum ve ekşiyip buruşmuş şey olacak. Cehennem ehlinin vücudundan çıkan irinle sulanacaksınız (içeceğiniz bu olacak). Siz bizi mürteci (gerici) olarak adlandırdınız, biz de size mürtedler diyoruz. Kafirlerin en habisi, vahşiler vahşisi, Elif ile ve ba-yı nefy ile isminiz iki deccal (Deccaleyn) ve bir Süfyani ki zındıkların reisi, kararmışların kararmışı, Yahudilerin en habisi, zâlimlerin en zâlimi olandır' (Nursi, 2016, s.25).

Nursi Ankara'da daha fazla kalamayacağını anlar. Trenle Ankara'dan ayrılmaya karar verir. Tam o esnada Mustafa Kemal tren garına gelir ve Nursi'yi gitmemesi için ikna etmeye çalışır. Ayrıca tekrar heykel konusunu da açar. Ancak Nursi fikirlerini değiştirmez. Tren garında Nursi'nin yeğeni Abdurrahman da bulunur. Meclis'de katip olarak çalışan Abdurrahman amcasına sorar: 'Ey amuca, senin bu haline bir türlü akıl'sır erdiremedim. Sana yapılan o parlak teklifleri neden kabul etmedin? Halbuki, bu teklifler bir tek sana yapıldı, başka hiçkimseye yapılmadı. Muhterem amucam ve üstadım, acaba benim bu müşkilimi halletmeyecekler mi?' Nursi kendisine şu şekilde cevap verir, 'Bak evladım. Bazı rivayetlerde haber verilen ahirzamanda gelecek ve din'i mübin'i İslama darbe vuracak dehşetli adam(lar)ın kim olduğunu yakînen gördüm. Bütün alametleri yüzlerinde ve efallerinde okudum. Böyleleriyle çalışamam'. Birden hiddetlenen Abdurrahman belindeki kamasına sarılır ve 'Demek ki öyle ha... Madem öyle, muhterem amuca siz bana izin verin, hemen gidip onu burada hançerimle öldüreyim' der. Nursi ise önemli bir hakikata parmak basar 'Bak evladım, yine rivayetlerde var ki, 'onun zamanına yetiştiğinizde, ona karşı kuvvetle ve siyasetle mukabele etmeyin' diye tavsiye ediliyor. Çünkü, bu cihetiyle o galiptir, yani daha kuvvetlidir. Hem, eğer haber verilen şahıs o adam ise, zaten sen onu öldüremezsin. Zira, eşhas'ı ahirzaman öldürülmekten mahfuzdur. Herbiri kendi vazifesini yapacaktır. İşte bu sebep ve hikmete binaen, ben de onlarla çalışmayıp çatışmayarak Van'a gitmeyi ve uzun vadeli bir ilmî mücahede içine girmeyi tercih ediyorum' (Salihoğlu, 2007).

İslam'ın değerlerini taşıyan bir iktidar ümidi de böylelikle suya düşmüş ve Nursi tekrar hayal kırıklığına uğramıştı. Trene binip Van'a gider ve 'Yeni Said'[33] doğar (Nursi, 2001a, s.133; 2001d, s.294ff; 2002d, s.29-31).

5.2.2 Yeni Said

Bu değişimi yeni oluşan Türkiye'ye bir cevap olarak görmek çok basit olurdu. Nursi için daha çok bir zevkten ve dünya şöhretinden geri çekilme olmuştur. Daru'l Hikmeti'l-İslamiye üyesi olarak hayat standardı

---

[33] Nursi burada onu Yeni Said'e dönüştüren 'tren biletinden' bahseder. O tren biletini 3. Ek'te görebilirsiniz.

yüksekti ve villada yaşıyordu. Fakat gördüğü bir vizyon (Nursi, 2001d, s.294ff; 2002d, s.29-31) nedeniyle dünya şöhretinin çabaya değmediğini anladı. Aynı şekilde siyaset ile halkın imanının güçlendirilemeyeceğine kanaat etmişti. Bu sebeble şahıslara yönelmek istiyordu. İslam bilinci devletin sayesinde değil, şahısların gayretleriyle canlandırılabilinirdi. Yani toplumun temellerine hitab etmek istiyordu. Ayrıca Abdulkadir Geylani'nin bir yazısını kendisine hitap ediyor diye algılamıştı (2001b, s.339ff; 2004b, s.489). Geylani dünyadan ve siyasetten uzak bir münzevi hayatı yaşamasını tavsiye ediyordu (Vahide, 1999, s.34). Bunun üzerine şan ve şöhretten uzaklaşıp dağlarda yaşamayı tercih etti. Dış dünyadan ayrı İstanbul'un Yuşa tepesinde yaşamaya başladı. Sonrasında önce memleketi Bitlis'e geri döndü ve yaklaşık iki sene mağralarda kalacağı Van'a. Nursi siyasetten ve toplumsal hayattan kendini geri çekti. Dhu al-Nun al-Misri'nin de vurgulayışına göre, yalnızlık hakikata ulaşmak için önemli bir vasıtadır, çünkü yalnız olan kişi Allah'dan başkasını görmez, O'nun rızasından başka bir şey onu harekete geçiremez (Abu-Rabi, 2003, s.84; bkz. Smith, 1995, s.196). Böylelikle Nursi de eserlerini yazarken yalnızlıktan ilham alıyordu. Yabancılaşma duygusunu emniyet altına alınmış duygusuna çevirdi (Haddad, 1999, s.309; Abu-Rabi, 2003, s.70). Netice itibariyle Yeni Said'in özelliği siyasete girmemesi ve siyaset hakkında konuşmaması olmuştu.

Aynı zamanda adaşı kürt Şeyh Said bir ordu kurmak ile meşguldü. Amacı 'Allah'sız' hükümeti çökertmekti ve Said Nursi'nin de bu orduya katılmasını talep etti. Said Nursi öfkeli bir şekilde bir mektup ile cevap verdi: 'Türk milleti asırlardan beri İslamiyet'e hizmet etmiş ve çok veliler yetiştirmiştir. Bunların torunlarına kılıç çekilmez; siz de çekmeyiniz, teşebbüsünüzden vazgeçiniz. Millet, irşad ve tenvir edilmelidir' (Nursi, 2001a, s.135). Bu yapılmasını istedikleri savaşın kardeşler arasında geçeceğini, kardeşleri öldüreceğini, çok felaket getireceğini ve kürtlerin ve türklerin kardeş oldugunu belirtse de, isyancılar pes etmedi. Kör Hüseyin Paşa Nursi'yi ziyaret etti. Çok para, mermi ve silah teklif etti. Nurculukta çoğu kez üzerinde konuşulan, şu konuşma geçti aralarında:

'Hüseyin Paşa:
'Sizinle bir müşaverem var. Askerim hazır, atlar hazır, silahlar ve cephaneler de hazır. Sizden emir bekliyoruz.'
'Sen ne diyorsun? Ne yapacaksın? Kiminle harp edeceksin?'
'Mustafa Kemal'le.'
'Mustafa Kemal'in askerleri kim?'
'Ne diyeyim... İşte askerdir.'
'Askerler bu vatanın evlâdıdır. Senin ve benim akrabalarımdır. Kime vuracaksın? Onlar kime vuracak? Düşün, idrak et. Ahmed'i Mehmed'e, Hasan'ı Hüseyin'e mi kırdıracaksın?'
'Ama biz şeriatı istiyoruz?'
'Acaba bu fikre hizmet neden ileri geldi? Soruyorum size. Şeriat mı istiyorsunuz? Böyle hareket zaten aslında şeriata muhaliftir. Bu olsa olsa bir ecnebi tahrikine alet olma keyfiyetidir. Şeriat isterim diye şeriatı alet ederek şeriata muhalefet edilmez. Böyle şeriat istemek olmaz. **Şeriatın anahtarı bendedir.** Haydi yerlerinize!'" (Vahide, 2005, s.181).

Yukarıda kalın olan bölüm söyleşi yaptığımız bir Nurcu tarafından şöyle açıklanır: *'Rislale-i Nur Kur'an'ı bizim zamanımızda doğru şekilde anlamanın anahtarıdır'* [P.E.]. Risale-i Nur'ların lugat çalışmasında yer alan Kenan Demirtaş bunu şu şekilde yorumluyor: *'Said Nursi'ye göre bizim zamanımızda iman diğer konulardan daha önemlidir. Ve Nursi bu konuyu ele alan tek kişidir. Başka alimler bu zamanda daha çok fıkıh üzerinde yoğunlaştılar. Fakat Nursi sadece iman üzerinde durdu. Bunun için 'anahtarın' kendisinde olduğunu söylüyor'* [K.D.].

Bütün çabalarına rağmen Nursi ayaklanmayı durduramadı. Şeyh Said ordusunu hükümeti çökertmek için kullanıyordu. Hükümet ise hem bu orduyu yok etti hem de bunun üzerine yüzlerce inançlı insanı bu orduya yardım ettiklerini öne sürerek idama mahkum etti. Nursi için tarih tekerrür etmişti. 1909'daki '31 Mart Hadisesi'ndeki gibi bu ayaklanmaya karşı olmasına rağmen Nursi yine tutuklandı. Burdur'a sürüldü ve orada 'Nurun İlk Kapısı' adlı eserini yazdı. Günlük siyasetten uzak durmasına ve sadece dini yazılarıyla uğraşmasına rağmen, Nursi'nin Burdur'da olması oranın kemalist valisini rahatsız ediyordu. Bu yüzden öncelikle Mareşal Fevzi Çakmağ'a şikayette bulundu. Fakat 'Nursi'nin kimseye zararı yok' cevabı valiyi daha çok kızdırmıştır. Çareyi Nursi'yi bizzat Mustafa Kemal'e şikayet etmekte bulur. Bunun üzerine Nursi'nin önce İsparta'ya sonra da Barla'ya yollanmasına sebep olur.

Nursi 01 Mart 1927'de Barla'ya gelmiştir. Burada Risale-i Nur'un ve sonra ki Nurculuk Hareketinin temeli atıldı. Nursi burada 'Haşir Risalesi' olarak bilinen '10. Söz'ü kaleme aldı. Burada enteresan birşeyi tespit etmek mümkün: O zaman ki Türkiye iki seçenek arasında kaldı: Ya batılı ve ulusal devlet düşünceli devrimci Mustafa Kemal'i takip edecekti yada modern islam fikirli müslüman alim Said Nursi'yi. İkiside ülkenin güçlenmesi için iki farklı felsefe ve dünya bakışı ile çaba gösteriyordu. İkinci alternatif, yani Nursi, sosyal ölüme mahkum olmuştu. Barla'da tamamen dış dünyadan bağları koparılacaktı[34]. Barla o zamanlar (ve şuan hala) bir köydü ve en yakın şehire gitmek saatler sürüyordu. Barlaya giden yollar yoktu. Böylelikle burası dış dünyadan tamamen kopmuş bir yerdi. Nursi orada yaşayanlarla ilk temasını 6 ay sonra (!) kuracaktı. Burada sosyal ölümünü geçirecekti. Hayatının en yüksek zamanından birden en dibe vurmuştu. Sadece çaydanlığı ve Kur'an'ı vardı ve dış dünyadan kopmuştu. İlk başlarda bu hayat tarzı ona uyuyordu, çünkü zaten münzevi bir hayat sürdürmeye karar vermişti. Bu yüzden Barla'da kışın ortasında yalnızken umut ve çaresizlik üzerine yazmıyordu. Neden orda olduğunu kendine sormuyordu. İntikam almak da istemiyordu. En son olan şey üzerine yazıyordu, yani diriliş üzerine. Geleneksel konulara değinmiyordu, sadece Türkiye de yaygınlaşan modernliğin problemleri hakkındaki sorulara cevap arıyordu. Aries'e (2005) göre Barla'da Nursi Üstad[35] oldu, çünkü modernitenin sorularına cevaplar yazıyordu. 'Eski İslam alimlerinin sundukları çözümler modern günümüze uymuyor. Nursi ise modernitenin zorluklarıyla

---

[34] Barla yunancada 'yalnızlık' kelimesinden geliyor.
[35] Nursi'ye talebeleri böyle hitab ediyorlar.

baş edebilen bir İslam'ı savunuyordu. Başka bir değişle, geçmişten ve bugünün zorluklarından öğrenmiş yeni bir müslüman zekasının oluşmasına acilen ihtiyaç duyuluyor. Nursi gerçek bir entellektüel devrim istiyor' (Abu-Rabi, 2003, s.68). Bu nedenle zamanımızda hiç bir probleme çözüm olmayan geleneksel düsünceyi eleştiriyordu ve müslümanların modernite ile yüzleşmelerini istiyordu (Seufert, 1997, s.44). Bu anlayış ile insan haklarını, hukuk devletini ve demokrasiyi farklı bir şekilde anlamaya çalışır ve farklı bir Kur'an'ı okuma şekli sunar (Yavuz, 2004, s.134). Sadece Kur'an'ın temellerini baz tutuyor ve **yeni sorulara cevabı, Kur'anın yeni yorumudur: Risale-i Nur.**

Barla'da Risale-i Nur'un büyük bir parçası yazıldı. Eserlerinde iman hakikatları hakkında yazıyordu ve bunları Van'da kütüphanede öğrendiği bilimsel konularla birleştiriyordu. Kavga veya tartışma çıkaracak fıkhi konuları bilinçli bir işlemiyordu, çünkü bu zamanda her türlü saldırı bizzat iman'a yönelik olduğunu düşünüyordu (1994, s.149; 2003, s.179; bkz. 1995b, s.22ff; bkz. bölüm 3.1). Bu nedenle yaptığı çalışmalarda sadece iman hakikatları ile meşgul oluyordu ve 'herşeyde, yaratılış mührünü arayip analiz etmeyi başardı" (Aries, 1999, s.17ff). Mardin'e göre devlet okullarının ve geleneksel dini grupların cevapları ve bilgileri toplumun dini sorularını cevaplamaya yetmiyordu. Moderniteye modern cevaplar lazım idi. Ve bu alanda Said Nursi'nin rakibi yoktu. Nursi'nin düşünceleri dini günlük yaşama katmaya imkan veriyordu (Mardin, 2003, s.248ff, 360). Yani Risale-i Nur okuyucularına gündelik hayatlarını din ile doldurma imkanı veriyordu. Okuyuculara mana, kişilik ve olabilecek veya karşı karşıya kalabilecekleri ihtimalleri (contingency) aşabilme kabiliyeti veriyordu (bkz. bölüm 3.2). Böylelikle Nursinin okuyucuları aralıksız ve devletin yasaklarına paralel olarak çoğalıyordu. **Devlet dini hayatı komuoyundan ne kadar uzak tutmaya çalışsa, o kadar insanlar bu yoksulluktan kurtulmak için daha çok Nursi'nin kitaplarını okuyordu.** Barla'da Said Nursi Hafız Tevfik, Öğretmen Galip ve İmam Sabri gibi talebeler kazanıyor ve bunlar da kitaplarını kopyalayıp dağıtıyorlardı. Gelecek sekiz yılda Nursi ahiret hayatı, insanların sorumluluğu, vahiy, kader, tevhid, iman gibi konular hakkında risaleler yazıyordu. Okuyucuları Nursi'ye karşı bir bağ hissediyorlardı. Okuyucuları da Nursi`ye mektuplar yazıyorlardı ve sorularına cevaplar arıyorlardı. Yavaş yavaş bugün Nurculuk Hareketi olarak adlandırılan hareket oluşuyordu. O zamanlarda Nursi'yi kendilerinin şeyhi olsun diye bir çok insan ziyaret ediyordu. Barla'da Nursi'ye karizmatik bir lider haline geliyordu ve talebeleri de çoğalıyordu. Fakat Nursi hepsini reddetti ve şeyh olmadığını söyledi. Sadece Gazali ve Rabbani gibi bir imam olduğunu söyledi (Şahiner, 1979b, s.92). Bu zamanın tarikat zamanı değil[36], cemaat zamanı olduğunu defalarca dile getirdi (2001a, s.198; 2001b, s.66; 2001c, s.28; 2004b, s.108). Sebebi ise, artık Allah inancına saldırılmasıydı. Bütün kuvvet ile inancın kuvvetini arttırmaya çaba gösterilmesini söylüyordu. 'İmansız cennete gidemez; fakat tasavvufsuz cennete giden pek çoktur. Ekmeksiz insan yaşayamaz, fakat meyvesiz

---

[36] Burada Nursi'nin derdi tarikatların varlığı değil, daha çok tarikatlarda ön planda olan ortopraksinin (doğru davranış) değil, iman hakikatlarının daha ehemmiyetli olduğunu belirtmek.

yaşayabilir. Tasavvuf meyvedir, hakaik-i İslâmiye gıdadır' (2004b, s.55; 2001b, s.27; Şahiner, 2005, c.3, s.116). Talebelerinin çoğalmasına paralel popülaritesi de artıyordu. Tekrar tekrar ceşitli sebeplerle yargılanıyordu ve hapishaneye atılıyordu.

Bir iddiaya göre Mustafa Kemal Barla'da Said Nursi'yi gizlice ziyaret ediyor. Hadisenin Mustafa Kemal'in Isparta'nın Eğirdir ilçesini ziyaret ettiği günün sabahında yaşandığını anlatan Askerî Yıldız, o ziyaret esnasında yanında bulunduğunu söyleyen dönemin emniyet müdürünün aralarında geçen diyaloğu şöyle naklettiğini aktarıyor: 'Dönemin Isparta Emniyet Müdürü bana trende anlattı: 'Mustafa Kemal Isparta'ya teftişe geldi. O gece Eğirdir'de kaldı. Sabahı çok erken saatte gizlice Barla'ya gitmek istediğini bana söyledi. Refakat ettim. Bir de şoför vardı. Hiç kimseye haber vemeden Bediüzzaman'ın odasına gittik. O ve ben, ikimiz içeri girdik. Bediüzzaman yatağa yan uzanmış bir halde üzerinde yorgan örtülü vaziyette uzanıyordu. Hiç kalkmadı. Mustafa Kemal'e yerdeki şilteyi gösterip, 'Otur' dedi. O da, rafta duran Kur'ân'ı alarak Tîn sûresini açtı, 'Lekad halaknel însâne fi ahseni takvîm' âyetini okudu. 'Bu âyet bana bakıyor' dedi. Bediüzzaman; 'Yanlışlıkla komşunun kapısını çalmışsın. Yaptıklarınla, sonraki sûre sana bakıyor' dedi. Ne o konuştu, ne ben, ne de Bediüzzaman. Oradan ayrıldık. Mustafa Kemal, dışarı çıkınca bana; 'Hocaefendi aynı inadında devam ediyor' dedi' (Özkılınç, 2011, s.26). Ahmet Özkilinç, Mustafa Kemal'in o yıllarda Eğirdir ziyareti yaptığını yine kitabın içerisinde bizzat bakanlıklar arasında yapılan yazışmaların belgeleriyle ve Mustafa Kemal'in Eğirdir tren istasyonunda çekilmiş bir fotoğrafıyla ispat ediyor (Ay, 2011).

1934'te hükümet Nursi'yi daha iyi kontrol edebilmek için Isparta'ya gönderdi. Fakat burada da eserlerini yazmaya devam etti ve talebelerinin sayısı sürekli arttı. Bu nedenle hükümet çareyi Nursi ve talebelerini hapishaneye atmakta buldu. 25 Nisan 1935'de Nursi'nin talebelerinin evlerine baskın düzenlendi. Nursi ve 120 kişi mahkemeye çıkarıldı. Nursi'ye idam edilmek isteniliyordu. Suç olarak hükümeti çökertmek için gizli bir örgüt kurduğu söyleniyordu (bkz. Ergin, 2001, s.66). Böylelikle Ceza Kanunu'nun 163'üncü maddesine göre, yani devleti yıkma amaçlı dini bilgiyi yaymak sebebiyle yargılanacaktı. Fakat netice olarak elde hiç bir delil olmadığı için Nursi'yi bu iddiadan dolayı yargılayamadılar. Bunun yerine 'Tesettür Risalesi' eserinini yazdığı için 11 ay hapis cezasına çarptırıldı. Nursi bu karara itiraz etti. Böyle bir cezanın ancak bir at hırsızına verilebileceğini savundu. Dolayısıyla ya ölüm cezası ya da affını istedi. İtirazı kabul edilmedi ve bir kaç talebesiyle birlikte hapiste kaldı[37]. Bu dava çerçevesinde Nursi'nin eserleri resmi şekilde 'Risale-i Nur' ve Nursi'nin yandaşlarınada 'Nurcu' denildi. Burada ilk adlandırmalar gerçekleşti ve ilerleyen yıllarda içeriği de doldurulacaktı.

Bu ceza Nursi ve talebelerinin hapishaneyi okula çevirmelerini engelleyemedi. Nursi bir çok mahkumu

---

[37] Nursi'nin ceza yediği tek dava 'Tesettür Risalesi' ile ilgiliydi.

kendi talebesi yapmayı başardı[38]. Nurcuların sohbetlerinde ve Nursi'nin kitaplarında hapishaneler mektep veya 'Medrese-i Yusufiye' olarak adlandırılır. Burada Hz. Yusuf (as.) ile bir benzerlik yapılıyor, çünkü o da suçsuz olmasına rağmen hapishaneye düşmüştü.

Nursi işkence dolu 11 aydan sonra 1936'nın Mart ayında Kastamonu'ya sürüldü[39]. Fikirleri halen hükümetin düşüncelerine zıttı. Said Nursi'nin düşüncesine göre devletin hedefi olan moderniteye en kolay ve en hızlı ulaşmanın yolu dindarlıktan geçiyordu (Aköz, Atal, 18.12.2004). Bu ve başka fikirleri hükümet tarafından rededdiliyordu. Böylece gelecek 14 yıl boyunca Nursi ve talebelerine karşı yüzlerce dava açıldı ve sürekli fişlendiler[40]. Araştırmamızın soruları için önemli olmadığı için bu bölümü kısa tutmak istiyorum. Bu zaman Nursi için hapisten hapise sürgün ile geçen bir

---

[38] Benzer durumlar 70'lerde solcularda ve 80'larda PKK'lılarda da oldu (Aköz, Atal, 17.12.2004). Hapishaneler bu grubların organize noktaları haline gelmişti.

[39] Mustafa Kemal ve İsmet İnönü imzalı belge için 5. Ek'e bkz.

[40] Fişlenme örnekleri için 6., 9. ve 11. Eklere bkz. Fişlenmelerle ilgili Said Nursi şöyle yazıyor: 'En son dehşetli plânları, sâbık dâhiliye vekilini ve Afyon'un sâbık valisini, Emirdağı'nın sâbık kaymakam vekilini aleyhime sevketmeleriyle, resmî hükûmetin nüfuzunu bütün şiddetiyle aleyhimde istimal etmeleridir. Benim gibi zaîf, ihtiyar, merdümgiriz, fakir, garib, hizmete çok muhtaç bir bîçareye o üç resmî memurlar, aleyhimde öyle bir propaganda ve herkesi korkutmak o dereceye gelmiş ki; bir memur bana selâm etse, haber aldıkları vakitte değiştirdikleri için, casusluktan başka hiçbir memur bana uğramadığını ve komşularımın da bazıları korkularından hiç selâm etmediklerini gördüğüm halde; inayet ve hıfz-ı İlahî bana bir sabır ve tahammül verdi. Emsalsiz bu işkence, bu tazyik, beni onlara dehalete mecbur etmedi' (2001c, s. 168).

zamandı. Sokrat gibi uzun savunma metinleri yazıyor ve bunlar daha sonra yayınlanıyordu (bkz. 1978, 2004a, 2000d). O zamanlar Nursi'nin yazılarını ve kitaplarını 'Nur Postacıları' yayıyordu. Bu isimle tüm kontrollere rağmen Nursi'nin kitaplarını ve yazılarını kopyalayıp postacı gibi dağıtan talebeleri kast ediliyordu. Bu şekilde yaklaşık 600.000 nüsha elle yazıldı ve halkın her tabakasından geniş bir talebe topluluğu oluşuyordu. Sürekli Nursi ve talebeleri aynı sebeplerden dolayı yargılanıyor veya sürülüyorlardı.

Bu bağlamda sorulması gereken soru, bir hareketin bu kadar yasak ve cezalara rağmen nasıl bu kadar hızlı yayılabilmesi (bkz. 2. bölümde ki 2. soru). Bu soru Türkiye'nin tarihi şartlarıyla cevaplandırılabilinir. Rejimin bütün dini kurumları yasaklaması ve dini bilgiye ulaşmayı zorlaştırması, halkta ters tepki yaptı ve daha çok kişi dini bilgiye sahip olmaya ihtiyaç duydu. Hükümet hiçbir alternatif tanımıyordu. Rejim kendini laik olarak tanımlıyordu, fakat halk dinine sadık olmayı tercih ediyordu. Devletin yeni değerleri halkın değerleriyle uyuşmuyordu. Yorum bariyerleri ortaya çıkıyordu. Devlet kendi halkına iyice yabancılaşmıştı. Bundan meydana gelen dini boşluk bir mana ile doldurulmalıydı. Ama bu mana yeni birşey olmamalı, eski ve tanıdık birşey olmalıydı. İşte tam da burada Risale-i Nur hareketi devreye girdi. Risale-i Nur adeta rakipsizdi. Diğer bütün müslüman hareketleri ya dağılmıştı yada dışlanmıştı. Bu nedenle Nursi'nin kitapları, özellikle kendini devlet tarafından dışlanmış veya baskı altında hissedenlere hitap ediyordu.

Sonunda 1944'te Denizli mahkemesi Risale-i Nur'u araştırması için bağımsız bir ilmi heyeti görevlendirdi. O ekip Risale-i Nur'u tamamen araştırdıktan sonra şu sonuca vardı: 'Said'in ve Risale-i Nur şakirtlerinin yazılarında dini, mukaddesatı âlet edip devletin emniyetini ihlâle teşvik veya bir cemiyet kurmak ve hükûmete karşı bir su-i maksadı bulunmak kasdında olduğunu gösterir bir sarahat ve emare olmadığını ve Said'in şakirtleri, muhaberelerinde hükûmete karşı kötü bir kasıt beslemek, bir cemiyet kurmak veya tarikat gütmek fikriyle hareket etmedikleri anlaşılmaktadır' (Nursi, 2004a, s.331; 2000d; s.254). Bunun üzerine ikinci bir ekip görevlendirilir ve şu sonuca varıldı: 'Said Nursî'nin yüzde doksan risalesi, hem samimî, hem hasbî, hem ilim ve hakikat ve din esaslarından hiçbir cihetle ayrılmamışlar; bunlarda, dini âlet etmek veya cemiyet teşkil etmeye, emniyeti ihlâl hareketinin bulunmadığı sarihtir. Şakirtlerin birbiriyle ve Said Nursî ile muhabere mektupları da bu nevidendirler. Beş on mahrem ve şekvâlı ve gayr-ı ilmî olan risalelerden başka bütün risaleleri herbiri bir âyetin tefsiri ve bir hadis-i şerifin hakikati namına yazılmışlardır. Din, iman, Allah, peygamber, âhiret akîdelerini ve ibarelerini açıkça anlatmak için temsillerle yazılmış ve ilmî görüşleri ve ihtiyarlara ve gençlere ahlâkî öğütler ve hayat tecrübesinden alınmış ibretli vak'aları ve faydalı menkıbeleri ihtiva eden, mevcudun yüzde doksanını teşkil eden risalelerdir. Hükûmete ve idareye ve âsâyişe ilişecek hiçbir ciheti yoktur' (Nursi, 2004a, s.331; 2000d, s.254). Fakat bunların hepsi birşey değiştirmedi. Nursi 1944 Ağustos'unda Emirdağ'a sürüldü. Bu sefer çok sıkı kontrol altındaydı. Evinin önünde bekçiler vardı. Üstelik camiye bile gitmesi yasaktı. Halka onu ziyaret etmek yasaklanmıştı. Bu zamanı Risale-i Nur'da şöyle anlatıyor: 'Bir zaman (1944'de, Yazarın Notu) Emirdağı'nda ikamete memur ve tek başıma menzilde âdeta bir haps-i münferid ve bana çok ağır gelen tarassudlar ve tahakkümler ile bana işkence vermelerinden hayattan usandım, hapisten çıktığıma teessüf ettim. Ruh u canımla Denizli Hapsi'ni arzuladım ve kabre girmeyi istedim' (Nursi, 2005a, s.67; 2000f, s.315; 2007, s.306ff). Ama burada da yıllar boyu alışılmış bir şekilde talebeleriyle irtibatta olan Nursi, Ocak 1948'de 48 talebesiyle birlikte tekrar tutuklandı ve Afyon'da ki hapishaneye atıldı. Bu hapishane Nursi için ayrı bir işkenceydi, çünkü kendi seçtiği yalnızlık hayatına hiç uymuyordu. Birçok suçlu ile aynı koğuşta, sesli bir ortamda kalıyordu (Vahide, 1999, s.35). Önümüzdeki 8 yıl boyunca Afyon mahkemesi Nursi'nin eserlerini inceledi.

1946'da DP (Demokrat Parti) kuruldu. Kuruluşuyla yasaklar kalkmaya başladı. CHP'de seçimlerde oy kazanabilmek için bazı kararları geri çekmek zorunda olduğunu düşündü. Onlarda halkın dindar olduğunu biliyorlardı. Türkiye'de ki çok partili ilk seçimin ardından 14 Mayıs 1950'de DP hükümetin başına geçti. Bununla birlikte Nursi için hapis cezaları kalktı fakat davalar sürüyordu. Nurcular artık eserlerini legal ve açık bir şekilde basıp satabiliyorlardı. Böylelikle Risale-i Nur Türkiye'nin her köşesine dağıldı.

Bu bütün gelişmelerde çok önemli birşey dikkat çekiyor. Artık dikkati Nursi değilde, onun yazıları çekiyordu. Said Nursi artık bu hareketin merkezinde değildi. Nursi de kendisini Risale-i Nur'un bir öğrensisi olarak görüyordu[41], yani kendi eserlerinin bir talebesi.

5.2.3 Üçüncü Said

DP ile Türkiye'de ki dini kesimler nefes aldı[42]. Bundan dolayı dini hayata ilgi çoğalıyordu. Birkaç değişiklik ve devletin özgürleşmesi dini hayatı tekrar kamuya geri döndürdü (Akdoğan, 2000, s.157ff):

- 16 Haziran 1950: 18 yıl sonra ezan yine arapça okundu.
- 2 Temmuz 1950: Radyoda Kur'an okunması serbest bırakıldı.
- 4 Kasım 1950: İlkokullara din dersi yerleştirildi. Eğitim Bakanlığı tarafından din dersine özel kitaplar basıldı.
- 1951: Kur'an kursları serbest bırakıldı. 236 tane kurs 1951'de başladı.
- 1951-1952: Dini okullar yine açılmaya başladı.
- 19 Ağustos 1956: Dini öğretim orta okulda ders olarak verilmeye başlandı.
- 19 Kasım 1959: İstanbul'da Yüksek İslam Enstitüsü kuruldu.

---

[41] Nurcular ve Risale'nin ilişkisi hakkında daha fazla bilgi için 8.6.'nci bölüme bakınız, veya Vahide (2004), Mardin (1989, s.156ff u. s.181ff), Yavuz (1995) veya Eickelmann (1999).

[42] Yinede bunu 'yeniden İslam'laşma' gibi aşırı yorumlamamak lazım.

• 1950-1960: Yaklaşık 15000 cami yapıldı.

Nurcuları sevindirecek başka yasalar da çıkartıldı. Said Nursi de devlet başkanına övgü içerikli bir çok mektup yazdı. Ayrıca talebeleriyle birlikte eserlerini Japonya, Amerika ve Pakistan'a gönderdi. 1950 yılında Papa Pius XII.'ye de Nursi Risale-i Nur yolladı. Vatikan 22 Şubat 1951'de bir teşekkür mektubu ile cevap verdi (2001c, s.303). Demokrat Parti Nursi'nin eserleri üzerine şu açıklamayı yaptı: 'Bediüzzaman Said Nursi'nin yazdığı bütün kitaplar İslam'ın prensiplerine ve Peygamberimizin sünnetine uygundur. Ve sunni İslam ile örtüşüyor. Bu kitapların hedefi insanların Kur'an'ı doğru yorumlamaları ve onları bugünün ideolojik tehlikelerinden korumak' (Akgün, 1974, s.50).

50'li yıllardan itibaren harekette yeni bir çag başladı. Nursi kendini toplumdan tamamen uzak tutarken ve hiç bir misafir, hatta kendi yandaşlarını dair kabul etmezken, bu dönemde bu prensibini değiştiriyor ve hatta 1949'un sonunda Emirdağ'da ilk Risale-i Nur medresesini bizzat kendi açıyor. Talebelerine ise her yerde medrese açmalarını berlirtiyor: 'Nur şakirtleri, mümkün olduğu kadar her yerde küçücük bir dershane-i Nuriye açmak lazımdır' (Nursi, 2001c, s.217, s.445; bkz. s.338). Buralarda Nurcular toplanarak beraberce eserleri okuyacaktı. Beraber okununca bazı şeyleri daha iyi anlamanın mümkün olduğunu ve yalnız okurken bazı şeyleri anlamanın zor olduğunu söylüyor (2001c, s.445). Bu nedenle Türkiye'nin genelinde bir çok medrese açıldı ve Nurculuk Hareketi giderek tüm topluma yayıldı. Said Nursi ve eserleri yıllar süren dışlanma sonrası yine herkesin dilindeydi.

Gelecek yıllarda Nursi şehir şehir gezdi ve talebelerini ziyaret etti. 1951'de Emirdağ'dan Eskişehir'e gitti ve burada iki ay bir otelde ikamet etti. Buradan da Isparta'ya geçti. Burada 70 gün kaldı. Isparta'dan 27 yıl aradan sonra İstanbul'a döndü. 22 Ocak'ta İstanbul'da eseri 'Gençlik Rehberi' nedeniyle duruşması vardı. Sokrat'e benzer şekilde, Nursi de kitabıyla gençliği bozduğu gerekçesiyle yargılanacaktı. Yüzlerce meraklı mahkeme salonunda bu duruşmayı takip ediyordu. 5 Mart 1952'de Nursi suçsuz olarak serbest bırakıldı. Fişlemeler ise devam etti[43].

23 Mayıs 1956'da Afyon Mahkemesi 8 yıl süren dava sonucu, Risale-i Nur'un dini kitaplar olduğunu ve siyasi bir etkisinin olmadığına karar verdi. Bu kararla ülke genelinde eserler yasal hale geldi. Nursi'nin kitapları basımhanelerde binlerce kez basıldı ve ücretsiz olarak dağıtıldı. Basılan kitaplar olası hataları düzeltmesi için önce Nursi'ye gönderildi. Ayrıca Nursi ilk defa kitaplarını latin harfleriyle bastırmıştı. Yeni nesil bu kitapları okuyabilmeliydi.

1956-1960 arasındaki süreçte Nursi talebelerine Demokrat Partiyi desteklemelerini tavsiye etmişti. Amma velakin siyasi yönden değil de pragmatik yönden dolayı. Bu partiyi destekleyerek, daha az dindar bir partinin hükümetin başına geçmesinin engelleyeceğini düşünüyordu. Son yıllarında ise Adnan Menderes ve arkadaşlarını yanlış kararlardan dolayı ikaz ediyordu. Nursi kendisi siyasetten uzak durmaya devam ediyordu.

---

[43] 6. ve 11 Ek'e bkz.

Bu dönemde 'Nurculuk Hareketi' terimi sık sık kullanılmaya başlamıştı ve bu terim ile Said Nursi ve onun çevresinde ki talebeler kastediliyordu.

Nursi 23 Mart 1960'ta Urfa'da vefat etti ve orada toprağa verildi. Fakat 12 Haziran 1960'ta askeriyenin[44] talebiyle tekrar mezarından çıkarıldı[45] ve çok az kişinin bildiği bir yere gömüldü. Ardından talebeleri de oradan çıkardı ve tekrar sadece kendi bildikleri bir yere gömdüler. Aslında bu Nursi'nin vasiyetine uygun düşüyordu, çünkü kendisi kimsenin bilmediği bir yere gömülmek istiyordu ve kutsal bir mekan olarak mezarına akın edilmesini kesinlikle istemiyordu (2001c, s.417, 420; 2001d, s.635; Şahiner, 2005, c.3, s.75). Bunu Hz. Mevlana da tecrübe etmişti: 'Emekli Müftü Ahmed Emin Sağbaş'tan naklen Bayram Yüksel Ağabey anlatıyor: Üstad Bediüzzaman Said Nursi, Konya'da Mevlana Türbesi'nin dışında, Üçler Mezarlığı'na bakan tarafında tek kabir olan, Şair Şem'inin mezarının yakınında durarak Mevlana'ya Fatiha okumuştur. Ayakta titreyerek: 'Aman Yarabbi! Aman Yarabbi! Kabrimin böyle olmasını istemem!' dedikten sonra bana dönerek: 'Bayram, Mevlana'nın ruhaniyeti burada yoktur' demiştir. 'Benim kabrimi az insanlar bilecek' sözünü üç beş defa Üstattan duydum. Fakat bütün dünyanın tanıdığı Üstadın kabrinin nasıl az insanlar tarafından bilineceğini, akıllarımız almıyordu.

---

[44] 27 Mayıs 1960'ta askeri darbe yapıldı. Başbakan Adnan Menderes ve iki bakan idam edildi.

[45] Kabrini sökenlerden birisi de Orgeneral Cemal Tural. İlginçtir ki Fethullah Gülen daha sonra 1961'de Cemal Tural'ın kışlasında askerliğini yapacaktır.

Üstada da soramadık. Ancak Urfa'dan kabir kaldırılınca anlayabildik' (Özcan, 2008).

Mezarının nerede olduğu bugün hala bir çok kişi tarafından bilinmiyor. Sadece az kişi yerini biliyor. Aköz ve Atal'a (20.12.2004) göre bu davranış Risale-i Nur Hareketinin bir özelliği. Nursi ve talebeleri 'mucize' ve 'kutsallığa' değer vermezlerdi. Bu Nursi'nin çalısmaların da hep ön planda olan mantıklı ve ilmi düşüncesine uymazdı.

Nursinin bu üç hayat kısımı Türkiyenin toplumsal gelişimine ayna tutuyor. 'Eski Said' çok coşkulu biriydi ve islami bir ortamda siyaset, adalet ve özgürlük ile ilgileniyordu. 'Yeni Said' siyasetten ve dünyevi hadiselerden uzak duran, daha çok talebeleriyle ilgilenip eserler yazan biriydi. 'Üçüncü Said' ise yine toplumsal hayata geri dönmüş ve hatta Demokrat Partinin başa geçmesiyle Türkiye'nin siyasetine doğrudan doğruya siyasetin içinde olmadan katkıda bulunan biriydi. 'Eski Said' Osmanlı'nın eğitim ve öğretim sistemine karşı koymaya çalışırken ve Modernite'nin uygulaması hakkında kafa yorarken, 'Yeni Said' Türkiye'de yanlış uygulanan Modernite ile uğraştı.

Hareketin Nursi'nin vefatından sonra nasıl geliştiğini gelecek bölümde analiz edeceğiz.

5.3 Nursinin vefatından sonraki gelişmeler

Nursi'nin vefatından sonra hareket ona en yakın olan talebeleri tarafından devam ettirildi. Bu topluluk Said Nursi'nin ve eserlerini ve fikirlerini yaymaya devam ediyordu. Karizmatik liderin vefatından sonra, hareketin dağılmaması için, talebeleri cemaati organize etmeye çalıştılar. Böylelikle hareket belli bir organizasyon şeklini almaya başladı. Bunun üzerine önde gelen talebeler toplandı ve bir istişare heyeti kurdulur (bu heyet yönetim kuruluna eş değerdedir, işleyişi için 7.6. bölüme bakınız). Nursi'ye en yakın talebelerden olan Zübeyir Gündüzalp (gerçek ismiyle Ziver Gündüzalp) organizasyonun baş sorumlusu olarak seçildi. Bu demek oluyor ki Zübeyir Gündüzalp bu hareketin Türkiye genelinde birlik ve beraberlik içerisinde kalmasında ve Risale-i Nur'un okuyanları arasında ki bilgi alişverişinden en başta gelen sorumlu idi. Böylelikle cemaat kurumsallaşmaya doğru gidiyordu. Demokrasi, insan hakları ve serbest piyasa ekonomisiyle ilgilenen (Yavuz, 2004, s.135) bölgesel ağlar ve kurumlar kuruyorlardı.

Bu arada artık Risale-i Nur'u okumak için evlerde buluşan gruplar çoğalmıştı. O zamanlar yaklaşık 750000 Risale-i Nur talebesi olduğu tahmin ediliyordu (Aköz, Atal, 21.12.2004). Aynı eserleri okuduklarından, kolektif bir düşünce oluşuyordu. Risale-i Nur dersleri bir çok yerde oluyordu. Artık bu eserleri okuyanlarla başka dini cemaatlerin mensuplarını ayırt edebilmek mümkündü.

Organize olmuş bir cemaat için böylelikle ilk adımlar atılmış oldu.

Okuyanların sayısı çoçaldıkça, evlerdeki yer yetmez oldu ve medreseler kurulmaya başladı. Bunlar resmi olmayan tesislerde ve Risale-i Nur'u okumak için ve hareketi organize edebilmek için kurulmuşlardı. Bir diğer adım ise, her medrese'de bir istişare heyeti kuruluyordu. Bu heyet medresedeki işleri organize ediyor ve yapılan hizmete bir sistem katıyordu. Görev dağılımı sistemine geçilmişti. Bundan sonra medreselerde sürekli kalan öğrenciler yerleştirilmeye başladı. Böylelikle medreseler 24 saat ulaşılabilir hale geldi. Bir talebe, öğrenimini tamamladıktan sonra o medreseyi terk ediyordu ve yerine yeni bir talebe geliyordu. Böylelikle Türkiye'de medreseler 70'li senelerde yavaş yavaş talebe yurtlarına dönüşüyordu. Buna uygun şekilde medreseler üniversitelerin yakınlarına açılıyordu. Elit bir grub ortaya çıkıyor ve Risale-i Nur'u okuyanlar günden güne çoğalıyordu.

Buna paralel olarak Nurculuk Hareketi halen mahkemede süren davalarla uğraşıyordu. 27 Mayıs 1960'daki askeri darbeden sonra, Nurcular yine kovalanan konumuma gelmişlerdi[46]. Avukat Bekir Berk'e (1975, s.833-851) göre Ocak 1960'dan Nisan 1971'e kadar Risale-i Nur talebelerine toplam 675 dava[47] açılmıştı ve sonunda serbest kalmışlardı. Bu

---

[46] Askeri darbeden sonra kemalistler ve dindarlar arasında ki gerilim arka plana geçti ve yerine sağcı-solcu çatışması geldi. Yinede Nurcular 'devleti koruyanlar' tarafından hala takip ediliyordu.

[47] Bekir Berk (1975) kitabında 15.06.1944'dan 10.04.1971'e kadar

91

davalar hareketi zayıf düşürmek ve çökertmek amacıyla açılmışlardı, fakat tam aksine daha da güçlenmesine sebebiyet veriyordu. Birlik ve beraberliği koruma amacıyla ve dayanışma hissiyle Risale-i Nur talebeleri daha çok birbirlerine tutundular. Beraberce aynı tecrübeleri edindiklerinden, kolektif bir kimlik oluşturuyorlardı (bkz. Schiffauer, 2004b, s.350). Kendini geri planda tutan üyeler dahi ön plana çıkmaya başlıyordu. Aynı zamanda Türkiye'nin dört bir yanında süren davalardan dolayı, Nurculuk Hareketi Türkiye'nin her kesiminde daha çok tanınmaya başladı. 'Nurcu', 'Nurculuk' ve 'Risale-i Nur' kelimeleri her yerde duyuluyordu. Kitapları yasaklama çabası onlara olan ilgiyi arttırıyordu.

Cemaat büyüdükçe, organize etmek ve belli konularda fikir birliği elde etmek de zorlaşıyordu. Said Nursi'nin bizzat talebeleri tarafından kurulan istişare heyeti her medreseye veya her Nurcuya ulaşamıyordu. Bunların üzerine bu hareketi bir arada tutabilecek karizmatik bir önderin eksikliği hissediliyordu. Bu nedenlerden dolayı cemaat içinde ilk büyük sorunlar meydana gelmeye başladı. Çeşitli sorunlarda hangi Nursi'nin (Eski Said, Yeni Said ve Üçüncü Said) davranış şeklini kaideye alacaklarını bilmiyorlardı, çünkü düşünce tarzı aynı olsa da davranış şekli birbirinden farklıydı. Nursi bunu kendisi de ifade ediyor: 'İslâm'ın hayat-ı içtimaiyesiyle münasebettar olan Eski Said' ve

---

721 davayı tarihine, yerine ve dosya numarasına göre sıralamış. Bu davaların hepside beraat kararıyla kapandı. Muradoğlu (25.03.2002) 2002'ye kadar tam 1500 dava açıldığını, Said Nursi'nin hapishanede 20'ye kadar zehirlendiğini ve Nursi'nin sürgün süresi Türkiye'de bir rekor olduğunu yazıyor.

'hayat-ı içtimaiyeden çekilmek isteyen Yeni Said' (2001b, s.309). 'Eski Said' bir savaşçıydı. Hakarete ve haksızlığa tahammül edemiyordu. 'Yeni Said' kendini dış dünyadan dışarıda tutan ve siyaset ile ilgilenmeyen biriydi. 'Üçüncü Said' ise 'Eski' ve 'Yeni'nin karışımı gibiydi. Ayrıca Nursi kendisini önder olarak görmüyordu ve bunun içinde onun yerini dolduracak birini düşünmemişdi. Bunlardan ötürü hareketi birarada tutabilecek karizmatik bir lidere ihtiyaç vardı. Ayrılıklar ve bölünmeler bunun neticesiydi.

5.4 Hareketin çeşitli grublaşmaları

Said Nursi'nin vefatından sonraki ayrılıkların sebebi genelde siyasi nedenlerden dolayı oldu. Nursi belirli bir partiyi desteklemediğinden ve sadece demokrasiyi en iyi uygulayan partiyi desteklediği için, yandaşları arasında hangi parti daha iyi demokrasiyi uyguluyor diye tartışmalar çıktı. Bu tartışmaların sonunda bir çok bölünmeler yaşandı. Bu bölünmeler hareketin çökmesine sebebiyet vermiyordu ve hatta güçlenmesini (bkz. Bengisu, 2001) sağlıyordu, çünkü ayrılan gruplar farklı alanlarda uzmanlaştılar, adeta görev dağılımı yapılan bir taylorizm hareketi gibi[48]. Tabiki bu görev dağılımı bilinçli yapılmış birşey değildi. Yavuz'a göre bu bölünmeler Nurculuk Hareketinin hayat iksiri ve başarılarının sırrı (2004, s.139). Grupların halen kendi aralarında işbirliği yapması, hareketin genelinde hala bir

---

[48] Gerçektende Nursi Kastamonu Lahikası'nda bu hareketin görev dağılımı sistemiyle çalıştığını yazar (2000c, s.61).

bütünlük sağlıyor ve dışarıdan bu bölünmeler pek fark edilmiyordu. Bu nedenle Nurcular bu bölünmeleri çesitli cemaatler veya çesitli hareketler olarak adlandırmıyorlar, çesitli gruplar diyor.

Cemaat ve hareket yerine grub denilmesi farklı bir anlam kazandırıyordu. Söyleşi yaptığımız G.S. bunu şöyle değerlendiriyor: *'Bence Nurcu Hareketleri yoktur. Bir tane hareket vardır. Bir cemaat. Fakat çesitli gruplarımız var. Bu grupların tümü bu hareketi oluşturuyor.'* Nursi'nin hayattayken talebesi olan Mustafa Sungur olaya şöyle bakıyor: *'Gruplara ayrılmak doğru değil* (...). *Aslında ayrılık yok. İman hakikatlarında ayrılık yok. Bu konuda hepimiz aynı düşünüyoruz'* (Aköz, Atal, 16.12.2004). *'Sadece siyasette..'* diyor F.B.: *'... sadece siyaset kardeşleri ayırıyor. Siyaset üzerine konuşulmadığı zaman, herkes her konuda aynı fikirde'* [F.B.].

Bir grubun, toplam hareketin içinde istatistiksel anlamda yüzde kaçını örttüğü bilinmiyor. Bunu tespit etmekte mümkün değil, çünkü hiç bir kayıt yapılmıyor ve üyelik sistemi yok. Gelecek bölümde bu çeşitli Nurcu gruplarını tanıyacağız.

5.4.1 Yazıcılar

Daha önce de belirttiğimiz gibi, ilk ayrılım Nursi daha yaşarken gerçekleşmişti. Isparta'da Ahmet Hüsrev Altınbaşak ve arkadaşlarından oluşan küçük bir grub, Risale-i Nur'un sadece arap harfleri ile ve elle

94

yazılmasını ve okunmasını istiyordu. Bu hem arap yazısının gelişmesini hemde yazan ve metin arasında manevi bir bağ oluşmasını sağlayacağını düşünüyorlardı. Latin harflerini ve baskı makinesini bu yüzden reddettiler. Sonuç olarak hareketten ayrıldılar, çünkü hareketin diğer mensupları böyle bir durumda sadece belirli kişilerin kitapları okuyabileceğini düşünüyorlardı. Ayrılan grub bugün dahi eserleri elle ve arapça yazıp okuyor. El yazısı ile yazdıkları için bu gruba yazıcılar ismi verilmiş. Bu grub şuan Türkiye'de 'Hayrat Vakfı' olarak faaliyet gösteriyor. Bu ayrılıştan sonra diğer gruplara okuyucular ismi verilmiş.

Aslında burada Nursi'nin bir önder, şeyh veya lider olmadığı ve daha çok eserlerinin önderliği üstlenmiş olduğu görünüyor. Çünkü yazıcıların bu tavrı Nursi'nin düşüncelerinin tam aksine. Said Nursi kendi isteğiyle eserlerini latin harfleriyle bastırdı ve hiç bir şekilde karşı çıkmadı (2000c, s.110, 152, 162, 164ff, 171ff). Nursinin bu kararı, arapça harfleri okuyamayanlar için alınmış bir karardı. Hüsrev Altınbaşağ'ın grubu böylelikle daha çok eserleri ön plana koyuyordu. Bununla birlikte Nurcuların 'genele hitap etme' prensibi ortadan kalkıyor ve sadece dili bilenler kitapları okuyabiliyordu.

Bu ayrılık Nursi'nin ölümünden az önce gerçekleşmişdi. Nursi'nin vefatından sonra bölünmelerin çoğalmasını engellemeye çaba gösterildi. Bu nedenle daha önce de ismi geçen Zübeyir Gündüzalp hareketi merkezleştirmek istiyordu. Bu fikirden Yeni Asya grubu doğdu.

5.4.2 Yeni Asya

Bu merkezleşme fikri sonucunda, hareketin merkez olarak kullanması için İstanbul'da bir ev tutuldu. Bu oluşum ilk olarak büyüyen cemaate ulaşabilmek için bir gazete çıkarmaya karar verdi. Daha öncede tek tük denemeler olmuşdu, misal olarak 'İrşad' gazetesi (1962 yılında Said Özdemir tarafından yayınlandı) veya 'İhlas' gazetesi (1963 yılında İhsan Gemalmaz tarafından yayınlandı). 'İhlas' gazetesine öncelikle bir hafta yayın yasağı uygulandı. Ama yasaktan sonraki ilk baskının başlığı 'Ey İslam Toplumu, uyan' idi. Kapak'da ise Said Nursi'nin büyük bir resmi mevcuttu. Buda gazetenin tamamem yasaklanmasını beraberinde getirdi. Ayrıca, bazı bölgesel dergilerde yayınlandı, örneğin Konya'da Mustafa Kırıkçı'nın 'Bediülbeyan', daha sonra ise 'Bediüzzaman' isimli dergisi. 1964 yılında, tüm Nurcuların namına 'Zülfikar' isimli gazete basıldı. 11 baskının 10'u devlet tarafından yasaklandı, böylece aynı yılın sonlarına doğru 'Uhuvvet' isimli yeni bir gazete piyasaya sürüldü, ama o da diğerleri gibi hemen yasaklandı. Bundan sonraki, yine 1964 yılında çıkan, 'Hareket' ve 'Vahdet' haftalık gazetelerin dağıtımları da kısa bir süre sonra durduruldu. 24 Ekim 1967 yılında ise 'İttihad' isimli haftalık gazete basıldı. Bu gazete, isminden de anlaşıldığı gibi, Türkiye'de ki tüm İslami grupları bir araya getirmeyi hedefliyordu. Mustafa Polat, Galip Gigin, Zeynep Münteha Polat, Nuriye Karahisarlı (asıl ismi Huriye Deligöz), Dr. Sadullah Nutku, Salih Özcan, Erdoğan Atak, Prof. Ali Genceli, Muzaffer Deligöz, A. Tevfik Paksu, Mustafa Necati Bursalı, Gürbüz Azak, Necmettin Şahiner, Ahmet Şahin, Mehmet

Kutlular, Mustafa Yeşilyurt, Suat Alkan ve Abdulhamid Oruç günlük 80.000 baskı sayısına ulaşan bu gazetede çalışıyorlardı. Gazetenin resmi olarak kime ait olacağı ile ilgili tartışmalardan sonra, gazeteye maddi destek veren Salih Özcan çekildi ve gazete Mustafa Polat ve Mehmet Kutlular'a kaldı. 1968'de 'Nur Çocuklar' diye bir ek basılmaya başladı. Bu yayına da devlet baskılar uyguladı. Buna ek olarak, hareketin entelektüel kısmı, 1969 yılında Mihrab Yayınevini kurup, 'İttihad'ın sorumluluğunu aldılar. Ancak 1971 yılında ki askeri darbeden sonra bu gazete de yasaklandı. 21 Şubat 1970 tarihinde ise, günlük bir gazeteyi yayınlamaya başladılar. Zübeyir Gündüzalp'in yönetimi altında 'Yeni Asya' isimli gazete basıldı. Gazetenin hedefleri arasında şunlar bulunuyordu: demokrasinin korunması ve tüm anti-demokratik yaklaşımlara karşı konulması; komünizm ve ateizm'e karşı olan görüş ve pozisyonların sunumu; batılı ülkeler ile daha yakın ilişkileri destekleme; komünizm ve ateizm'e karşı ortak bir cephe oluşturmak için diğer İbrahimi dinler ve kuruluşlar ile yakın ilişkiler kurmak (Yavuz, 2004, S. 141).

'Yeni Asya' gazetesi, Risale-i Nur talebeleri arasında bir köprü görevi yapıyordu. Grub arasındaki anlaşma ve haberleşme için bir araçtı ve harekete bir yapı kazandırıyordu. Gruba bir kimlik vermişti. Said Nursi'nin bilgi ve düşünceleri bu gazete ile yayılıp, günlük siyasi konular onun fikirleriyle yorumlanıyordu. Günlük yaşam ve siyasetin yorumlanması neticesinde ortak bir algı oluşuyordu. Gazete ile 'cemaat için kurumsallaşma' ya da kurumsallaşmış hizmet anlayışı (Karabaşoğlu, 2003, s.294) harekette yerleşti. Bu nedenle okuyucular arasında homojen bir düşünce yapısı kurmak için siyasi çevredeki konuşmalara katılıp, Türkiye'nin siyasi gelişmelerini incelemek bir zorunluluktu.

Hareket içerisinde gazete ihtiyacını destekleyenler olduğu gibi, gazete çıkarmaya karşı gelenler de vardı. Örneğin Mustafa Sungur ve Bayram Yüksel gazete çıkarmanın faydalı olduğunu düşünürken, Tahiri Mutlu, Abdullah Yeğin ve Hüsnü Bayramoğlu karşı çıkıyorlardı.

Halbuki daha fazla bölünmeleri önlemek için bu kurumsal yapıya girilmişti. Ama siyasette ki hareketlilik daha fazla bölünmelere yol açtı. Az sonra bahsedeceğimiz grupların neredeyse hepsi 'Yeni Asya Grubu'ndan meydana gelmiştir. 'Yeni Asya' başlangıçta Nurcuların belli bir grubu değildi. Onca ayrılıklardan sonra, ana grub 'Yeni Asya Grubu' olarak bağdaştırılmıştı. Bu grublaşmalar Nurculuk Hareketinden bir bütün olarak değilde - Gülen, M.S. Şeyhanzade ve Mehmet Doğan hariç - Nursi'nin siyasal düşünce tarzını kendilerine göre yorumlamak için, hareketin çoğunluğundan ayrılmıştır.

'Yeni Asya' gazetesinin imtiyaz sahibi Mehmet Kutlular, bu bölünmeyi söyleşide şöyle yorumluyor: *'Devlet Nurculuk Hareketini onlarca yıl bir türlü yok edemedi. [...] Onun için yeni bir yol denendi: Bölünme. Risale-i Nur talebelerini karşı karşıya getirip, ayırdıktan sonra bizi etkisiz hale getirdiler' [M.K.].* Gerçekten bütün Nurcu grupların birleştiği nokta, bu bölünmelerde devletin önemli bir rol aldığıdır. Karabaşoğlu'nun düşüncesine göre, Türk devletinin sivil gruplarla olan ilişkisi, bu değerlendirmeyi akla yatkın hale getiriyor. Ancak onun varsayımına göre, iç problemler ve zayıf yönler, bu 'parmağın' müdahalesi için zemin hazırladığını, bunun küçümsendiğini ve bu problemin sonuç olarak kronikleştiği yönünde (2003, s.294).

Ama ayrılmaların tek sebebi siyaset değildi. Hareketin kurumsal karakteri de bölünmelere yol açmıştı. Çünkü 'Yeni Asya' hareketin bağlayıcı yayın organı olmuştu. Nursi'nin düşüncelerini yorumlama yetkisini kendisinde görüyordu. Fakat Nursi'nin eserleri kurumlaştırılamadığı ve böylelikle bir 'kolektif düşünce yapısı' oluşamadığı için, gazeteyi desteklemeyen veya hareketin içinden belirli bir grubun hareketin tümünü temsil etmesini kabullenmeyen birçok grub ortaya çıkmıştı. Buna ek olarak, hareketin giderek kurumsallaşmış olduğuydu. Hareket, kısmen olarak merkezileşme yönüne doğru yol almıştı. Bu süreçler hareketin açık ve esnek yapısını zayıflatmıştı, çünkü Nursi'nin yazıları ruhani kontrole veya tek bir yorumlama usulünün hakimiyetine yer bırakmayıp, daha ziyade her okuyucuyu dininin kendi otoritesi olması için davet eder (Yavuz, 2004, s.139).

'Yeni Asya' grubu basın yayın sektöründe faaliyet gösteriyor. 'Yeni Asya Eğitim, Kültür ve Araştırma Vakfı', 'Bediüzzaman Eğitim, Kültür ve Sanat Vakfı', 'Sağlık Vakfı', 'Öğretmenler Vakfı', 'Şekercihan', 'Abdülkadir Özkan Eğitim Vakfı' bu gruba ait. Gazete olarak 'Yeni Asya', internet habersitesi olarak 'Sentez Haber' ve 'Bizim Radyo', dergilerden 'Köprü' (bu bilim dergisi 1977'den beri yayınlanmakta), 'Can Kardeş' (Çocuk dergisi), 'Bizim Aile' (Aile dergisi) ve 'Genç Yaklaşım' (Gençlik dergisi) da gruba ait. Grubun akademik takımı 'Risale-i Nur Enstitüsü'nde etkin.

'Kadın Kültür Merkezi' çeşitli sosyal etkinlikler için kullanılıyor. Yeni Asya Grubu aynı zamanda geniş bir kitleye ulaşan ve diğer Nurcu gruplarının da katıldığı pek çok seminerlerin, sempozyumların ve panellerin organizatörü. Ayrıca bu grub geçmişte 301. madde yüzünden sürekli suçlanıyor ve gazeteye sık sık çeşitli nedenlerden dolayı kısa süreliğine baskı yasağı uygulanıyordu.

Gülen Hareketi-Ak Parti kavgası (Misawa, 2013) sebebiyle 2015 senesinde 'Yeni Asya' teorik olarak değil, fakat fiili olarak İstanbul ve Anadolu Bölgesi diye ikiye bölündü. İstanbul bölgesi – dolayısıyla 'Yeni Asya'nın yönetim kadrosu – yıllarca Gülen Hareketini eleştirmesi rağmen Ak Parti'nin karşısında yer aldı. Zaten 'Yeni Asya' grubu hem Ak Parti'yi hem Recep Tayyip Erdoğan'ı daha önceden de eleştiriyordu. Fakat bu bağlamda 'Yeni Asya'da kendi içerisinde tekrar ayrılmalar yaşandı. Farklı siyasi görüşler sebebiyle grupta önemli yer alan 'Risale-i Nur Enstitüsü' ve 'Şekercihan' gibi kurumlar, gruptan ayrıldılar.

5.4.3 Erbakan, siyasi İslam ve Türkeş (MHP)

1969'da bazı milletvekilleri arasında din ağırlıklı bir parti kurma fikri doğdu. Partinin başına da Necmettin Erbakan'ı getirmek istiyorlar. Çalışmalar Ankara'da bulunan 'Parlamenterler Dershanesi'nde yapılıyor. Bu medrese aslında milletvekillerinin Risale-i Nur sohbeti için buluştuğu mekandı. Adalet Partisi Maraş Senatörü Tevfik Paksu, Isparta Milletvekili Hüsamettin Akmumcu, Yeni Türkiye Partisi Adıyaman Milletvekili Süleyman Arif Emre gibi Nur talebeleri hem bu medreseye geliyorlar, hem de partinin kuruluşunda yer alıyor. Medresenin bu çalışmalar için kullandığını duyan Zübeyir Gündüzalp tepkisini veriyor. Medresenin, parti kurmak icin açılmadığını, milletvekillerine Risale-i Nur'u tanıtmak için açıldığını söylüyor. Dolayısıyla Gündüzalp partinin kuruluşunda yer almak istemiyordu, daha doğrusu siyaset ile ilgilenmek istemiyordu. Gündüzalp, Nursi'nin diğer bir talebesi olan Mehmet Birinci'ye Said Nursi'nin siyaset ile ilgili görüşlerini toparlamasını söyledi. Bu çalışma 'Beyanat ve Tenvirler' ismiyle neşredildi. Ardından Bekir Berk'in yazıhanesinde istişare edildi. İstişareye Tevfik Paksu, Hüsamettin Akmumcu, Tahsin Tola, Bekir Bekir, Bayram Yüksel ve Mustafa Sungur katıldı. Üç gün süren istişarenin sonunda Paksu ve Akmumcu din adına bir partinin kurulmasından vazgeçtiler, fakat daha sonra aynı çalısmalara devam ettiler.

1970'te, şeyhi Mehmet Zahid Kotku'dan aldığı izin ile Necmettin Erbakan tarafından Milli Nizam Partisi (MNP) kuruldu. Ancak, parti kuruluşundan kısa bir süre sonra, Anayasa Mahkemesi tarafından 1971 yılında yasaklandı. Kısa bir süre sonra Erbakan, 1972'te, Milli Selamet Partisini (MSP)[49] kurdu. 'Yeni Asya' gazetesi,

---

[49] Erbakan'ın partileri sürekli kapandı ve yasaklandı: Milli Nizam Partisi (26.01.1970 – 20.05.1971), Milli Selamet Partisi (11.10.1972 – 12.09.1980), Refah Partisi (19.07.1983 – 16.01.1998), Fazilet Partisi (14.05.1998 – 22.06.2001), Saadet Partisi (21.07.2001'den

o zamanlar dini ve Türkiye'deki müslümanları temsil etme yetkisini kendisinde gören bu partinin yanında yer almadı. Bunun yerine hareket demokratları destekledi. Böylece, Erbakan'ı destekleyenlerden A.Tevfik Paksu, Suudi Reşat Saruhan, Gündüz Sevilgen[50] ve Hüsamettin Akmumcu'dan oluşan bir grub, onlardan ayrıldı. Ancak 1974 affı sonrası ve parti yasaklanınca, bu grub 'Yeni Asya'ya geri döndü.

Aynı zamanda, Alparslan Türkeş'in 1969'da kurulan milliyetçi Partisi (MHP) de, Nurculardan destek istiyordu. Hareketten bazıları MHP'ye katıldı. Bunun üzerine hareket, 1969'da bastırdığı broşür'de, MHP'ye karşı uyarıda bulundu.

Erbakan'ın partilerinin desteklenmemesini, Said Nursi'nin bizzat talebesi olan Mehmet Fırıncı[51] söyleşide şöyle açıklıyor: *'Cevat Rıfat ve Atilla Han 'İslami Demokrat Parti' isimli bir parti kurmak istediler. Ama Üstad buna şiddetle karşıydı ve onlara izin vermedi. O, dinin siyaset tarafından sömürülmesine her zaman karşı koymuştu'* [M.F.]. Zaman gazetesi ile olan söyleşide ise Fırıncı ayrıca şunları söyledi: 'Eğer biz Erbakan'ın yanında yer alsaydık, onun görüşünü paylaşmış olurduk. Biz ama 'sosyal İslamız'. [...] Biz Erbakan'ın şemsiyesi

---

beri). Parti isimlerinin seçimlerini dikkate almak gerek. Hepsi pozitif yüklü kelimeler. Bu partilerin cemaatsel yapısı Milli Görüş.

[50] Sevilgen (1979) 'MSP'de Dört Yıl' adlı eserinde, Nurcuların Erbakan'ın partisindeki zamanını anlatıyor. Said Nursi'nin talebesi Ahmet İhsan Genç de MNP'nin kurucuları arasındaydı.

[51] Asıl ismi Mehmet Nuri Güleç. Meslek olarak fırıncı olduğu için Said Nursi ona 'Fırıncı' ismini vermişti.

altında yer almak istemedik, çünkü Bediüzzaman 'siyasi İslamı' kabul etmiyordu´ (Akman, 2006, s.19). Nursi'nin bir diğer bizzat talebelerinden olan Mehmet Kırkıncı da bunu aynı şekilde görüyordu: ´Bazıları din adına siyaset yaptı. Biz onları desteklemedik. Peki neden? Çünkü İslam hiçbir şey için araç olamaz. O herşeyin üstünde. Siyasetinde üstündedir´ (Aköz, Atal, 17.12.2004).

Nursi'nin görüşüne göre `dini bir parti´ halkı bölerdi. Yazılarının birçok yerinde (2004b, s.88-90; 2001b, s.52ff; 2004d, s.143ff; 2000f, s.155), siyasetleri için dini motifleri kullanan politikacıları kınadı. Nursi'nin fikrine göre, dindar olmayan bir çevrede, din adına kurulan siyasi partiler dinin sömürülmesine ve azınlık oldukları için dindar insanların baskı altına alınmasına sebebiyet verirdi. Nursi´ye göre bu tip oluşumlar toplumu dini konuda polarize edip, toplum içerisinde iman esaslarının iletişiminin önlenmesine yol açıyor. (Karabaşoğlu, 2003, s.281). Ama burada bir çelişki vardı. Aslında siyasal olmak istemeyen Nurcuların Erbakan'ın partilerine katılmak istemeyiş sebepleri de siyasaldı. Karabaşoğlu (2003, s.281) bu çelişkiyi şöyle tanımlıyor: ´Siyasete karışmamayı savunabilmek için günlük siyaset ile meşgul olmak´. Hareket kendini politize ediyordu ve bu yine bölünmelere yol açıyordu. Ama daha önce başka bir büyük ayrılık gerçekleşti.

5.4.4 Gülen Hareketi[52] / FETÖ, PDY

Gülen Hareketi, bağımsız ve kompleks bir hareket. Fakat sürekli Nurculuk Hareketi ile karıştırıldığı için burada sadece Nurculuk bağlamında kısaca analiz edilecektir[53].

Gülen, Risale-i Nur ile tanışıklığını, 1956/1957 yıllarında, Mehmet Kırkıncı, Osman Demirci ve Muzaffer Arslan aracılığıyla yapmıştı. İlk dinlediği ders Hücümat-ı Sitte dersi idi. Bu ders kendisine gençlik heyecanı vermiş ve risaleleri çok orijinal bulmuşdu. Gülen'e Nurculuk Hareketinde ara sıra küçük 'görevler' veriliyordu. Ama vaazlarında Nursi'den söz etmiyordu. Devletin memuru olarak görev yaptığı için, bundan çekiniyordu. Ama düzenli olarak Risale-i Nur okumalarına katılıyordu. Kendi ifadelerine göre Nurcu'ların dindarlığını beğeniyordu. Özellikle, Muzaffer Arslanın bir sahâbe hayatı sürdüğü ve onun sadeliği ile samimiyeti Gülen'i çok etkiliyordu. Onları görünce, aradığığı insanların bunlar olduğunu ve onlardan hiç bir zaman ayrılmak istemediğini söylüyor (Erdoğan, 1995, s.45). Bir vaazında da o günleri dile getiriyor: 'Hazreti Üstad'ın etrafında ilk safı teşkil eden insanların onu ve gaye-i hayal bildiği hakikatleri çok güzel temsil etmiş olduklarına inanıyorum. O insanlardan biri Hazreti Pîr'in, 'Şark'ı bir dolaş gel' demesi üzerine Erzurum'a da uğrayan Muzaffer Arslan'dı. Onu gördüğüm ana kadar

---

[52] Halk arasında Gülen Hareketi yerine kısaca 'cemaat' veya 'hizmet hareketi' deniliyordu.

[53] Daha geniş ve derin analiz için bkn. Şahinöz, 2016, 2021.

hem babamın anlatmalarından hem de okuduğum kitaplardan dolayı içimde ciddi bir sahabe sevgisi oluşmuştu ama Ashab-ı Kiram'ın yaşadıkları hayatın artık bir ütopya gibi olduğuna dair düşünceler içerisindeydim. Merhum Muzaffer Arslan'ı görünce, onun bir sahabe hayatı yaşaması, sadeliği ve samimiyeti bana çok tesir etmişti ve ʹMeğer ütopya değilmiş, işte aradığım insanları buldum" demiştim. Merhum'un soba borusu gibi olmuş pantolonunun iki dizi de yamalıydı. Ceketi de işte ona göreydi. Fakat bu sadelik bana apayrı duygular ilham etmişti. Ayrıca ibadette derinlik vardı; namaz kılışları, dua edişleri bana bambaşka görünmüştü [...] Saff-ı evveli teşkil eden o bir avuç sâdık insan, Allah'ın sâdık kulunun sâdık dostlarıydı. İşte o sâdıklar, kendisine fevkalade makamlar verilmesini değil sadakat ve vefa gösterilmesini bekleyen Allah'ın sâdık kuluna candan sahip çıkmış, birer vefalı talebe olarak çok güzel bir temsil sergilemişlerdirʹ (Risale Haber, 12.12.2011).

Nurcu'ların gelenek ile modernliği, dini ilimler ve bilimi birleştirme fikri, Gülen'i cok etkilemişti. Ama o kendini bu cemaat ile sınırlamak istemiyordu. Nurculara ne kadar çok bağlandıysa, bazı kendi fikirlerinden o kadar çok uzaklaşmak zorunda kalmıştı, çünkü Nurcu'ların fikirleri ile bir uyuşmazlık içinde idi. Buna ek olarak, bir Nurcu yanlısı olduğu için, devlet ile sürekli problemler yaşıyordu. Zaman zaman ya cezaevine gitmek zorunda kalmıştı, yada vaiz olarak yaptığı faaliyetlerden uzaklaştırılmıştı. Aynı zamanda Nurcular, kendi görüşlerine uymadığı gerekçesiyle bazı hareketlerini eleştiriyorlardı. Onun ve bazı saygın Nurcuların büyük görüş ayrılıkları vardı. Gülen iki sandalye arasında kalmıştı. O ne Nurculardan ayrılmak ne de devlet ile bir kavga içerisinde bulunmak istiyordu. Daha da önemlisi, eğitimin nasıl yapılmasına dair kendisine göre farklı bir fikri vardı. Nurcular ile gerçekleştirmesi mümkün olmadığı pek çok fikir ve projeleri vardı. Özellikle onun, hizmet'in nasıl yapılmasına dair görüşü, Nurculuk Hareketinin anlayışına uymuyordu. Gülen'e göre hizmet yapmanın en mantıklı yolu, okullar açmaktı. Yine kendi ifadelerine göre, eğitim ve kültürü hedef alan hizmeti daha mantıklı gördüğü için, himmet yapan kişileri elinden geldiğince bu yöne çekmeye çalışıyordu (Gülen, 1997, c.1, s.36).

Bu nedenle okullar ve eğitim kurumları yapmak için gayret etti. Bunu ise, maddi yardım toplayarak yapıyordu. Gülen, zengin insanların bile, yalnız olduklarında fazla bağışlamakta istekli olmadıklarını fark etmişti. Bu yüzden, daha fazla para toplamak için, katılımcı sayısı yüksek toplantılar düzenliyordu. Bu yöntem tutmuştu ve yandaşları tarafından bugüne kadar uygulanan bir yöntem haline gelmişti (Agai, 2004, s.140). Ancak 'Nurcu Düsturu' para toplamayı yasaklıyordu. Hatta kendi cemaat'inden para toplamayı, gönüllü olarak verilmediği sürece yasaklamaktadır. Ama Gülen'in yöntemi, yurtlar, eğitim kurumları veya özel okullar için çok para toplanmasını sağladı. Karizması sayesinde insanları bunun için teşvik ve seferber edebiliyordu. Bu durum ise Nurcular arasında anlaşmazlıklara sebep oluyordu.

Gülen, Nurcu'lara katılımına paralel olarak kendi ağ'ını kurup, Risale-i Nur hareketinin fikirlerinden gittikçe uzaklaşıyordu. Gülen'in yalnızca Nurcu gruplarla degil, birçok başka gruplarla da ilişkisi vardı, özellikle de

Türk-İslam sentezini[54] destekleyenlerle. Zamanla, çoğunluğu zengin girişimcilerden oluşan ve 'İzmir Cemaati' olarak bilinen, belirli bir destekçi kitlesini etrafında toplamıştı. Kendi fikirlerini ise tüm Türkiye'ye kaset kayıtları ile yayıyordu. Bu Gülen'in popülist bir hareketiydi. Bu davranış da Nurcu'ların anlayışına uymuyordu. Artık ayrılık kaçınılmaz olmuştu.

Kendisinin cemaat'ten ayrılışı ile birlikte, bugün Gülen Hareketi, FETÖ veya sadece 'Cemaat' olarak tanınan ve Risale-i Nur hareketiyle, ne örgütsel nede işlevsel, hiç bir yapısal benzerlikleri bulunmayan ayrı bir hareket ortaya çıkmıştır. Ancak ikisinin de Risale-i Nur eserlerine vurgu yaptığı ve Gülen kısa süre[55] de olsa Nurculuk Hareketi içinde bulunduğu için, çoğu zaman halen Risale-i Nur hareketinin içerisinde diye tanınıyor.

Bu bakımdan, ayrılığın kırılma noktalarına bir bakalım. Öncelikle Gülen, devlet'in bir çalışanıydı. Kendisi, devlet'in dini otoritesi olan Diyanet'in bir vaiz'iydi ve o günlerde Nursi'nin eserlerinden uzak durmalıydı. Bu sebepten dolayı ise, 1960 yılındaki askeri darbeden sonra ilk kez, eserleri okuduğu için mahkemeye çıkarılmıştı, ancak beraat etmişti.

---

54 Fethullah Gülen hayatı boyunca İran'ı eleştirmiştir, fakat İran Şiiliğinin kendi yapısıyla bir çok benzer noktaları var. Ayetullah, imamet, günahsızlık, masumiyet, humus, mehdi, takiyye, Haşhaşi metodu gibi Şiilikte var olan unsurları Gülen Hareketinde de bulmak mümkün.

55 Kısa süre olmasına rağmen Nurcularla sürekli çatışma halindeydi.

60'lı yıllar Gülen için önemli bir zamandı. En parlak zamanıydı. Destekçi kitlesi daha da büyüyordu. Vaaz'ları kasetlere kaydedilip, dağıtılıyordu.

Gülen Türkiye'nin her yerinde vaaz vermeye devam ediyordu. Ancak vaaz'larında asla Said Nursi'den veya eserlerinden bahsetmiyordu. Sık sık, kaynak belirtmeden, Risale'deki konular hakkında konuşuyordu. Said Nursi'nin ismini ise farklı şekilde veriyordu (Şahinöz, 2006). Aynı zamanda, siyasi gelişmeler hakkında yorum yapıyordu. 60'lı yılların sonlarına doğru, kendisinin kaynakları gizlemesi ve Nurculuk Hareketinin fikirlerinden gittikçe uzaklaşması yüzünden, 'yeni' bir hareketten söz ediliyordu.

Ayrılığın ilk önemli işareti 1971 yılında gerçekleşti. 12 Mart 1971 ikinci askeri darbesinden sonra, 53 Risale-i Nur okuyucusu tutuklandı. Tutukluların 51'i, hareketin destekçisi olduklarını itiraf ettiler. Aralarında Nursi'nin meşhur avukatı Bekir Berk de vardı. Fethullah Gülen ve Mustafa Birlik ise Nurculuk Hareketi ile bağlantılarını inkar ettiler. Gülen, Risale-i Nur'un bir takipçisi olarak değilde, sadece kısmen ve vaiz rolünde iken okuduğunu vurguladı (Erdoğan, 1995, s.137ff). Bekir Bekir, hem bu olaydan hem de başka olaylardan dolayı Fethullah Gülen'e tepki vermiştir. İlginçtir ki, Gülen'in böyle demesine rağmen en yüksek cezaya mahkum edilir. Burada ilk defa Gülen'in, Nurculuk Hareketi ile ilgili resmi pozisyonu görülüyordu. O zamanlar mahkumları ziyaret eden biri söyleşide olayı şu şekilde hatırlıyor: *Bizim için anlaşılmazdı. Gülen'in, neden bizimle bir ilgisi olduğu gerçeğini gizlemesini anlamıyorduk. Hatta ben onunla konuşmaya çalıştım, ama o çoktan karar vermişti bile. Konu hakkında konuşmak istemiyordu' [R.B].* Mehmet Fırıncı ekliyor: *'Fethullah Hoca, 12.3.1971 tarihindeki hadiseden sonra bizden ayrıldı. Çalışmalarını kendi grubunda derinleştirdi. [...] Hem yurtsever hem de dinine bağlı olan birçok zengin onu destekliyordu" [M.F].* Bu destekler sayesinde Gülen, ağını genişletmek için kaynaklara ve araçlara sahip olmuştu.

Ancak bunun nihai ayrılık olduğu, o sırada tam olarak fark edilmemişti. Gülen'in, kendi pozisyonunu ve ağını kaybetmemesi için, harekete olan ilişkisini gizlediği inanılıyordu. Fakat çatlaklıklar devam ediyordu ve derinleşiyordu.

Söyleşi yaptığımız H.M. o yıllardaki bir hatırasını anlatıyor: *'Bekir Berk ağabeyle İzmir'de bir otelde kalmış, sabah erkenden de Tireli Kemal ağabeyin arabasıyla Aydın mahkemesine gitmiştik. Otele giderken Bekir ağabey Güzelyalı semti tarafında bir eski tarz evin önünde durmuş, bu eve belki ziyaret için giren Bekir abiyi biz R.B. hocam ve şoför abiyle yarım saate yakın beklemiştik. Bekir abi dönünce barut gibiydi. Omuzlarımız yumruklar savurdu.. Sorunca 'Bu Fethullah Gülen farklı, Risale-i Nur tarzı yok bunda' gibi laflar söylemişti. Biz o zaman Fethullah Güle'nin gizlice orada ikamet ettirildiğini anladık.'*

Nurculuk Hareketinden nihai ayrılık 1974 yılında gerçekleşti. Gülen tarafından düzenlenen bir gençlik kampına, devlet karşıtı propaganda yaptığı şüphesiyle baskın düzenlendi. Bu olay ertesi gün *'Yeni Asya'* gazetesinde *'Nurcu Kampı basıldı'* başlığı altında

yayınlandı. Gülen'in bu haber üzerine kırgınlığı o kadar büyüktü ki, Mehmet Kutlular ve Mehmet Kırkıncı onu ziyaret etmişti. Oradaki konuşma aşagıdaki gibi geçmiş (Aköz, Atal, 29.12.2004):
Gülen: 'Neden 'Nurcu Kamp'ı' olarak adlandırdınız?'
Kutlular: 'Biz sizi Nurcu diye biliyoruz.'
Gülen: 'Bunu biliyor olmanız, onu yaymak için haklı bir gerekçe olamaz. Ben bu kimliği, geniş bir kitleye ulaşmak için gizliyorum!'.

Gülen, harekete olan bağlılığını, Nurculuk Hareketinin sol kesimde olan olumsuz itibarı nedeniyle, kendi ağının zarar göreceğini düşündüğü için gizliyordu. Hareket içinde ki diğer söylemlerde Gülen, Said Nursi'yi kendi fiil'lerinin kaynağı olarak gösterme fikrinden kaçınmaları gerektiğini düşünüyordu (Agai, 2004, s.183). Böylelikle geniş bir kitleye ulaşılabilir ve devlet provoke edilmemiş olurdu. Belli hedeflere ulaşabilmek için bazı şeylerin gizlenmesi meşru kılınıyordu. Gülen, bu görüşleri yüzünden, Nurcu'ların ağında gittikçe önemsizleşiyordu. Nurcuların için önemini yitirip, Nurcu ağında marjinal bir figür haline gelmişti. Böylece tek çözüm ayrılmaktı.

Ancak bu ayrılık Gülen'in işine yaradı. Nurculuk Hareketi, devlet darbelerini birer birer hissettiği anlarda, karizmatik bir lider olan Gülen, kısa bir süre zarfında vakıflar kurup kendi dergi ve kitaplarını[56] çıkardı. Buna ek olarak, üniversite adayları ve talebeler için dershaneler

---

[56] Gülen kendisi sadece çok az kitap yazdı. Diğer kitaplar vaazlarının transkripsiyonu.

tahsis etti. Günümüzde, her büyük şehir ve her ülkede bulunan bu dershanelerde talebeler üniversiteye hazırlandırılıyorlar. Tahminlere göre 2013 senesinde Türkiye'deki dershanelerin %20'si Gülen cemaatine aitti. Ancak, o zamanda olduğu gibi, bugün de bu dershanelerde dini eğitim verilmiyor. Gülen ve taraftarları, sadece dini aktiviteler konusunda değil, eğitim konusunda da uzmanlaşmışlardı. Böylece, Gülen Hareketinin ana faaliyeti Risale hizmeti değil, aksine özel derslerdi. Said Nursi ve Risale-i Nur'ların zamanla Harekette hiç bir önemi kalmadı.

Gülen ülkenin ana vaizlerinden biri olarak göreve atandığında, 80'lı yılların sonu, 90'lı yılların başında bütün ülkeyi dolaşarak, devlet'in koşulsuz desteği varsayımı ile vaazlar verdi. Öte yandan Gülen devletin darbelerini destekliyor görünüyor ve yazılarında darbelerin gerekliliklerini açıklıyordu (Gülen, 1980; Hürriyet, 03.04.1998). Bundan dolayı devletin Gülen'in büyümesini desteklediği ittiaları ortaya atıldı. Bu, Gülen'in devlet ile doğrudan işbirliği yaptığı anlamına gelmiyor. Ancak gücünün muazzam büyümesi, hükümetlerin ona her kapıyı açmasıyla gelişmişti. Hatta Erbakan Gülen'in, Milli Görüş'ün partilerine zarar vermesi için devlet tarafından desteklendiğini varsayıyordu (Aras, 1998, s.27; Aras, Caha, 2000, s.37).

Fethullah Gülen'in bir Nurcu olup olmadığı, sürekli tartışılıyor. Gülen kendisi bunu reddediyor (Agai, 2004, s.74, 157; Sönmez, 1999, s.226). Fethullah

Gülen'in hareketini de, Nurculuk Hareketinin bir parçası olarak görmek mümkün değil[57].

Nurculuk Hareketi ile farklardan belki en önemlisi ise – ki ayrılışa neden olan sebeplerden bir tanesi – Nurcuların hedefinde sadece 'iman kurtarmak' var iken, Gülen'in en önemli hedeflerinden bir tanesi devleti yönetebilecek bir elit tabaka yetiştirmek. Bu hedef ise hareketi sosyolojik olarak dünyevileşmeye sürükledi. Bu farklılıklar nedeniyle her iki hareketin arasında farklı hizmet etme metotları gelişti.

5.4.5 Sur dergisi, Türdav ve Timaş Yayınevi

Hareketin çok fazla siyasi hareket ettiği iddiasıyla, sayısal bakımından küçük bir grub 1975'de ayrılıp, daha sonra kendilerini bilimsel metinler yayımlamaya uzmanlaştırdı. Yeni grup Nursi'nin bu özelliğini, çalışmalarının merkezine koyup, 1975 yılında 'Türdav' yayınevini kurdular. Yayınevi 1980'de, yönetimi Ahmet Vural'da olan ve Mehmet Şevket Eygi ve Hekimoğlu İsmail (gerçek ismi Ömer Okçu) gibi etkili yazarların yazdığı 'Sur' isimli dergiyi çıkardı. Hekimoğlu İsmail daha sonra 1982'de Timaş Yayınevini de kurdu.

---

57 Halk arasında yine de Nurculuk Hareketi ile karıştırıldığı için bu yanlış bilgiyi ortadan kaldırmak için çalışmamıza dahil ettik. Bu bağlamda Gülen Hareketine 'Paralel Nurculuk' demek dahi mümkündür.

5.4.6 Zafer Yayınevi

Yine Türdav Yayınevini kuran grubun aynı gerekçeleriyle, başka bir grup 1976'da ayrılıp 'Sakarya Eğitim Vakfı'nı kurdular. Bu vakıf, 1976'dan beri, 'Zafer' dergisini yayımlıyor. Bu dergiyi özellikle Kırkıncı Grubu (aşağıya bakın) destekliyor. Dergide de sosyo-kültürel konular ele alınıyor. Siyasi meselelere değinilmiyor. Daha sonra 'Zafer Yayınevi' de kuruluyor. Selim Gündüzalp ve Ömer Sevinçgül gibi şahıslar, bu grupta söz sahibiler.

5.4.7 Med-Zehra

1979 sonu / 1980 başında bir diğer ayrılık oldu. Kürt asıllı Muhammed Sıddık Şeyhanzade, hareketin yeterince Nursi'nin fikirlerini temsil etmediğini ve buna karşın devlet yanlısı, Türk İslamı ifade ettiğini söyledi. Aynı şekilde Nursi'nin kürt olduğu gerçeği, hep saklanıldığını iddia etti. Böylece, Şeyhanzade ve bazı kürt yandaşlar hareketten ayrılıp, Med-Zehra (*Medresetüz Zehra*'nın kısaltması, bakın: Sayfa 5.2.1) ismini verdikleri kendi hareketlerini kurdular. Grub, tamamen farklı bir yöne doğru gitti ve Nurculuk Hareketinden gittikçe uzaklaştı. Bundan böyle, grub kendisini 'Kur'an'ın Partisi' olarak adlandırdı ve bu açıklama ile Nurculuk Hareketinden tamamen koptu. 1989 yılında ise, 'Dava' isimli bir kürt-milliyetçi dergisi yayımladılar. Bu grubun bugün Risale-i Nur hareketiyle hiçbir bağlantısı yoktur.

5.4.8 Askeri darbe, Mehmet Kırkıncı önderliğindeki grub ve Meşveret Grubu

12 Eylül 1980 tarihinde ordu tekrar bir darbe yaptı. Yeni Cumhurbaşkanı Kenan Evren, 'Atatürk'ün fikir ve düşüncelerinin' ülkenin tek ideolojisi olduğunu açıkladı. Böylece, hem sağ hem sol hem de dini kesim için zor günler bekleniyordu. 'Yeni Asya' gazetesi, 470 günlük rekor bir yasak aldı. Fethullah Gülen kayıplara karıştı. Mehmet Kırkıncı ve Mehmet Kutlular hakkında, çeşitli suçlar yüzünden dava açıldı.

İslami hareketlerin etkisini azaltmak için, Kenan Evren bazı İslami hareketlere iş teklifinde bulundu. Bu 'işbirliği', hareketlerin yeni anayasa taslağını kabul etmeleri şartıyla, devletin onlara engel olmayacağı idi. Bu gelişmeler sırasında, hareketin liderlerinden biri olan Mehmet Kırkıncı, cemaatin daha fazla zarar görmemesi için yeni Cumhurbaşkanı ile işbirliği yapılması ve gazetenin kapatılması görüşündeydi. Hareketin çoğunluğu, daha doğrusu Yeni Asya grubunun bu karara karşı olması, Kırkıncı'nın grubtan ayrılmasına ve diğerlerinin yanı sıra Mustafa Sungur, Bayram Yüksel, Osman Demirci ve Ahmet Şahin gibi, harekette saygınlığı olan kişilerle başka bir yöne doğru gitmesine sebep oldu. Onlar, yeni Cumhurbaşkanı ile işbirliği yapıp, yeni anayasa lehine karar verdiler. Yeni Asya çevresindeki büyük grub, diğerlerinin yanı sıra Mehmet Fırıncı, Mehmet Birinci, Mehmet Kutlular, Yavuz Bahadıroğlu, Burhan Bozgeyik ve Mehmet Paksu gibi, harekette önemli etkisi olanlar, Evren'in planlarını reddettiler.

Kenan Evren, bu fikir sayesinde, İslami hareketleri devletin kontrölü altına almasını başardı. Ortalıkta dini çalışmalar yürütmek mümkün değildi. Darbeyi onaylayan, Kırkıncı ve Gülen'in önderliğindeki gruplar işlerinde oldukça sınırlandırıldılar ve sürekli denetime tâbi tutuldular. Örneğin Gülen, o dönemde orduyu bir kahraman ve halkın kurtarıcısı olarak gösterdiği metinleri, kendi 'Sızıntı' dergisinin hemen hemen her sayısında yayımladı. Bu davranış, Yavuz'un düşüncesiyle örtüşüyor: Bazı gruplar, devlet karşısındaki önem ve meşruiyetlerini, milliyetçilik ve milli kültürüne yaptıkları katkı ile ortaya koymaya çalışıyorlar (2004, s.141). Özellikle Gülen, türk milliyetçiliğininin altını çizdi.

Yeni Asya gazetesinin çevresindeki grub, yeni anayasaya aşağıdaki nedenlerden (Ergin, 2001, s.191ff) dolayı karşı çıktı:
• Devlet kurumlarında olan başörtüsü yasağı
• İfade özgürlüğünün kısıtlanması
• Seçimlere sadece belirli siyasi partilerin katılması
• İmam hatipler ve dindar kesim orduda yükselemez

Konuyla ilgili Kutlular söyleşimizde şöyle konuştu: *'Devlet bize de işbirliği teklif etti. Ama bir zalimle nasıl işbirliği yapabiliriz? Devlet bizden, toplum*

115

yaşamından geri çekilmemizi, siyasetten uzak durmamızı, camilere geri dönmemizi, ibadetimizi yerine getirmemizi ama ağzımızı kapatmamızı istedi. Bunu Üstad yapmadı. Biz neden yapacaktık?' [M.K.]. Bu işbirliğinin nasıl olması gerektiği sorusuna ise Kutlular, şöyle cevap veriyor: *'Darbeden sonra bir subay bana geldi ve bize üç öneri sundu. Eğer bu önerileri kabul etseydik, devlet bizi destekleyecekti. Bu öneriler şunlardı: 1. Birlikte Risale-i Nur okumalarında buluşmaktan vazgeçmeliydik. 2. Mustafa Kemal'i eleştirmemeliydik. 3. Yurtdışında, örneğin Almanya'da, Milli Görüş ve Süleymancıları açıkça eleştirmeliydik. Ben subaya cevap verdim: '1. Biz Risale-i Nur okumaya ve okumalar organize etmeye devam edeceğiz. Eger bunu beğenmezseniz, bizi basın ve tutuklayın. 2. Ve Mustafa Kemal'i hemde nasıl eleştireceğiz... 3. Milli Görüş ve Süleymancılar... onlar bizim kardeşlerimiz. Farklı görüşlere sahip olsakta, sonuçta biz kardeşiz.' Bunun üzerine subay bana son bir teklifte bulundu. Eğer biz yinede bu üç anlaşmaya uyarsak, devletin kendisi, Risale-i Nur eserlerini ülkenin bütün hapishane arşivlerine dağıtacağını söyledi. Bunun üzerine de cevabım açık ve netti: 'Münafıkın eliyle Risale-i Nur'ları mı dağıtmak? Asla'''.* Kutlular, bir gazeteye verdiği röportajda başkalarının bu teklifleri kabul ettiğini belirtiyor: *''Derin devlet'* denen şeye dayanıyor bu meselenin ucu. 1980'den sonra devletin politikası değişti. Eskiden anarşist ve Marksistler tehlikeydi, sonra dindarlar oldu, öyleyse bu dindar gruplarla temas kurmak, onlarla beraber çalışmak gerekecekti. Amaç onları devletle barıştırmaktı. Bu amaçla, görevlendirdikleri insanlar cemaatlerin ileri gelenleriyle temas kurdular. [...] Cemaate (Gülen Hareketi; Yazarın Notu) daha ziyade istihbarattan olanlar gitti. Bana da geldiler; 'Yurtdışında Milli Görüş ve Süleymancılara karşı beraber çalışalım' dediler, ama ben reddettim. Çünkü o adamlar sana inandığı için değil, seni kendi maksadına göre kullanmak için geliyor. Kullandıktan sonra da seni bir kenara bırakacaktır, kırıp dökecektir. Bu 'derin devlet' dediğimiz büyük ölçüde bütün İslami gruplarla anlaşmalar içine girdi. Bu arada herhalde Fethullah Hoca ile anlaşacaklardı. Hoca şöyle konuşuyor: 'Yurtdışında okulları kurmamda devlet, istihbarat bana yardımcı oldu. Devlet yöneticileri ilgili devletlere referans verdi.' Devlet yardımı olmazsa bu okulları kurmak mümkün değil. Burada menfaatler karşılıklıdır. Her iki tarafın da maksadı ayrıdır. Tıpkı çetelerde olduğu gibi. Devlet önce bunları tetikçi olarak kullanmış. Fakat çeteler de sonra 'Biraz da ben devletten yararlanayım' demiş. Devlet de İslami gruplara, 'Devlete, Atatürk'e saygılı olun, biz de size yardımcı oluruz' demiştir. Bakın bazı İslami gruplara, 12 Eylül'den sonra birden palazlandılar. Acaba kendi güçleriyle mi palazlandılar? Hayır. Ama devlet zamanla bakıyor ki bu gruplar büyüyor. O zaman da paniğe kapılıyor ve engellemeye çalışıyor. Yani bu kasetler filan hepsi zaten ellerindeydi.' (Milliyet, 26.06.1999).

Netice itibariyle Yeni Asya grubu, yeni Anayasa'yı 'anti-demokratik' buldu ve aleyhine karar verdi. Ardından davalar ve karalama kampanyaları ile mücadele ettiler. Darbeye ve onun yansımalarına karşı koydular ve bunun sonuçlarıyla yüzleşmek zorunda kaldılar. İlk sonuç, 'Yeni Asya' gazetesinin 470 gün yasaklanmasıydı. Ardından grub, 'Yeni Nesil' isimli başka bir gazete yayımladı, fakat o da kısa bir süre sonra, 05.11.1982 tarihinde yasaklandı. Sonraki gazeteler

117

'Tasvir' ve 'Hür Yurt' da çok kısa bir süre sonra devlet tarafından durduruldular. 07.11.1982 tarihinde yeni Anayasa, %91,3 ile kabul edildi ve eski siyasetçiler 10 yıl siyaset yasağı aldılar.

Kırkıncı grubunun medreselerinden 'Yeni Asya' gazetesi kaldırıldı. Bu durum, Nurculuk Hareketinin zayıflamasına yol açtı. Mehmet Kırkıncı'nın bu tavrını R.B. şöyle yorumluyor: *'Kanaatimce bunun, doğu Türkiye'deki kardeşlerimizin yıllarca kargaşa içinde yaşadıkları ile ilgilidir. Askeri darbe bu sıkıntıyı sona erdirdi. Bu nedenle ordunun yanında oldular."* Söyleşi yaptığımız kişiye göre, sosyal ve psikolojik durumları, kendilerini bu desteğe zorladı. Kırkıncı'nın kendisi tavırlarını şu şekilde açıklıyor: 'Biz devletin tarafındayız. […] İtaatkâr olmamak, ayaklanmaktan farklı birşey. Ayaklanma yasaktır. Ama itaatkâr olmayabilirsin!' (Aköz, Atal, 17.12.2004).

Yeni Asya etrafındaki grub, baskıcı bir hükümete boyun eğilmemesi tezini savunuyordu. Kendi argümanlarını 'Yeni Said' dönemi ile meşrulaştırıyorlardı. 'Üçüncü Said', sadece devlet demokratik olduğu için işbirliği yapardı. Şu an ama hükümette antidemokratik bir rejim vardı. Yani iki taraf da pozisyonlarını, aynı metin üzerinden farklı yorumlamalarla meşrulaştırmaya çalışıyordu.

Bu radikal bölünme, Nurculuk Hareketindeki şu ana kadar en büyük bölünme olarak kabul edilir. Gruplar zamanla barışsa bile, ayrılığın neden olduğu zarar tam olarak ortadan kaldırılamadı.

Kırkıncı grubunun bugün, 'Eğitim ve Kültür Vakfı Erzurum', 'Hizmet Vakfı', kurucu üyelerinden Prof. Dr. Ahmet Akgündüz ve Osman Demirci olan 'Suffa Vakfı' gibi birçok vakıfı bulunuyor. Grubun kitapları, kendi yayınevleri olan 'Cihan', 'Envar' ve 'RNK Neşriyat'da yayımlanıyor. Risale-i Nur'u dünyada bütün dillerde yayımlayan yayınevi 'Sözler' ve 'Nur' dergisi de Meşveret grubuna aittir. Ayrıca araştırma kuruluşu olan 'Osmanlıları Araştırma Vakfı' 24 Nisan 1994'de Akgündüz tarafından kuruldu. 'Zafer' dergisi şu anda Kırkıncı grubuna yakın. 'Suffa Vakfı'na bağlı olan 'Feyyaz Bilim ve Gelişim Derneği', Şener Dilek önderliğindeki grup ve yardım kuruluşu 'Çare Derneği' de meşveret grubunda faaliyet gösteriyorlar. Grubun belkemiği ise 'Suffa Vakfı'ndan ayrılarak kurulan 'Hamidiye Kültür ve Eğitim Vakfı'.

Hepsi vefat eden Kırkıncı, Sungur, Bayram Yüksel ve Abdullah Yeğin önderliğindeki gruplar kendilerine 'Meşveret cemaati' diyorlar. Sayısal olarak en büyük Nurcu grubunu oluşturdukları tahmin ediliyor. Sadece Türkiye'de değil, grubun birçok ülkede medresesi bulunuyor. Ancak, faaliyetlerini kendi iç çalışmaları ile sınırlandırdıkları için, Nesil ve Yeni Asya grupları ile karşılaştırıldığında, yabancılar için nispeten daha az tanınıyorlar.

Grubun siyasi yönü, başlarda Erbakan'ın partisine doğru kayıyordu. Ancak, 90'lı yılların ortasında siyasi faaliyetler tamamen durdurulmuştu. Grub, dışa dönük sosyal faaliyetlerden uzak durdu.

5.4.9 Nesil Yayınevi ve Moral FM

Yeni Asya grubu, birçok yasaklardan sonra, 1983 yılından itibaren 'Yeni Nesil' isimli gazete ile devam etti. Grub, birçok darbeler nedeniyle artık ağzını kapatmıyor ve Kemalizm'i açık ve radikal bir şekilde eleştiriyordu. Özellikle, gazetecilerden Bünyamin Ateş, Burhan Bozgeyik, Mustafa Kaplan ve Mesut Zeybek, Mustafa Kemal'i açık bir şekilde eleştiriyorlardı. Said Nursi'nin talebelerinden olan Mehmet Fırıncı bu dört gazetecinin tavrını eleştirdi ve görevlerinden alınmasını talep etti. Fırıncı'ya göre gazete, yeni bir yol izlemeliydi. Fırıncı, dindar olmayan okuyucuların da kazanılması için gazeteyi daha popüler hale getirmek istiyordu. Yine Said Nursi'nin bizzat talebelerinden olan Mehmet Birinci ve bazı yazarlar, örneğin Niyazi Birinci (Yavuz Bahadıroğlu takma adı altında bilinir) ve Safa Mürsel de aynı görüştelerdi. Gazetenin yöneticisi olan Mehmet Kutlular ve yukarıda bahsedilen diğer dört gazeteciden[58] oluşan karşı taraf, bu düşünce ile hemfikir değillerdi.

İç çatışmalar sonucunda gazete, 1986 yılında iflas etti. Almanya ve Türkiye'de hemen bir bağış kampanyası başlatıldı. Bundan dolayı gazete tekrar canlandı. Yine devam ettirilebilirdi. Ancak, içerdeki görüş farklılıkları çözülememişdi. Bunun üstüne, birçok yandaşın uygun bulmadığı, gazetenin aktif siyasete bulaşmasıydı. Söyleşi yaptığımız bir kişi o zamanı şöyle anlatıyor: *Gerçekten çok kötüydü. Gazete'de hergün Mustafa Kemal eleştirildi.*

---

[58] Enteresan olan, Mehmet Kutlular etrafında ki bu dört gazeteci, kısa bir süre sonra Nurculuk Hareketinden tamamen kopmalarıydı.

Medreselerde sadece siyaset hakkında konuşuluyordu. Medrese'ler parti lokallerine döndü. 'Doğru Yol Partisi' destekleniyordu. Süleyman Demirel[59] büyük kahramandı. Turgut Özal kelimenin tam anlamıyla yok edildi. Birçok kardeşler, sadece siyaset konuşulduğu için medrese'lere gitmek istemiyordu" [B.A.]. Medreselerin siyasallaşması, Nurcu'ları karşı karşıya getirdi. Bu durum, 'Tarih Ansiklopedisi'nin yayımlanmasında doruk noktaya ulaştı.

Ansiklopedi, 1989 yılının sonunda basılacaktı. Ancak, editöryel anlaşmazlıklar oldu. Konu yine Atatürk ve Kemalizm idi. Mehmet Kutlular ve onun destekçileri editörlükten uzaklaştırıldılar.

Kutlular önderliğindeki grub ise 15 Ocak 1990 tarihinde kendi gazetelerini çıkarmaya başladılar. Gazeteye evvelki ismi 'Yeni Asya'yı verdiler. Mehmet Fırıncı etrafındaki ekibin çıkarmaya devam ettiği 'Yeni Nesil' gazetesi ise devam ettirilemedi ve kapatıldı.

Böylece Fırıncı ve ekibi yeni bir yoldan gidilmesine karar verdiler. Fakat bu ayrılışın sebebleri ciddi manada Anadolu'da medreselere anlatılmadığı için

---

59 Süleyman Demirel'in neden desteklendiğini Ahmet Akgündüz bir söyleşide açıklıyor: „Nur Cemaati'nin Demirel'e destek vermesinin nedeni, komünizmin karşısında yer almasıdır. 1990'da komünizm yıkılınca şartlar değişti. Demirel cumhurbaşkanıyken Taksim Camii'nin mütevelli heyetinin temsilcisiyken İstanbul'daki evine ziyarete gittim ve ona 'Bugün sizi Hürriyet gazetesinin başyazarı Oktay Ekşi köşesinde çok övdü. Siz Oktay Ekşi'nin övdüğü Demirel misiniz, yoksa bir zamanlar Nur Cemaati'nin 'Nurlu Demirel' dediği Demirel misiniz?' diye sordum. Bana 'Ben Oktay Ekşi'nin övdüğü Demirel'im' dedi. Demirel, Oktay Ekşi'nin söylediği gibi 28 Şubat'ın desteklediği Demirel'di" (Risale Haber, 09.12.2013).

Anadolu'da kalan medreseler değişimi kavrayamadılar ve çok azı Fırıncı'nın ekibine katıldılar.

'Nesil' yayınevi ve 15 Ocak 1993 günü radyo kanalı 'Moral FM' kuruldu. Moral FM'i Bediüzzaman'ın 'Risale-i Nurlar gün gelecek radyo lisanıyla neşredilecek' sözüne binaen kurduklarını ifade ederler. 'Moral TV' veya 'Nesil TV' namında bir televizyon kanalı ise, planladığı halde, gerçekleştirilemedi. Yayınevi'nin yazarlarının ve radyo sunucularının yazdığı 'Moral Dünyası' dergisi çıkıyor. İstanbul'daki 'Moral Kültür Merkezinde' yazarların ve sunucuların konferansları gerçekleşiyor. Yayınevi'ne, Risale-i Nur'un basıldığı 'Söz Basım' ve bilimsel kitapların yayımlandığı 'Etkileşim' yayınevleri de ait. 'Söz Basım' yayınevinin Risale-i Nur versiyonlarında, 2005'den beri her sayfanın altında, o sayfadaki osmanlıca kelimeler için küçük bir sözlük-lugat mevcut[60]. Yeni Asya yayınevi de kısa bir süre sonra benzer Risale eserleri yayımladı. Yemek şirketi 'Nesil Catering' de Nesil grubunun bünyesindeydi.

Nesil Grubu, kitleye odaklanıp hedef grubunu genişletti ve böylece daha büyük bir kitleye erişebildi. 'Barla Platformu', 'Nur Vakfı', 'İstanbul İlim ve Kültür Vakfı' ve 1991 senesinde İstanbul'da ilk kez gerçekleştirilen 'Uluslararası Bediüzzaman

---

[60] İlginçtir, Yeni Asya Ansiklopedisi ile 1989'da yaşanan 'Mustafa Kemal' tartışması, bu kitapların baskısında da yaşandı. Kitapların sonunda kitapda isimleri geçen şahıslar ile ilgili bilgiler yer alıyor. Mustafa Kemal'in yer aldığı bilgiler ile ilgili yayınevi içinde tartışmalar oluştu. Kitabı hazırlayan grup 'resmi bilgilere dayandırdık' derken, eleştirenler 'fazla övgü ve yanlış bilginin' yer aldığını savundular.

Sempozyum'larıyla grub, bugün birçok bilim adamına ulaşıyor. Bu şekilde, Nursi'nin eserleri akademik araştırma ve incelemenin merkezine erişiyor. 'Nursi'nin metinleri orada (bilimsel sempozyumlarda; Yazarın Notu) daha kritik mesafe ile ele alınıyor ve eserler hakkında kendi yorumlarını sunmaları için düzenli olarak yabancı bilim adamları davet ediliyor' (Yavuz, 2004, s.143). Bu sempozyumlara, 1995'den beri bütün Nurcu grupları katılıyor. Avrupa dahil, dünyanın birçok ülkesinde bu sempozyumlar düzenleniyor.

2013 senesinde Nesil'de yapısal olarak değişiklikler gerçekleşti. Bu yeni yapılanma ise çatışmalara sebep oldu. 2001-2013 seneleri arasında grupda etkili olanlar yeni yapılanmadan sonra dışarıda kaldılar. Dışarıda kalanlar 'Onur Derneği'ni kurdular ve internetten TV 111 (eski adıyla Onur Web TV) yayınına başladılar.

Yeni yapılanmaya paralel olarak ciddi maddi sıkıntılar da başladı. Bu süreçte kitap, radyo ve diğer faaliyetlerde kısıtlamalar yapıldı. Kasım 2016'da Türkiye genelinde yayın yapan Moral FM sadece İstanbul'a kısıtlandı. Ekim 2019'da ise hem yayınevi hem de radyo cemaat dışı bir şahsa satıldı ve grubun elinden çıktı.

Nesil ismi hakkı da yayın eviyle birlikte satıldığı için, kendilerini nasıl tanımlayacakları şuanlık belirsiz. Türkiye'de Risale-i Nur çalışmalarını 'Nur Vakfı' ve 'İstanbul İlim ve Kültür Vakfı', Avrupa'da ERNA derneğiyle devam etmekteler.

5.4.10 Zehra-Vakfı

Abdulkadir Badıllı, İzzeddin Yıldırım, Osman Tunç, (2011'de Ak Parti Millevekili olan) Mehmet Metiner ve bazı diğer kişiler, çok radikal buldukları için 1990 yılında Med-Zehra grubunu terkettiler. Yeni grub, Said Nursi'nin fikirlerini daha geniş bir kitleye ulaştırma amacıyla 'Zehra Eğitim ve Kültür Vakfı' isimli bir vakıf kurdu. Nursi'nin eserlerini kürtçe dilinde basmayı kendilerine görev edindiler. Bunun için 'Yeni Zemin' adlı dergiyi yayımladılar. Ilımlı bir kürt entelektüel olarak tanımlanabilen İzzeddin Yıldırım, daha sonra radikal Hizbullah'ın yandaşları tarafından öldürüldü. Zehra-Vakfı, az destek bulan oranla küçük bir grubtur.

5.4.11 Tahşiyeciler

Bu grub 1992 yılında Yeni Asya grubundan ayrıldı. Grubun lideri Molla Muhammed-i Muşî lakaplı Mehmet Doğan ve o günlerde Yeni Asya'da yazan Mustafa Kaplan, Hulusi Yahyagil'in tarzını benimseyin biriydi. Grup İslami klasik bilgilere de ağırlık vermek istiyorlardı. Bu bağlamda aşırı gruplara da sempati duymaya başladılar ve Nurcu gruplardan gittikçe uzaklaştılar. 2004 yılında Tahşiye ve Rahle yayınevlerini kurdular. Yayınladıkları Risale-i Nur'ların altına açıklamalar yazdıkları için kendilerine tahşiyeci ismi, yani 'haşiye yazma, yazılma' verilmiş.

Tahşiye Yayınları, Rahle Yayınları ve Cihangirân Yayınları BMB Yayıncılık Limited Şirketine bağlılar. BMB ise, kurucuları olan Burhan Bozgeyik, Mustafa Kaplan ve Bünyamin Ateş'in baş harflerinden oluşuyor. Şubat 2016 tarihinde Semendel Yayıncılık da bu bünyeye dahil edildi.

Tahşiyeci grubu özellikle Fethullah Gülen'in tesettür, zekat toplama, mehdi-mesih, dinler arası diyalog gibi görüşlerine karşı kitaplar yazmaya başlar.

22.01.2010 günü Tahşiyeciler grubuna Türkiye çapında büyük bir operasyon yapılır. 122 kişi 'terör örgütü kurmak ve El Kaide'nin Türkiye ayağı olmak' iddiasıyla gözaltına alınır. Grubun lideri Mehmet Doğan da tutuklanır. Fakat evlerde bulunan el bombalarının üzerinde 122 kişi'den hiç birinin parmak izi bulunamaz, aksine polislerin parmak izleri bulunur. Mehmet Doğan 17 ay hapiste kalır. Tutuklanan herkes beraat eder. 2014 senesinde bu operasyonu Fethullah Gülen Hareketinin yaptığı iddia edilir. Delil olarak da tahşiyecelik ile ilgili zincirlerme gelen olaylar öne sürülür: Gülen 06.04.2009 tarihli "İrtica Paranoyası" başlıklı sohbetinde şu şekilde konuşur: 'Mesela Hizbulvahşet diye bir şey çıkarırsınız. Hizbulvahşetten sonra El Kaide'yi de icat ettiler. Yarın daha başka şeyler de icat edebilirler. Mesela Tahşiye diye bir şey icat edebilirler. Hafızanallah iyi organize edebilirlerse bunları belki hakiki Müslümanlarla, kitap okuyan Müslümanların içine sokmaya çalışabilirler. Onları güçlendirmek için ellerine silah da verebilirler. Kitapların arkasındaki zatın posterlerini evlerine asabilirler... Biz nurları Haşiye yapıyoruz derler. Adlarına da Tahşiyeciler derler. Sonra Kalaşnikoflar verirler ellerine.' Bu konuşmayı Zaman Gazetesi 8 Nisan'da 'Terör örgütü üretenler yeni tezgah peşinde' manşetiyle verir. 9 Nisan günü STV'de yayınlanan 'Tek Türkiye' dizisinin 64. bölümünde Tahşiye Terör Örgütünden bahsedilir. 10 Nisan Zaman Gazetesi yazarı Hüseyin Gülerce 'Gülen neden uyardı?' başlıklı tahşiyecilik ile ilgili bir yazı kaleme alır. 11 Nisan'da Tahşiyeciler ile ilgili İstanbul Polis Müdürlüğüne anonim bir ihbar mektubu gelir. 15 Nisan Ahmed Şahin de gazetenin Aile Köşe'sinde tahşiyeciler ile ilgili yazı yazar. 23 Nisan günü yine 'Tek Türkiye' dizisinde, 65. bölümde, şöyle bir konuşma geçer: '-Bir de irtica için hazırladığımız ama kullanamadan deşifre olan grup, Tahşiye mi Tahşidat mıydı neydi, onlar deşifre olmuştur. Bu işin arkasını bırakmayalım, isim değişikliği yapalım, yola devam edelim mutlaka. Silahlar hep bizden mi çıkacak, biraz da bunlardan çıksın. -Bu dinci örgütün yeni ismi ne olsun efendim? -Rahle-mahle bir şey deyin işte. Dini sembol olan bir şey olabilir.' 26 Nisan günü Nuh Gönültaş Bugün gazetesinde 'Tek Türkiye'de yayınlanan diyalogları 'Tahşiyeciler deşifre oldu, yeni bir isim bulmalıyız' başlıklı köşesinde yayınlar (Oğur, 2014). 29 Nisan İstanbul İstihbarat Şube Müdürlüğü, Terörle Mücadele Şubesi'nden Tahşiyeciler grubuyla ilgili bir soruşturma açılmasını talep eder. 5 Mayıs gününden itibaren grubun telefonları dinlenmeye başlanır. 6 Mayıs günü 'Tahşiye Soruşturması'nın adı 'El Kaide Yanlısı Mehmet Doğan Grubu Soruşturması' olarak değiştirilir. 22 Ocak da ise yukarıda bahsettiğimiz baskınlar düzenlenir. Bu zincirlemeler sebebiyle 14 Aralık 2014'de Gülen Hareketine operasyon yapıldı ve 19 Aralık'ta Gülen hakkında tutuklama kararı çıktı. 3 Kasım 2017'de mahkeme dava ile ilgili kararı verdi.

Samanyolu Yayın Grubu Başkanı Hidayet Karaca 31 yıl, eski emniyet müdürü Ali Fuat Yılmazer 16 yıl 6 ay, eski emniyet müdürleri Yurt Atayün, Ömer Köse ve Tufan Ergüder 25 yıl 6 ay hapis cezası aldılar. Ayrıca 28 şahıs daha ceza aldı. Fethullah Gülen ve eski emniyet müdürü Mutlu Ekizoğlu´nun ifadeleri alınamadığı için, onların dosyaları diğerlerinden ayırıldı.

5.4.12 İhlas Nur Neşriyat ve Dost

Said Nursi'nin talebelesi olan merhum Said Özdemir önderliğindeki grub ağırlıklı olarak Ankara´da faaliyet gösteriyor. Bu gruba ´İhlas Nur Neşriyat´, radyo kanalı ´Dost FM´ ve televizyon kanalı ´Dost TV´ ait. ´Dost TV´ kurulduktan sonra Özdemir önderliğindeki grub, yeni bir kitleye ulaşabilir hale geldi.

5.4.13 Başka Gruplar

Nurculuk Hareketinin, ne bir lideri ne de bir merkezi olduğundan, teorik olarak her an her yerde, başka gruplarla başta hiçbir ilgisi olmayan yeni bir grub oluşabilir. Fakat genellikle oluşan yeni gruplar sonunda büyük gruplara katılıyorlar. Bu bağlamda kendi küçük grupları bulunan ´Arslanbey Eğitim ve Kültür Vakfı´, İsmail Mutlu, ağırlıklı olarak Ankara´da faaliyet gösteren Mehmed Kurtoğlu, vefat eden Hüsnü Bayram ile çalışan ´Nur Mektebi´ gibi kişiler ve kurumlar da var. İnternette habercilik yapan ´Risale Haber´ ve ´Nurdan Haber´ gibi siteler oluştu. Ayrıca popüler kültürün yaygınlaşmasıyla özellikle sosyal paylaşım sitelerinde internet üzerinden faaliyet yapan gençlik grupları oluştu.

6.0 Hareketin yurtdışında yayılması – Almanya örneği

Bu bölümde Risale-i Nur hareketinin yurt dışında yayılma şeklini analiz edeceğiz. Hareket, Almanya'da yoğun bir şekilde var olduğu için, örnek olarak bu ülkeyi seçtik.

Almanya'da yaklaşık beş milyon müslüman yaşıyor. Bunların %60'ı Türk kökenli ve yaklaşık %15'i farklı kurumlara ve derneklere bağlı. Bu kadar müslümanın yaşadığı bir ülkede, elbette kamuoyunda İslam ile ilgili konular sürekli tartışılıyor. İslami kurumlar ve dernekler de kendi çaplarında oluşan sorunlara ve sorulara cevap vermeye çalışıyorlar. En çok tartışma konusu olan uyum sorunu ise siyasetçilerin dikkatini müslüman gruplara yöneltmekte. Fakat müslümanlar sadece siyasilerin odak noktası değiller elbette. Özellikle uyum ve göç tartışmalarında İslami cemaatler sosyologların da ilgisini çekmekte. Bu durum aslında müslümanların eskiye yönelik toplumda daha çok ön planda olduklarının bir göstergesidir. Müslümanlar kendilerini yaşadıkları toplumun bir parçası olarak görseler de, İslam'ı ve müslümanları doğru anlamaya çalışmak, uyum sorununu çözmenin en önemli yollarından biridir.

Alman literatüründe Said Nursi ve Nurcuların ismi hemen hemen hiç geçmiyor. Bir çok yerde bir-iki cümleyle özetleniyorlar. Mesela Paul Geiersbach (1990, s.24) Nurculardan bahsederken, 'Türk Müslümanlar arasındaki cizvit, genelde bilgin kişiler, seçilmiş ve iç güdüleri kuvvetli şahıslar′ diyor. Utermann ise harekete ′entellektüel hareket′ ismini vermekte (1995, s.18). Hermann Said Nursi için, ′Türkiye yeni tarihinin parlak isimlerinden biridir′ (1996, s.38) diyor. Nurcu hareketinin entellektüellerinden sayılan Metin Karabaşoğlu bir yazısında şöyle ifade ediyor: ′Atatürk yandaşı değiller, her Müslüman gibi de değiller, onları en iyi dindar düşünürler olarak tanımlayabiliriz′ (2003, s.286). Yavuz (2004, S. 135) Nursi'yi ′Türkiye'nin modern dindar müzakeresinin kurucusu′ olarak tanımlarken, Türk gazeteci Cüneyt Ülsever ise, Türkiye'nin Said Nursiyi anlaması ve başkalarına anlatmasının gereğini öne sürmekte (2004). Posch (2005, s.174), Nurculuğu ′İslamiyet'in muhafazakar reform hareketi′ olarak görürken, Heimbach Nurcuların özgür samimiyetini dile getiriyor (2001, s.103). Papaz Herbert Weinbrenner (1997) Almanya'daki Nurcular için şunu söylemekte: ′Almanya'da medresler açıyorlar. Almanya'daki gençleri doğru yollarını bulmalarına yardımcı oluyorlar, onları eğitiyorlar.′

Alman Kültür dergisinde ise Said Nursi şu şekilde tarif ediliyor: ′Tutucu tarikatların yanı sıra, İslam dünyasında batıyla düzgün irtibat kurabilen liberal düşünürler var. Onların fikirleri İslamiyet dünyasını bir ihtilale sürükleyebilecek mi? [...] Uluslararası bir devrim niteliğinde olan Türkiye'de meydana çıkan Nurculuktur, ya da diğer adıyla Nur Cemaati'dir. 1960 yılında vefat eden Üstad Said Nursi yazılarında modern bilimin yararlarını anlatıyor. Radikalizm dışı bir İslam anlayışını aktaran Said Nursi, yazılarında Kur'an'ın ayetlerini ve mistikliği birleştirmiş. Müslüman olmak Said Nursi'ye göre, insanın kendince verdiği rasyonelce bir karardır. Kendisi siyasi bir atılıma karşıydı. Muhteşem eserlerinde Peygamber Muhammed Mustafa'nın hayatından alıntılar bulunmakta ve de eserlerinde çalışmanın insanlar için etik yönlerini de anlatmaktadır. Onun için çalışmak ya da hayatta çaba göstermek bir fazilet, Allah'ın insanların iyiliği için onlardan istediği bir farzdır. Ekonomi, toplumsal yaşam ve eğitimle alakalı konularda ise çoğunluklu bir düşünce tarzına sahipti ve tutucu radikal tarikatlardan uzaktı. Said Nursi fanatizme de karşıydı. Cihad adına toplumu değiştirmeye ve dinsizlere, İslamiyete dönmeleri için uygulanan şiddete karşıydı' (Szyska, 2002, s.25).

Steinbach ve Feindt-Riggerse (1997) göre, Nurcular Kur'an ile devleti yönetmek istiyorlar, yani laiklik karşıtıdırlar. Almanya'da büyük bir karışıklığa Spuler'in bir yazısı yol açmıştır (1981). Yazısında Nurcuların arasına sanki din değiştirir gibi girildiğini (s.425), hareketin kendisini 'tek ve gerçek İslamiyet' olarak tanımladığını (s.425), girmek isteyenlerin bazı kural ve sınavlardan geçtiklerini (s.426), gruptan çıktıktan sonra hala insanın peşini bırakmadıklarını (s.428), Nurculara evlenmenin yasak olduğunu (s.429), aralarında Türkiye için beş halife seçtiklerini (s.432) ve mistik ritüellerin yapıldığını öne sürmekte (s.438). Bu görüşlerin uzaktan ve yakından bir aslı yoktur. Küçük detaylar bile, mesala Said Nursi'nin talebesi olan Said Özdemir'in vefatı (s.432) kesinlikle yanlıştır. Said Özdemir 2018'de vefat etti, yani bu yazıdan 37 sene sonra. Spuler'in bu yalan yanlış yazılarının sebebi, kullandığı kaynakla alakalıdır. İstifade ettiği kaynak, Çetiner'in kitabından (1964) alıntılardan ibarettir. Çetiner ise bir ay boyunca Nurcularla yaşamış, gerçek yüzlerini gördüğünü iddia etmekle kalmayıp, kitabında da edindiği 'tecrübelerden' bahsetmiş. Fakat 15 sene sonra Çetiner, bu kitabı birilerinin adına yazdığını itiraf etmiştir, ama o birilerinin, yani iş verenlerinin, kim olduğunu hep gizlemiştir (Şahiner, 1979b, S.77-83).

Yabancının ve misafirin farkı şudur: Misafir bugün gelir, yarın gider. Yabancı ise bugün gelir, yarın kalır (Simmel, 1908, s.509; bkz. Schütz,1972). 1950' lilerin sonuna doğru türk misafir işçileri Almanya'ya geldiklerinde, ilk düşünceleri, çok para kazanıp Türkiye'ye geri dönmekti. Fakat düşüncenin son kısmı gerçekleşmeyince ve ilk kısmı daha çekici geldikçe, bir zaman sonra bu misafirler yerli olmaya başladılar. Memlekete dönmek artık söz konusu bile olmayınca, gurbet'de vatan hissini yaşayabilmek için, ilk dernekler kurulmaya başlamıştı. Bu dernekler yabancı bir ülkede kimlik ve yön belirlenebilmesi için önemliydi. Burada işçiler buluşup, bilgilerini paylaşabiliyordu. Bu dernekler onlar için ikinci bir vatan, sosyal bağların kurulduğu, desteğin olduğu ve manevi değerlerin kuvvetlendirip ve aynı anda kontrol edildiği yerdi (Schiffauer, 2004a, s.69). 'Dini muhafaza etme' (Schiffauer, 2004a, s.68) amacıyla yurtlarda, fabrikalarda veya kullanılmayan trenvagonlarında ilk mescitler yapılmıştı. Bu ilk 'camiiler' ise, 'arka sokak camiileri' olarak bilinen toplumsal hayattan uzak veya saklı binalardı. Bir camii yerine, daha çok bir sığınak veya boş duran bir daireye benziyorlardı. Memleket hasretini bir nebze gidermeye çalışan adalardı (bkz. Utermann, 1995, s.10). Böylece müslüman kimliği unutulmamaya çalışılıyordu. Yabancılık ve yalnızlık, müslümanların bir araya

131

gelmesiyle ve Allah'ın varlığını hatırlamakla, unutulmaya calışılıyordu. **Fakat babaların görülmeyen İslam'ı, oğulların görünen İslam'ına değişmesi çok uzun sürecekti.**

Almanya'da türk cemaatleri arasında büyük bir dernek kuran ilk cemaat Süleymancılardı[61]. 1973 senesinde İKMB'yi (İslam Kültür Merkezleri Birliği; 1980 senesine kadar 'İslam Kütür-Merkezi Köln' adı altında) kurdular. Buna takiben 1976 da Milli Görüş (1995 yılına kadar AGMT, ondan sonra İGMG[62] adı altında) kurulmuşdu. Türkiye'nin dini kolu Diyanet (DİTİB) 1984'de kurulmuştu. 1970'lerde camilerde hangi cemaate mensup olunması tartışılırken, 1980'li senelerde ise rekabet durumu damgasını vurmuştu. Gittikçe büyüyen camiiler inşa ediliyor ve faaliyetler çoğalıyordu. Camiiler sosyal bağların korunduğu, siyaset hakkında konuşulduğu ve iş görüşüldüğü birer yaşam alanıydılar (Schiffauer, 2004a, s.82). Camiiler sadece namaz kılınıp ibadet edilen yerler değildi. Bu camiiler cemaatin buluşup farklı pedagoji ve sosyal fonksiyon ve hizmetlerin bulunduğu merkezler idi, yanı sıra değişik etkinliklerin düzenlenildiği ve sorumlulukların belirlendiği ağlar yuvasıydı (Casanova, 2006a, s.203).

---

[61] Süleymancı olarak Süleyman Hilmi Tunahan'ın taraftarları adlandırılmıştır. Tunahan'ın cemaati, arapça yazısında, dilinde ve birimlerinde durmadan çıkan yasaklara ve değişikliklere karşı bir tepkiydi. Detaylı araştırma için bkz. Jonker, 2002

[62] Milli Görüşün adı değişmesi aynı anda yönlerininde değiştiğinin bir göstergesidir; türkçe isim olan AMGT (Avrupa Milli Görüş Teşkilatları) değiştirliyor ve yerini almanca İGMG alıyor (türk. İslam Toplumu Milli Görüş)

Böylece camii bir bina olarak değerlendirildiğinde, müslümanların dini, sosyal ve kültürel ihtiyaçlarının karşılanılığı bir yapıt. 1990'larda ise 'Diaspora' İslamı gelişmeye başlamıştı. O andan itibaren Almanya'da ki müslümanların sorunlarıyla ilgilenilmeye çalışıldı (Schiffauer, 1998. s.423; 2003, s.147). Ve doğal olarak Almanya'daki müslümanları kimin temsil edebileceğine dair, müslüman gruplar arasında yoğun bir rekabet ortamı doğmuştu[63]. Hepside alman devleti ile bağlantıda olan cemaat olmak istiyorlardı, yani müslümanlığı Almanya'da temsil etmek istiyorlardı (Schiffauer, 2003).

İlk misafir işçilerle birlikte ilk Nurcular da Almanya'ya gelmişti. Said Nursi'nin talebelerinden olan Abdul-Muhsin Alkonavi (asıl ismi Muhsin Alev), 1954'de Almanya'ya gelmişti ve 1967'de Batı Berlin'de 'Bağımsız Müslüman Cemiyet Hizmeti' derneğini kurmuştu. Bu derneğin faaliyetleri ise Berlin'le sınırlıydı. Ancak Türkiye'de ki Nurcuların önde gelenlerinden Ali Uçar, 1971 paskalya'da Almanya'ya geldiğinde, Nurcuların faaliyetleri bütün Almanya'ya dağılmaya başlamıştı. *'1971'de Ali Uçar Almanya'ya gelmişti. O ilkti. Onunla başlamıştı. Ondan sonra ilk medreseler kurulmuştu. Ali Uçar Almanya'nın heryerine seyahat etmiş ve Risale-i Nur sohbetleri vermişti. Fakat sanırım aslında Berlin'deki yayınevi için gelmişti. Yayınevi 1972de kurulmuştu. Orada Kur'an bastırıyor ve bütün dünyaya dağıtıyorduk. O zamanlar ben Frankfurt'da yaşıyordum. 1975 senesinde tekrar Türkiye'ye döndüm. Almanya'da daha fazla birşey yaşamadım. Fakat diyebilirim ki, Ali Uçar, çok mütevazi, konuşmacılığı*

---

[63] Fransa'daki aynı problem için bkz. Leveau, 2003.

133

kusursuz ve çok iyi niyetli olan bu adam, Almanya'da ki hareketin başlamasına sebep oldu' [A.K.]. Öncelikle Uçar Berlin'de kalıp, orada evlerde Risale-i Nur dersleri organize etmiştir. Ondan sonra ise şehirden şehire gezip, Risale-i Nur talebeleri aramaktaydı. *'Ali Uçar Köln'de ki bir camiideydi. O zamanlar bağımsız bir camii idi. Hiçbir cemaate bağlı değildi. Bende ordaydım. Ali Uçar bir seminer vermişti. Seminerden sonra adreslerimizi değiştik. Ondan sonra ben eve gittim, Stuttgart'a. Ali Uçar bir hafta daha Köln de kalmıştı. [...] Ben de onu Stuttgart'a davet etmiştim ve onun için bir uçakbileti ayarlamıştım'* [N.S.]. Ali Uçar, N.S. nin davetini kabul edip, 15 gün kalacağı, Stuttgart'a uçmuştur. *'Bu 15 gün içinde beraber evden eve gidiyorduk. Türk müslümanlarını ziyaret ediyorduk. Ali Uçar vaaz ve seminerler veriyordu'* [N.S.]. Stuttgart'dan Uçar Berlin'e dönmüştü. Oradan seyahatlerinde tanıştığı kişilerin adreslerine yazıp, onları Aachen'a davet etti. *'Aachen'a gitmiştim. Misafirlerden hiçbirini tanımıyordum. 300-400 insan gelmişti. Bir çoğu ya Almanya'dan, Fransa'dan, İsviçre'den veya Hollanda'dan geliyorlardı. Bunu ilk Nurcu toplantısı olarak değerlendirebiliriz. Toplantı yaklaşık 3-4 gün sürmüştü'* [N.S.]. **Birçoğunda bu toplantı kimlik belirlenmesine sebep olmuştu. Hepside misafir işçi olarak Almanya'ya gelmişlerdi, fakat artık anlamışlardı ki, sadece işçi değillerdi, bilakis, onlar Risale-i Nur talebeleriydiler.** *'Bu bizim için çok müthişti. Herbirimiz kendi şehrine dönmek ve orda hizmet etmek istiyorduk'* [N.S.]. Ali Uçar karizmasıyla insanları birşeyler yapmaya teşvik etmişti. Kendisi arapça edebiyatını okumuş ve vücut dilini kusursuz kullanıyordu. Buna benzer etkinlikler Nurcuları hizmete yönlendiriyordu.

Uçar bir adım daha ileri gitti. Yalnızca toplantılar yetmiyordu. Nurcuların bir alışkanlıkarı ise, yaptıkları faaliyetleri mektup olarak kardeşlerine bildirmek idi. Bu alışkanlık ise Said Nursi'den kalan birşeydi, o da talebelerine sürekli mektuplar yazardı. Nursinin bu mektupları günümüzde Risale'lerde mevcuttur. Said Nursi'yi tamamen örnek alarak, Uçar da bu geleneği devam ettirmişti. Almanya'da faaliyetleri, dersleri ve toplantıları anlatan bir çok mektup yazıyor ve bunları yine Almanya'da tanışdığı Nurculara yolluyordu. Bu yazışmalar hareketin mensupları için çok etkileyiciydi, çünkü bir nevi Nursi'nin talebeleriyle yazışma dönemini yaşıyorlardı. Her konuyla ilgili bütün dünyaya gönderilen mektuplar yazılıyordu. Bu mektuplar kelime seçimi ve tarz yönünden Said Nursi'nin mektuplarına benziyordu. Hüseyin Aydemir diye bir zata yollanılmış mektuptan kısa bir örnek[64]: 'Aziz Kardeşim. İngiltere'den Mannheim'a uçtuk. Oradan da Münih'e [...] Heim[65]'ları ziyaret ettik. Aynı zamanda dernekleri ve camiileri de. Risale-i Nur'lar ve Risale-i Nur kardeşlerimizle beraber heryeri dolaştık ve sohbetler yaptık. [...] Ondan sonra yine Mannheim'a döndüm. Orada tekrar heim'ları ziyaret ettik. Konferanslar düzenledik ve konuşmalar yaptık. Mektuplar yazdık [...] Oradan sonra Alzey'deydik. Oradan da Mainz'a gittik. Sabah namazına kadar beraber Risale-i Nur okuduk. Aynı günün sabahında ise

---

[64] Ali Uçar'ın yazma şekli çok coşkulu. O kısımları çoğunlukla çıkardım. Onun haricinde çok kısa cümleler kullanıyor. 'Ben' yerine de 'Biz' kelimesini kullanıyor.

[65] 'Heim' almanca yurt demek. Bazı almanca kelimeler Almanya'da çoğu zaman türkler tarafından türkçeleştiriliyor.

Mannheim'a geri döndük. Orada hemen bir camiiye girip, Risale-i Nur sohbeti yaptık. Camiiden sonra medresemize gittik ve tekrar okuduk. Aynı gün Waldorf'a gittik. Orada daha uzun bir süre kaldık. Kardeşlerimize Üstadımızdan anılar anlattık. Ve tekrar Mannheim'a döndük. Oradan da Stuttgart'a geçtik. Vardıktan hemen sonra bir heim'ı ziyaret etmek için hemen yola çıktık. Orada ise, heryerde olduğu gibi, İngiltere'de ki faaliyetlerimizden bahsettik. [...] Ertesi gün Urbach'daydık. Oradada sohbetler oldu. Akşam bir camiide Risale-i Nur'u okuduk. [...] Heryerde aynı şikayetleri duyuyoruz: 'Çok az geliyorsunuz!'. [...] Bu akşam yine bir heim'i ziyaret edeceğiz. Yarın öncelikle bir camiide olacağız ve akşam tekrar bir heim'da. [...] Her cumartesi ve pazar Sindelfingen ve Bölingen'deyiz. Pazartesi Mannheim'da sohbet var. Takiben bir haftalığına Aschaffenburg'da olacağız. [...] Oradan Köln, Duisburg ve Düsseldorf'a gideceğiz. Ve oradan da daha uzağa.' Buna benzer mektuplarla[66] insanlara, bir hareketin olduğunu ve o kişilerin bu hareketin bir parçası olduğunu hatırlatıyordu. Bu mektuplar ise Risale-i Nur sohbetlerinde bütün cemaate okunuyordu ve bu şekilde birlik ve şevk sağlanıyordu: *Yalnız değildik* [H.K.]. Bu beraberlik güç ve cemaatin bir parçası olmak için gayret sağlıyordu. Cemaat bir kimliğe sahip oluyordu. Dayanışma duygusu doğuyordu ve böylece Almanya'da ki Nurcuların birlik olmasını sağlıyordu (bkz. bölüm. 3.1; Durkheim, 1992; Anderson, 1991; Mettele, 2006, s.48; Tönnies, 1973, s.17). Bundan dolayı bir çok Nurcular kendi şehirlerinde bir medrese inşa etmenin gayreti içindeydiler.

---

[66] Ali Uçar'ın son mektubu için 4. Ek'e bkz.

Mayıs 1972'de Uçar Nurcu hareketinin mensuplarını Köln'e üç günlük Risale-i Nur okuma programına davet etmişti. Almanya'nın heryerinden 33 kişi katılmıştı. Köln-Merheim'da Mevlüt Dursun'un evinde buluşulmuştu. Burada da bağlantılar sıkılaştırılmıştı. Adresler takas ediliyor ve Nurcu hareketinin ağı bir şekil kazanıyordu.

Haklı olarak iddia edilebilir ki, Ali Uçar Almanya'daki Nurcu harektinin ilk adımlarını atmıştır. O dönemde Uçar, iki yılda 400 konferans vermişti (bkz. 17. Ek). 1974'de Ali Uçar'la beraber zamanının bir kısmını Almanya'da geçiren yazar E.L. söyleşimizde o zamanı şöyle anlatıyor: *'Ali Uçar'la beraber üç ay Almanya'daydım. Bu zaman zarfında, gece veya gündüz demeden, zamanımızı durmadan tüm Avrupa'da sohbetlerle veya konferanslarla geçiriyorduk [...] Avrupa'nın bir ucundan diğer ucuna gidiyorduk' [E.L.].*

1971 sonu, 1972 başlangıcı İstanbul'da ki nur talebeleri, Berlin'de bir matbaa kurmayı düşünüyorlardı. Böylece Nursi'nin dileği olan, Tevafuklu Kur'an'ı Almanya'da veya İtalya'da basmayı yerine getirmek istiyorlardı (bkz. bölüm. 5.2.1). Said Nursi'nin hayattayken talebesi olan Mehmet Birinci ve Ahmet Aytimur Berlin'e uçuyorlar. Söyleşimizde Birinci olaya değiniyor: *'Kur'anı ve bir kaç küçük Risale basmak istiyorduk. Elbette hepsi türkçe olacaktı. Almanca o zamanlar pek lüzumlu görülmüyordu' [M.B.].* Aynı zamanda Ali Uçar da Berlin'de bulunmaktaydı. Böylece üç arkadaş matbaa ile ilgili araştırmalar yapabiliyorlardı.

Sonucu Mehmet Fırıncı açıklıyor: *'Birinci Abi ve Ahmet Aytimur İstanbul'a geri uçtular. [...] Birinci Abi beni aradı ve dedi ki 'Hemen İstanbul'a gel, yarın Berlin'e uçuyorsun'. Daha evvel de Berlin'e gitmeme rağmen dedim ki 'Orada ne yapayım? Sen gitsen daha iyi olur'. Neyse beni ikna etti ve böylece beraber Berlin'e uçtuk'* [M.F.].

Matbaa için kısa bir sürede para toparlanıldı: *'Ali Uçar hemen bir kampanya başlattı. Bazıları bağışda bulundu. Başkaları borç verdi'* [U.M.]. Nur Cemaatinin bir önemli özelliği ise, kısa vaadeli ve sonuçları hemen 'elle tutulur, gözle görülür' projeler için, kısa bir süreçte maddi ihtiyaçlar sağlanabiliyor. Sonuçları sadece tahmin edilebilecek veya çok uzakta olan, uzun vaadeli projeler de ise, zorluk çekiniyor. Fakat bununla ilgili detaylı bilgiler daha sonra gelecek.

Sonuç itibariyle 1972'de Berlin'de 'İttihad Druck- und Verlags GmbH' matbaa ve yayınevi kurulmuştu. Öncelikle Hüseyin Özel yönetiminde ticari şirket olarak kayıt edildi. Bazı küçük Risale-i Nur'lar ve daha sonra 1976'da Tevafuklu Kur'an burada basılıyor ve Almanya'da ki bütün nur talebelerine dağıtılıyordu. Söyleşi yaptığımız E.F., Almanya'da kitapların nasıl dağıtıldığını anlatıyor: *'Bir keresinde Üstad Bayram Abiye demiş ki 'Siz dert etmeyin. Ben sizi fabrikalarda çalıştırtacağım. O fabrikalarda kazandığınız paralarla, ya İtalya'da veya Almanya'da Risaleleri bastırıp dağıtacaksınız'. Ve bu sonradan gerçektende oldu. 1972 yılında matbaayı kurduk ve aynı sene 25.000 'Küçük Sözler' bastık. Kitapları paketlere koyduk. Her pakete 40 tane. Ve böylece arkadaşlara paket halinde sattık. Bu şekilde yaklaşık 10000 Kitap dağıttık´ [E.F.].*

Berlin´deki baskı Türkiye´dekinden çok daha pahalıydı. Fakat E.F.´e göre o zamanlar maddiyat önemli değildi: *'Almanya'da basıldığı için hareket hız kazanmıştı. Herkes etkindi. Herkes bir işin ucundan tutuyordu. Böylece bir görevimiz olmuştu. Bu görevle başarılı olmayı hedefliyor ve tembellikten uzak durmuş oluyorduk. Ayrıca Türkiye'de daha kolay değildi [...]. Orada hala yasaklar vardı. Yani Risale-i Nur'ları Türkiye'den Almanya'ya getirmeye çalışsaydık, bir ihtimal Türkiye havalimanında yakalanırdık. Bundan dolayı kitapları Almanya'da basmak daha mantıklıydı´ [E.F.].*

Yayınevi bir düzene girdikten sonra, Birinci Almanya´da ki Risale-i Nur sohbetleriyle ilgilenmeye başladı. Fırıncı senenin bir yarısını Tükiye´de, diğer yarısınıı da Almanya´da geçiriyordu. Bu şekilde Nurcu hareketinin Almanya-Türkiye bağlantılarını ayakta tutuyordu. Mehmet Kutlular bununla ilgili: *'Birinci bizim 'Dışişleri Bakanımızdı´. Yurtdışıyla ilgili herşeyden o sorumluydu´ [M.K.].*

Fakat daha sonra, 1974´de, harektin içerisinde gerginlikler doğmuştu. Sonradan matbaanın üstüne kayıtlı olan ismi değistirmeye kalkıldığında, Almanya´da ilk problemler yaşanmıştı. Abdullah Yeğin, Hüsnü Bayram, Ahmet Aytimur ve Abdulkadir Badıllı fikirlerine göre, matbaa ´Hizmet Vakfı´ adı altına kaydedilmesi gerekiyordu. Sonuç itibariyle İstanbul´daki bu vakıf sırf bu amaç için kurulmuştu. Buna karşı olarak

Mustafa Sungur, Bayram Yüksel, Mehmet Birinci ve Mehmet Fırıncı, matbaanın Almanya'da bir vakıfa ait olması gerektiğini düşünüyorlardı. Bunun için Nurcular Almanya'da bir vakıf kurmaları gerekiyordu. Kanaatlarına göre, matbaa ellerinden alındığı takdirde, Almanya'da ki kardeşlerinin hevesi kırılmış olacaktı. İki taraf da bir sonuca varamadı. Böylece matbaa ne Almanya'da bir vakıf'a ne de İstanbul'daki vakıf'a kaydedilmişti. Günümüzde matbaa hala Hüseyin Özel adına kayıt edilmiş ve hiçbir şekilde Nurculuk Hareketine hizmet etmemektedir. Bu uzun tartışmada ilginç bir şekilde görünüyorki, Almanya'da ki Nurcular hiçbir şekilde matbaayı İstanbul'a teslim etmek istemiyorlardı. Matbaa onların kazancıydı ve bunuda savunuyorlardı.

Almanya'daki hareket artık kendisini idare edebilecek şekle geldiğinde, bu atılımın başı olan Ali Uçar 1976 senesinin sonuna doğru Türkiye'ye geri dönmüştü. İlerleyen senelerde hareket büyüyordu ve Almanya'da gittikce tanılıyordu. Böylece 1977'de bir yanlış anlaşılma olmuştu. Medyaya göre, Nurcular Almanya'daki birçok Kur'an kursunu idare ettikleri iddia ediliyordu. Bu Kur'an kurslarıyla ilgili yanlış anlaşılmanın sebebi ise, Nurcuların kendilerine talebe demelerinden kaynaklanıyordu. Bu iddiayı aydınlatmak için, İslam arşivinden Salim Abdullah, Nurculuk hakkında metinler yazıp yayınlıyordu. Böylece konu hemen kapatılmıştı.

8 Temmuz 1978'de, 2007'de vefat eden Mehmet Birinci alman radyo kanalı 'Deutsche Welle'ye bir röportaj vermişti. 'Almanya da camiiler – Nurculuk Hareketi' adlı programda Birinci şunları söylemişti:

'Almanyada'ki İslam'ın var olması geçici bir tezahür olmamasından yola çıkılırsa eğer, bizim buradaki faaliyetimiz daha da önem kazanıyor. [...] Yinede İslam'ı batıya tanıtmak isteriz. Neredeyse herbirimiz, meraklı olanlara Kur'anı ve İslamı ulaştırmakla sorumluyuz.' Ayrıca Birinci Nurculuk Hareketinin misyonerliği desteklemediğini açıkladı.

1970'lerin sonuna doğru Nurcuların Almanya'da bir hedefi daha vardı. Bir yayınevi kurup, Almanya'da Risale-i Nur eserlerini basmak istiyorlardı. Çok zahmet ve bürokrasiyle 1979'da Köln'de 'Asya Verlags GmbH' yı kurmayı başardılar. 2006 senesinde rahmetli olana kadar Zeki Şevkli yayınevinin sahibi olarak gösterilmişti. Nursi'nin eserlerinden sadece birkaçının tercümesi basılmıştı. Berlin'de ki yayınevi gibi bu yayınevi de pek işlevsel değildi. **Nurcular bir projeye atılırken gösterdikleri emeği ve gayreti, proje kurulduktan sonra sürdürmek için aynı emek ve gayreti göstermiyorlar ve böylece projeleri bitiremiyorlardı.**

Yavaş yavaş Alman kamuoyunu da Nurcuları farkediyordu. 'Berliner Stimme' 26.1.1980'de şöyle yazıyordu: 'Dördüncü yön Risale-i Nur hareketidir. Kültürleri mistik, siyasetten uzak ve liberal. İslam'ı batıya sunmakta kararlılar. Berlin'de üç camiileri, bir yayınevi, iki üniversite'de mescitleri var. Hizmet olarak 'Bağımsız Müslüman Cemiyet Hizmeti' sunuyorlar, siyasetten uzak olduğu sürece her gruba kapılarını açıyorlar. Bu istikamet batıya düşman bir oluşum olmadığı için, iletişim yönünden de yararlı oluyor.' Nurcularda bu belirli bir özgüven sağlıyordu. Bundan sonra kamuya açık tartışmalara katılıyorlardı, örneğin

141

okullarda din dersi, İslamiyetin resmi din olarak kabul edilmesi veya tesettür tartışmalarına.

1990'lıların başlarında Yeni Asya-Nesil bölünmesi oluştuğunda (bkz: bölüm. 5.4), Almanya'da ki harekette ilk ciddi problemler ortaya cıkmıştı. Türkiye'deki diğer bölünmelerin, Almanya'da tabakaları olmadığından, Almanya'da ki harekete bir etkisi olmamıştı[67]. Fakat Yeni Asya-Nesil bölünmesi Almanya'da ki cemaatin de ayrılmasına sebep oldu. **Memlekete olan bağlılık, Türkiye problemini Almanya'ya getirmişdi.** Medreseler 'Nesil' mi yoksa 'Yeni Asya'dan yana mı diye bir karar vermeleri gerekiyordu. Kısmen büyük anlaşmazlıklar doğmuştu. *'Bir medresenin çoğunluğu nereye ait olunduğunu belirliyordu. Böylece azınlık ya uyum sağlıyordu, yada yeni bir medrese kuruyordu. Bir çoğu ayrılmak istemiyordu. Çünkü iki taraf da kardeşlerimizdi. Kardeşlerden ayrılamıyorduk' [Z.B.].* Fakat günümüze kadar karar veremeyen medreseler de var, böylece iki veya daha fazla grubun taraftarları tarafından yönetiliyorlar. Böylece 1990'lıların ilk seneleri kriz dönemiydi. Fakat bu Türkiye'de olduğu kadar büyük bir mesele değildi. Nurcular Almanya'da bir azınlık olduklarından, birbirine bağlıydılar. Bu sebepten dolayı zaman içinde birbirlerine tekrar yakınlaştılar.

1980'li yıllarda topladıkları bilgi ve birikim ile, Nesil grubu 90'ların başında bir dergi çıkarmaya karar verdiler: *'1991 senesinde hareketimizin iyi bir dostu olan*

---

[67] Fethullah Gülen'in taraftarları da ancak 1990'larda Almanya'da faaliyete başladılar.

Salim Abdullah, İstanbul'da ilk Bediüzzaman Sempozyumuna katıldı. Sürekli Said Nursi'nin fikirlerini nasıl batıya taşınabileceğini sorguluyordu. Bundan dolayı, Fırıncı abi tamamen Almanca lisanında bir dergi çıkarmayı teklif etti' [R.Ü.]. Bu düşünce harekette kabul gördü. Öğretmen Rüstem Ülker yönetiminde 1992 yazı, her üç ayda çıkan 'Nur – Das Licht' adlı dergi çıkarıldı. Derginin yayıncısı Jama'at-un Nur Köln e.V. idi. Bu şekilde Amerika'da 1974'den 1986'ya kadar 'Risale-i Nur Institute of America', Berkley/California'da, ingilizce, türkçe ve almanca basılan 'Nur – The Light' dergisine bağlantı kuruldu. Kiliselere, siyasetcilere, üniversitelere ve ileri gelen şahsiyetlere gönderilen dergiyi, her ay basmaya gayret ediliyordu. Fakat harektin maddi gücü yetmediği için, bu istek gerçekleşemedi. 1999 yaz aylarında ihtiyaçların ve işçilerin karşılanamadığından derginin basımı durduruldu.

1997 Ekim ayı, Ali Uçar ve Bayram Yüksel, ikisi de o zamanlar Türkiye'de faal halinde, bir Avrupa turu yapmaya karar verdiler. Yolculuklarının amacı ise, bölünmüş olan Nurcuları ziyaret etmek ve anlaşmazlıkları gidermek idi. Bir ayda şehirden şehire gittiler ve konuşmalar, sohbetler ve toplantılar yaptılar. Aynı zamanda 'Bediüzzaman Said Nursi Kültürvakfı'nın kurduğu medreselerin açılışlarına da katıldılar. 19 Kasım 1997'de, Sofya/Bulgaristan yakınlarında, bir trafik kazasında şoför Mehmet Çiçek ile beraber ikisi de hayatlarını yitirdiler.

4 Aralık 1999'da Bonn'da ilk 'Said Nursi Sempozyumu', 'İslam anlayışına çağdaş yaklaşım' adı altında yapıldı. Düzenleyenler ise Nesil grubuydu.

İstanbul'da yapılan uluslararası sempozyumlardan etkilenerek, gayri müslim akademisyenler de davet edildi. 2004, 2005 ve 2007 senelerinde diğer sempozyumlar düzenlendi, ki bunlar topluma açılım olarak değerlendirilebilinir ve böylece entellektüellere ulaşmaya calışıldı. Bu sempozyumlar'da Said Nursi yanı sıra Dietrich Bonhoeffer, Alfred Delp ve Leo Bäck ile kıyaslanıyordu. 2010 senesinde ise ilk defa bir üniversite böyle bir sempozyum düzenledi. Osnabrück Üniversitesinde düzenlenen sempozyuma çok sayıda bilim adamı katıldı. Yukarıda da belirtildiği gibi, hareket buna benzer kısa vaadeli düzenlenen etkinlikler için maddi ihtiyaçları bir araya getirebiliyordu. Söyleşi yaptığımız kişiye göre uzun vaadeli yatırımlar sorun oluşturuyor: *'Nurcular çoğunlukla iş adamı değil. Bizim başka gruplar gibi çok paramız da yok. [...] O yüzden çok zorluk çekiyoruz. Maddi şartlarla sadece kısa dönemde yapılan programlar düzenleyebiliyoruz'* [L.T.]. Görünüşe göre maddi sorun nedeniyle, Nurculuk Hareketi büyük projeler gerçekleştiremiyor. Bu yüzden buna benzer etkinlikler, harektin içinde büyük çaplı etkinliklerin neredeyse tamamı. Said Nursi'nin ölüm yıldönümü için düzenledikleri anma programları ve bunun için Türkiye'den gelen kendi yazarları, istisna dışıdır. Burada popüler şahsiyetler Almanya'ya getiriliyor. Öncelikle salonda kamuya açık bir konferans yapılıyor. Konferansdan sonra, en yakın medrese de sohbet düzenleniyor. Bu ise teşvik etmeyi ve beraberliği kuvvetlendirmeye yarıyor.

Haziran 2000'de L.A'nın yönetiminde 'International Seminar Group' başlatıldı. Üniversite talebelerinden ve akademisyenlerden oluşan bu grub

2006'ya kadar üç ayda bir toplam 23 kere toplandı ve farklı toplumsal, güncel veya bilimsel konular, Risale-i Nur'la bağlantı kurulmaya ve yorumlanamaya çalışılıyordu. Seminerler bir kere İsviçre'de, üç kere Avusturya'da ve 19 kere Almanya'da yapıldı. Bu seminerlerde cemaatin elit tabakası yetiştirilmeye çalışılıyordu. Seminerlerin sorumlusu ise Nesil grubuydu. Katılımcılar ise farklı Nurcu gruplardan oluşuyordu. Zaman zaman farklı müslüman veya müslüman olmayan gruplardan katılımcılar da bulunuyordu. Şöyleşimizde L.A.'nın söylediğine göre amaç ise, öncelikle Nurcuların Avrupa'da gelişen nesli, hangi gruptan olduklarını ayırt etmeden, ve ondan sonra Risale-i Nur'la uğraşan akademisyenleri bir araya getirmekti. Bunun için seminer grubunu İstanbul'da ki sempozyumlarla kıyaslıyordu: *'Katılımcılar, doğunun ve batının edebiyatını birlikte analiz edebilmeli ve buna dayanarak günümüzün problemleri için çözümler üretebilmeli [...] Aynı zamanda Almanya'da ki ve Türkiye'de ki sempozyumlar için konuşmacılar yetiştirilecekti. Bize Avrupa'da yetişmis, Avrupa'nın kültürünü bilen ve Avrupa'nın problemleriyle uğraşabilen elemanlar lazım. Bu yüzden seminerlerimiz çok önemli' [L.A.].* O zamanları İslam University Rotterdam'da görev alan ve seminer grubun düzenleyicilerinden olan Prof. Dr. Bünyamin Duran, aynı hedefleri belirtmişti: *'Bizim hedefimiz müslüman ve entellektüel bir 'Leadership Gençliği' yetiştirmekti. Bu gençler hem geleneksel İslam edebiyatını, örneğin Gazali, Razi, Taftazani gibi, hemde modern müslüman alimlerinı, Said Nursi veya Muhammed İqbal gibi, tanımaları gerekliydi. Bu fikirleri modern bir hale getirip, batı filozofları, örneğin Kant, Weber, Marx, Hegel, Heidegger ile kıyaslamalıydılar. Böylece doğu-*

batı-sentezi oluşacaktı. [...] Batının ve doğunun ortak değerleri ortaya çıkarılacaktı. Çok kültürlü bir toplumda ortak noktalar bulunacaktı' [B.D.]. Böylece elit tabaka yetiştirmek umut ediliyordu. Sonradan müslüman olan ve seminerlerin sürekli katılımcılarından olan, Wolf D. Aries, neredeyse tamamen aynı hedefleri belirtti: *'Seminar Group diye adlandırılan grubun iki hedefi var: Birincisi cemaatin Almanya'daki entellektüel gücünü bir araya getirip, hem Risale-i Nur hakkında çalışmaları yoğunlaştırmak hem de günümüzün önemli konuları hakkında yeterli çalısmalar sağlamak. Yanı sıra bu elemanların toplumun çoğunluğuyla diyaloğu geliştireceği umut ediliyordu. İlerleyen senelerde yeni bir hedef daha eklendi. Grubdaki tartışmalar Bonn'lu sempozyumun ön hazırlığını üstlenecek ve böylece konuşmalar daha derinleşecek' [W.A.].* Fakat Aries hedeflerine tam olarak ulaşamadıklarını itiraf ediyor: *'Ne biri, ne de ötekisi başarıldı, çünkü sayıca az olan organizatörler, bu işi mesleklerinden artan zamanda gönüllü olarak yapıyorlardı. Bunuda yıllarca yapabilmeleri mümkün değildi. Ayrıca cemaatde doğan anlaşmazlıklar vardı. Bazılarının sadece etkili olmak istedikleri izlenimi kafalarda yer almıştı, yani kıskançlık arka plandaydı. Ayrıca Seminar Group herkese açıktı. Bunun neticesi ise, meraklı olan herkesin bu grubta mevcut olabilmesi idi. Böylece 'sıradan' kardeşimiz meraklıydı, fakat merakı tartışmanın entellektüel seviyesinde değil, o sadece Risale-i Nur okumalarına katılmak istiyor, fakat bu okunmalardan sadece kendine yararlı gördüğü kısımlardan ders almaya çalışıyordu. Aynen bu basamakta da profesyonelleşme'ye giden son adım eksikti, en azından idare edilen kısımda böyleydi'*

146

[W.A.]. Seminerlere daha sonra organizasyon sıkıntıları sebebiyle son verildi.

Ne sempozyumlar, ne de yazarların konferansları Nurcularda bir aşırı coşku uyandırmıyor. Efsanevi veya coşku içeren büyük etkinlik de yok (Tezcan, 2002, s.308; bkz. Tezcan, 2003 s.247). Diğer müslüman cemaatlerde olan Kur'an veya Hutbe yarışmaları gibi etkinlikler de düzenlemiyorlar.

2001'den beri var olan, ancak 2008'de kurumsallaşan 'İlim, Uyum ve Din' Derneği Bielefeld'de kuruldu. Çoğunlukla üniversite talebelerinden oluşan grub, yanı sıra Risale-i Nur eserlerinin almanca tercümelerinde görev alıyor ve üç ayda bir Ayasofya Dergisini çıkarıyor. Aynı grub Ocak 2011'de Almanya Başbakanı Dr. Angela Merkel ile görüşdü ve kendisine Risale-i Nur hediye etti. Ardından Başbakan Merkel kitaplar için mektup ile teşekkür etti. Şubat 2011'de ise 'İlim, Uyum ve Din' Derneği, ABD Başbakanı Barack Obama'nın danışmanı Rashad Hussain tarafından özel bir görüşme için davet edildi. Bu görüşmede kendisine Said Nursi'nin fikirleri anlatıldı ve Obama'ya ingilizce Risale-i Nur yollanıldı. Bu derneğin başka bir özelliği de almanca, ingilizce, ispanyolca ve fransızca Risale-i Nur dersleri yapmaları ve bunları 'Misawa TV' internet sitesinden yayınlamaları. Yine Almanya'da kurulan ve tüm grupların katıldığı 'Risale-i Nur Akademisyenler Platformu' bu grub tarafından yönetiliyor.

2012'den itibaren Prof. Dr. Ahmet Akgündüz önderliğinde Rotterdam İslam Üniversitesinde bütün gruplar senelik toplantı yapmaya başladılar. Daha fazla

Meşveret grubunun önderliğinde düzenlenen toplantıya Almanya'daki Nurculuk hareketinin tüm grupları da katılmaya çalışıyordu. Son senelerde bu toplantılar, katılımın az olması sebebiyle, gerçekleşmedi.

Almanya'daki her türk-sünni gruplarda olduğu gibi, Nurcular da memleketlerine büyük ilgi duyuyor. Onlar da Avrupa'da türk kimliğini muhafaza etmeye çalışıyorlar. Fakat bu gayret sınırlı kalıyor. Irkçılığın yayılmasına karşı azimli davranıyorlar ve Türkiye'ye sağlıklı bir bağlantıyı tavsiye ediyorlar.

6.1 Apartman Dairesinden Medrese'ye

İmanın kendisi değil, daha çok imanı bir arada faaliyetler halinde hayata geçirmek, birliği ve kimliği doğurur (Yavuz, 2004, s.135). Nursi'ye göre güncel hayatta imanı yaşamak bir temel idi. Yaşanan, bilinçli ve entellektüel olan bir İslamı hedefliyordu. Emirdağ Lahikasında şöyle yazıyor: 'Herbir adam eğer hanesinde dört beş çoluk çocuğu bulunsa kendi hanesini bir küçük medrese-i Nuriyeye çevirsin. Eğer yoksa, yalnız ise, çok alâkadar komşularından üç-dört zat birleşsin ve bu heyet bulundukları haneyi küçük bir medrese-i Nuriye ittihaz etsin. Hiç olmazsa işleri ve vazifeleri olmadığı vakitlerde, beş on dakika dahi olsa Risale-i Nur'u okumak veya dinlemek veya yazmak cihetiyle bir miktar meşgul olsalar [...]' (Nursi, 2001c, s.338). Dünyanın heryerinde yaklaşım aynı: Nurcular Nursi'nin eserlerini okumak için evlerde, dairelerde buluşuyorlar. Sohbetler düzenleniyor. Risale-i Nur okunuyor ve yorumu hakkında tartışılıyor.

Çoğu zaman haftada iki kere buluşuluyor. Yoğunlaşan sayıyla daireler yetmemeye başlıyor. Mecburen daha büyük mekanlar bulunması gerekiyor. Bunu da Nursi'nin yazılarıyla açıklıyorlar: 'Nur şakirtleri, mümkün olduğu kadar her yerde küçücük bir dershane-i Nuriye açmak lazımdır' (Nursi, 2001c, s.217, s.445; bkz. s.338). Böylece medreseler kuruluyor.

Yani medreseler, Nurcuların buluştuğu ve beraberce Said Nursi'nin eserlerini okuduğu, bilgi paylaştığı mekanlardır. Bu medreseler bağımsızdırlar. Yani kararlar diğer medreselerden bağımsız verilir. Medreseler ağı sadece bilgi paylaşımına yarıyor. Hareketin taraftarları haftada bir kaç kez medresede buluşup, böylece bir cemaat oluşturuyorlar. Bu yapıtlar Nurcular için aynı zamanda vahiy ve mantıkın birleştiği birer merkez[68]. Okunuşlar sohbet tarzında gerçekleşiyor. Güncel olaylar Nursi'nin bakış açısından, daha doğrusu onun eserlerinden yola çıkılarak yorumlanıyor. Burada Risale-i Nur'un rolü, anlam kazandırmak. Okuyanlara bir davranış biçimi sunuyor. Bu şekilde Nurcular kendi dini ve sosyal kimliklerini oluşturuyorlar ve duygusal paylaşımı sağlıyorlar (Yavuz, 2004, s.140, 145). Bu mekanlardaki buluşmalar büyük bir önem taşıyor, çünkü eserleri anlamaya bir katkıda bulunuyor. Ayrıca Nursi'nin eserleri alışılmamış bir dilde yazılmış ve bu yüzden daha basit bir açıklama gerektiriyor. Kendisi gündelik türk dilini kullanmıyordu[69]. Medreselerde bir

---

[68] Nurcular cami kurmazlar.

[69] Bu yüzden bazı yayınevleri, sayfanın veya kitapların sonunda sözlükler bastırıyor (örneğin Nesil ve Yeni Asya). Yani Nurcular dil değişikliğini göz ardı etmiyorlar.

araya gelip, Risale'leri beraberce okumak, hareketin temellerinden biridir[70]. Aynı zamanda sosyal ağların oluşturulması bu çemberle de kolaylaştırılıyor. Üniversite talebeleri, üniversite zamanlarında medreselerde kalmaları mümkün olabiliyor. Bu sayede entellektüel tabaka oluşturuluyor ve Nursi'nin ahlak anlayışı toplumda yerleştiriliyor (bkz. Yavuz, 2004, s.136ff).

Almanya'da daireler küçük gelmeye başlayınca medreseler ihtiyaç olmaya başladı. Almanya'da ilk Risale-i Nur Medresesi 1971'de Remscheid'da kuruldu. İçinde iki işçinin oturduğu bir daire kiralandı. Bu daire Risale okumaları ve ibadetler için kullanılıyordu. Birkaç ay sonra Köln Stammheim'da bir Medrese daha kuruldu. Köln'de ki cemaat burada iki sene kaldıktan sonra, 1973'de Köln Südtstadt'da Rolandstraße'ye taşındılar. 14 Ocak 1979'da Köln'de 'Jama'at-un Nur Köln' dernek olarak kuruldu. 1986'da Köln'deki cemaat Köln Mülheim Neutraße'deki evi birçok zahmetle satın alınmıştı.

1980'lilerin başında Almanya'nın yaklaşık 30 şehrinde bir medrese vardı[71]. Bunların arasında Bremen,

---

[70] 'Açıklamak' da anlamanın ve anlatmanın subjektif şekli olduğu için farklı yorumlar ortaya çıkabiliyor. Bu farklılıklar ne kadar büyük ve önemliyse, grublardaki ayrılıklar da daha çok meydana çıkıyor.

[71] 2021'e gelindiğinde Almanya'da yaklaşık 50 farklı şehirde 75 medrese var: Ahlen, Aschaffenburch, Augsburg, Berlin, Bielefeld, Bremen, Bochum, Cuxhaven, Dietzenbach, Dortmund, Duisburg, Düsseldorf, Frankfurt, Freiburg, Gustavsburg, Hagen, Hamburg, Hanau, Hannover, Heinsberg, Hückelhoven, Kaiserslautern, Karlsruhe, Kassel, Köln, Krefeld, Lemgo, Mainz, Mannheim, München, Mönchengladbach, Nettetal, Neuss, Nürnberg, Neu-

Duisburg, Düsseldorf, Frankfurt am Main, Hamburg, Hannover, Köln, Lemgo, Lübeck, Mainz, Mannheim, Mönchengladbach, München, Neumünster, Peine, Pforzheim, Remscheid, Stickendorf, Stuttgart ve Ulm medreseleri vardı. Fakat medreselerin çoğalması kötü bir etki yapmıştı. Hareketin temeli olan, kendi evlerdeki Risale-i Nur dersleri gittikçe önem kaybediyor ve Almanya'nın bir çok şehrinde tamamen kaldırılıyordu. Artık dersler bir çok yerde sadece medreselerde gerçekleşiyordu.

Medreselerde eserlerin beraber okunması ve peygamberimizin sünnetine dayanan namazdan sonra yapılan uzun tesbihat, Nurculara atanabilecek tek gelenektir. Fakat bu tesbihatlar başka cemaatlerin camiilerinde yapılmıyor, sadece medreselerde veya cemaat mensuplarının kendi evlerinde yapılıyor. Başka yerlerde olunduğu zaman her camide yapılan bilindik kısa tesbihat yapılıyor.

Sohbetler Sokrat'ın konuşmalarını hatırlatıyor[72]. Bir grub insan etik, ahlak, iman ve ahireti tartışmak için buluşuyor. Medreselerdeki bu okumalarla ilgili iki örnek verilecektir:

Almanya'da küçük bir şehirde, bir dairede yapılan Risale sohbetinden bir örnek: Daire bir türk ailesine ait. Adam serbest çalışan, kadın ise ev hanımıdır.

Ulm, Neustadt, Neuwied, Offenbach, Osnabrück, Peine, Rahden, Ratingen, Recklinghausen, Solingen, Speyer, Stuttgart, Unkel am Rhein, Wetzlar ve Wittlich (bkz. 15. Ek).

[72] Nursi'nin eserlerinde de Sokrat'ın soru sorma metodunu görüyoruz. Nursi önce soru soruyor, ardından cevaplıyor.

Ev çok sade yerleştirilmiş. Sohbetin yapılacağı odada büyük bir kitaplık duruyor. Oda'da televizyon yok. Saat beşte sohbet başlayacak. Saat tam beşte üç kişi (ben hariç) dairede mevcutlar. Dairenin sahibi, bir talebe ve 50 yaşlarında bir adam. Her iki ve üç dakika'da bir kapının zili çalıyor. Yeni misafirler geliyor. Bazen 7 yaşında bir çocuk, bazende daha yaşlı biri geliyor. Yeni bir misafir geldiğinde, mevcut olan misafirler ayağa kalkıyor, yeni misafirle tokalaşıyorlar, sarılıp selam veriliyor ve tekrar yerlerine oturuyorlar. Bu selamlaşma serüveni her yeni gelen misafir için tekrarlanıyor. Katılımcılar birbirlerine nadiren isimleriyle hitap ediyorlar. Daha çok 'ahi' (arapça: kardeş), 'şakirt' veya talebe anlamına gelen terimler kullanılıyor. Yaklaşık saat 17:15'de daire'de 14 erkek bulunmakta. Herkes kendi arasında farklı konular hakkında konuşuyor. Çoğunlukla türkçe konuşuluyor. Gençlerden biri: 'Evet, başlayalım mı?' diye soruyor. Birkaç kişi birbirlerine bakıp, soruya evet diye cevap veriyorlar. Yavaşca ortam sessizleşiyor. Ev sahibi kitaplığa gidip Said Nursi'nin birkaç eserlerini alıyor. Odanın ortasında duran masaya koyar. Önce hiçbirşey olmuyor. Herkes birbirine bakıyor. Ötekilerden daha çok bilgisi olduğu var sayılan ev sahibi gençlerden birine bakarak 'Bugün sen okumak istemez misin?' diye soruyor. Genç biraz çekinip cevap veriyor, 'Ben geçen hafta okumuştum.' Kimin okuyacağına dair kısaca gidip gelindikten sonra, bir üniversite talebesinde karar kılınır. Nursi'nin eserlerinden birini ele alır. Ve şimdi de kitapta ki hangi parçayı veya kısmı okuyacağına dair düşünülür. Hz. Yunus Peygamber hakkında olan bir kısıma karar verilir. Üniversite talebesi seslice okumaya başlar. Birkaç cümleden sonra duraklar ve okuduğu kısım hakkında yorum yapmaya başlar. Ev sahibi güncel hayattan bir kaç örnek vererek yazılan ve okunanı desteklemeye çalışır. Sonra devam okunur. Her yeni paragrafdan sonra açıklamaya ve yorumlamaya çalışılıyor. Hz. Yunus'un bir balık tarafından yutulduğu söylenilen bir yerde, gerçekten bir yunus balığı mı yoksa balina tarafından mı yutulduğuna dair tartışılır. Katılımcılar arasında küçük bir tartışma başlıyor ve sonuç olarakda daha sonra mevzunun araştırılacağına kararı verilir. Yaklaşık 40 dakika sonra üniversite talebesi okuma'yi bitiriyor. Katılımcılar sessizce Fatiha[73] suresini okur. Ev sahibi mutfağa gidip bir çay tepsisiyle geri döner. Misafirlere çay ikram eder. Birkaç genç ona yardımcı olur. Daha sonra yemek de ikram edilir. Katılımcılar tekrar kendi aralarında konuşmaya başlar. Yaklaşık yarım saat sonra, ki bu bir teneffüs olarak değerlendirebilinir, tekrar aralarından biri, 'Devam okuyalım mı?' diye sorar. Devam okumaya karar verilir ve bu sefer biraz daha yaşlı bir adam okur. Bu okunma da yukarıda anlatılan örneğin aynısı gibi gerçekleşir. Fakat bu okunuş daha kısa sürer. 20 dakika sonra okunuş geleneksel bir şekilde Fatiha'yla bitirilir. Bu okunuşdan sonra haftaya sohbetin kimde okunulacağı konuşulur. Genç bir adam misafirleri haftaya kendi evine davet eder. Bundan sonra bir çoğu vedalaşıp daireyi terk eder. Birkaçı ise kalır ve sohbet ederler. Toplamda buluşma iki saat sürmüştür.

İstanbulda'da büyük bir medrese'de yapılan Risale sohbetinden bir örnek:
Saat 20.25'de yaklaşık 200 erkek dinleyici, İstanbul'un merkezinde olan iki katlı bir medresenin

---

[73] Fatiha Suresi genellikle dini sohbetlerden sonra okunur.

150m²lik odasında oturuyor. Sürekli yeni katılımcılar geliyor. Türkiye'nin her tarafından ziyaretçiler var, bazıları yaz tatili boyunca bütün İstanbul'u gezip medreselerin birinde kalıyorlar. Sarılmak, selamlaşmak ve gülümsemekten oluşan nezaket geleneği burada da uygulanıyor. Oda'da sadece 9 tane 4 kişilik koltuk bulunduğu için, katılımcıların bir çoğu bağdaş kurarak yerde oturuyor. Bir kaçı oda dolduğu için koridor'da oturuyor. Duvarlar'da üç büyük resim asılıdı. Biri Mekke'de kaabeyi gösteriyor. Diğeri peygamberin Medine'deki Mescidini gösteriyor. Sonuncusu ise güzel bir manzarayı. Said Nursi'nin kitapları, bir kaç Kur'an ve dini kitapların bulunduğu küçük bir kitaplık odanın bir köşesinde duruyor. Bunun haricinde oda çok sade ve basit tutulmuş, fazla eşya bulunmamakta. Avrupa'dan birkaç ziyaretçi hatıra olarak resim çekiyorlar. Özellikle Said Nursinin talebesi olan Mehmet Fırıncı'nın resmini çekiyorlar. Fırıncı, birkaç tanınmış yazar ile beraber medresede bulunuyor. Katılımcıların ortalama yaşı 25-35 olarak tahmin ediyorum. Katılımcılar şık giyinmiş. Bir çoğu takım elbise ve kravatla. Neredeyse hepsinin Said Nursi gibi bir bıyıkları var. Sakallı olan çok azdır. Saat 20.45'de akşam namazı beraber kılınıyor. Akabinde Mehmet Fırıncı tarafından bir Risale-i Nur sohbeti yapılıyor. Bu kısa sohbet yaklaşık 25 dakika sürüyor. Okunuş sırasında birkaç dinleyici söz istiyor. Fakat bu yoğun kalabalıkta birşey demeye çok az kişi cesaret ediyor. Sadece yazarlar farklı kısımlar hakkında fikirlerini söylüyorlar. Konu ise, kişinin bir yaratıcıyı tanıdıktan sonra huzura ve saadete erişeceğidir. İnsan 'kimsem yok' dediğinde yanlızlık hisseder. 'Beni kimse dinlemiyor, beni kimse anlamıyor' durumundan sadece Allah'a güven (tevekkül) ile kurtulabilinir, çünkü

Allah'ın kişiyi duyduğu, gördüğü ve anladığı bilinci yerleşir. Bu konudan soyal konulara geçilir: *'Zenginler arasında intihar oranı oldukça yüksek. Yani para mutluluğun kaynağı olamaz'* [J.K.]. Mehmet Fırıncı sohbeti bitirince, Manisalı bir misafir kitabı alıyor ve yeni bir okuma başlıyor. Bu sefer ise konu daha çok fen bilimleriyle ilgili. Konunun özeti, Yaradan'ın evreni, insan için kusursuz yaratmasi, ki insan içinde kolayca yaşayabilsin. Dünya ekseninin 23,5 derece eğimi, yıldızların düzeni, güneşin dünyaya mesafesi insanlar yaşayabilsin diye, Allah'ın kurduğu bir nizam ve intizam ve yaradılışa emri olduğu konu ediliyor. Dünya Yaradan'ın şekillendirdiği bir bahçe olarak anlatılıyor. Bu sohbette bilimin ve dinin birleşimi, Said Nursi'de de olduğu gibi, belli oluyor. Fen bilimleri Allah'ın vahiylerini desteklemek için kullanılıyor. Bu okunuş saat 22.10'da bitiyor. Bundan sonra içilen çayın hesabı yok. Medresede kalan gençler, mutfaktan çay, sebze ve meyve hazırlayıp misafirlere ikram ediyorlar.

Sohbetlerde kadınlar ve erkekler ayrı odalarda bulunuyorlar. Nursi'nin talebelerinden mevcut olduğu sohbetlerde Nursi'yle yaşadıkları anılar anlatılıyor. Bazen sohbeti yapanlar kendi hayatlarından birkaç hatıra anlatıyor. Hatıra anlatmak, sık kullanıldığı için, sohbetlerin önemli bir parçası haline gelmiş. Böylece beraber paylaşılan değerler sağlamlaştırılıyor. Sohbetleri her zaman aynı kişi veya katılımcıların bilgisine güvendiği kişi yapmıyor, bilakis her seferinde yeniden belirleniyor. Kimin sohbeti yapacağıyla ilgili önemli bir kriter yok. Yani Nurcularda okunuş ve eserlerin yorumlamasından oluşan karizmatik konuşmalar, sadece seçilmiş birkaç kişinin hizmetine sunulan kısıtlı bir değer değildir. Bu yüzden bir üstünlüğün oluşması veya tekrar yapılanması mümkün değildir (bkz. Hüttermann, 2002, S-226-228). Bazen talebelerin de sohbetlerde sunum yaptığı oluyor.

Nezaket ritüellerinin sohbette sıkı bir yeri vardır. Goffman (1967) sayesinde biliyoruz ki, buna benzer gelenekler dini duyguları sıkılaştırır. Örneklerde aktarıldığı gibi büyük çaplı bir selamlaşma yapılıyor. Yeni gelen bir misafir için herzaman ayağa kalkılıyor. Yeni misafire sarılıp, öpülüp, gülümseniyor. Katılımcıların hepsi biribirine 'kardeş' ve 'abi' diye hitap ediyor. Risale-i Nur'u kim okuyacağı sorusuna gelindiğinde genelde çoğunluk kendisini geri çekiyor. Genellikle kimse gönüllü okumak istemiyor. Çünkü bu 'küstahlık' olarak nitelendirilebilinir. Geri çekilmek ise 'mütevaziliğin' işaretidir. Sohbetten sonra ise çay ve yemek ikramı yapılıyor. Burada da makamlar yoktur (bkz. Hüttermann, 2002, s.197). Bütün 'kardeşler' ucundan tutup hizmet ediyorlar.

Katılımcıların sayısı herzaman farklı. Şehirden şehire değişiyor ve tam olarak belirlenemiyor[74]. Bu katılımcılar tarafından ise büyük bir avantaj olarak değerlendiriliyor: *'Bizim gücümüz, kapımızın herkese açık olmasından kaynaklanıyor. Herkes gelebilir. 'Neden geldin?' veya 'Hangi gruba ayitsin?' diye sormuyoruz, bu hiç önemli değil. Sohbetlere katılabilmek için Nurcu bile olmak gerekmiyor'* [P.E.]. Sohbetlerde her hangi bir

---

[74] Zarcone (2004, s.286)'nin yaptığı tahmine, yani Türkiye'de 5-6 milyon katılımcının olduğuna, büyük kuşku duymaktayım. Çünkü sohbetlere katılımcıların hesaplanamayacağını düşünüyorum.

ayrımcılık yok. Yani kimse dışlanmıyor. Böylece başka dini grupların taraftarları da Nurculuk Hareketinin sohbetlerine katılabiliyor[75]. Eğer sohbetlerde yeni bir kişi mevcut ise, herkesin kendini kısaca tanıttığı bir tanışma faslı düzenleniyor. Nurcu grupların olduğu her yerde neredeyse her cumartesi bir sohbet düzenleniyor. Bu neredeyse bütün dünya'da böyle olduğu için Nurculara bir birlik duygusu sağlıyor. Bu şekilde sohbetler beraberce yapılan bir tören haline geliyor. Sohbetlerin yapıldığı yer önem taşımıyor. Söyleşi yapılan kişiler, Risale-i Nur sohbetinin yapılabileceği bir çok mekan ve durumdan bahsediyorlar: Otobüste, okula veya işe giderken, otel'de tatildeyken, herhangi bir faaliyette tenefüsteyken, parklarda vs.

Almanya'da ki Risale-i Nur sohbetlerinin dili genellikle türkçe'dir. Çok az medresede almanca olarak düzenleniyor. Çünkü Almanya'da ki yeni müslüman nesil kendilerini alman kimliğine daha yakın görüyorlar. Said Nursi'den bir sohbetin nasıl yapılabileceğine dair bir bilgi yok. Fakat gruplar arasında iki farklı şekil oluşmuştur:

- Yukarıda aktarılan örneklerde Risale-i Nur'un kısımları hakkında yorumlamanın ve tartışmanın serbest olduğu sohbet şekli gösterildi. Fakat sadece hep bir kişi Risale'yi okuyor. Tartışmaya

---

[75] Bu İslam'ın bir özelliğidir. Müslüman cemaatler, hıristiyan kilisesi veya cemaatinden farklıdır. Ayrıcalıklılık yoktur. Farklı düşünceler kabul görür – fakat dini vecibeler paylaşılır ve bu yüzden ilke olarak her camide ibadet edilir (Schiffauer, 2000, s.149).

ise herkes katılabilir. Yeni Asya ve Nesil grubu bu şekilde uyguluyor.

- İkinci şekil ise her katılımcı sırasıyla bir kısım okuyor. Kitap ise elden ele sıradakine veriliyor. Bir tartışma veya yorumlama yapılmıyor. Genelde Meşveret grubunda uygulanıyor.

Okunuşlarda ki tartışmaların düzenlenmesi de ilginçtir[76]. Kullanılan delillerin başında Kur'an ve peygamberin sünneti ilk sırada duruyor. Bu farklı bir şekilde beklenilemez zaten, ki bu her İslami grubta böyledir. Bundan hemen sonra ise Risale-i Nur gelmez, bilakis Asr-ı Saadet'den ve Sahabelerin hayatından hikayeler yer bulur. Tekrar tekrar bu asırdan hikayeler veya büyük İslami şahşiyetlerin hayatından örnekler delil olarak kullanılıyor. Ondan sonra ise Risale-i Nur yerini alıyor. 6000 sayfanın hepsi satırı satırına bilinir. Nerede ne yazıldığını iyi bilen bir kişi, tartışmalarda büyük bir avantaj sağlayabilir[77]. Bu delil zincirinin dört halkasına bir tartışmada kullanmaya gayri resmi anlaşılmıştır. Ayrıca bu eserlerden günümüzün problemlerine bir çözüm bulunulmaya çalışıldığı için, İslami tartışmalar insanların güncel hayatları için büyük bir önem taşımaktadır (Agai, 2004, s.66). Mantıklı yollar ve modern iletişim araçları ile Nurcular'da İslami tartışmalar ve söylemler her zaman mevcut kalıyor.

---

[76] Bir tartışmanın analizi bu çalışmanın amacını aşar. Bu yüzden sadece kısaca değineceğiz.

[77] Söyleşimizlerde çoğu zaman doğrudan Said Nursi'den alıntı yapılıyor veya eserlerinden okunuyordu.

Sohbetlere katılmanın birey için bir ağ'da ne gibi bir işlevi olduğu, gelecek bölümde anlatılacaktır.

6.2 Ağlaşma

Nurcuların ağının nasıl çalıştığını analiz etmeden önce, Almanya'da hangi grupların mevcut olduğuna bakmamız gerekiyor. Buna binaen, sonunda ağlaşma sorusu cevaplandırılacaktır. Örnek olarak ise Yeni Asya ve Nesil grupları kullanılacaktır.

6.2.1 Almanya'daki Gruplar

Almanya'da da Türkiye'deki gruplardan oluşan farklı Nurcu grupları mevcut. Bilhassa Yeni Asya, Nesil ve Meşveret Grubu Almanya'da aktifler. Diğer gruplar kamuoyunda fazla yer almıyor, ya hiç yok, ya da azınlıkta olup, daha büyük gruplara uyum sağlıyorlar. Gruplar arasındaki iletişim Almanya'da, Türkiye'de olduğundan daha iyi. Rüstem Ülker bunu söyleşide açıklıyor: *'90'ların sonlarında gruplar birbirine çok uzaktı. Fakat şu an ulaşılan nokta, çok iyi. Medresenin hangi gruba ait olduğu bir önem taşımıyor. Her medreseye gidilip, beraber ders ve programlar yapılıyor. Hatta bazı şehirlerde medreseler ortakça idare ediliyor. Bu yüzden grupları biribirinden ayırt etmek artık çok mümkün değil' [R.Ü.].* Daha önce de belirtildiği gibi, Türkiye'de ki ayrılımlar Almanya'da büyük bir etki oluşturmadı. Almanya'da Nurcular bir azınlık oldukları için beraberlik duygusu daha kuvvetli olup, ciddi bir şekilde ayrılmaları imkansız oluyordu. Ayrıca Nurcular çok yaygın değildi ve her köyde bir medreseleri yoktu, bu yüzden şehirlerde ayrılık pek anlamlı olmuyordu. Örneğin bazı bölgelerde gruplar ortakça Said Nursi Anma Programları düzenliyorlar.

Almanya'da bulunan grupları analiz edelim:

- **Yeni Asya**

  Yaptığımız söyleşilerdeki kendi açıklamalarına göre Avrupa'da 36 medrese, bunların 16'sı Almanya'da, Yeni Asya'ya ait. Bunun dışında medrese olmayan, fakat daire ve evlerde buluşup Risale-i Nur sohbeti düzenlenen bir çok şehir var.

  En etkili grub ise Ahlen şehrindeki cemaat. 'Almanya Müslüman İzcileri' (Bund Moslemischer Pfadfinder e.V.) yapılanması da bu gruba ait.

  Aynı zamanda Avrupa baskısı olan haftalık 'Yeni Asya International' Gazetesi çıkarılıyor ve Ahlen'deki grub tarafından dağıtılıyor.

- **Nesil**

  Nesil grubuna bütün Almanya'ya dağılan 12 medrese ait. Bunun haricinde bir medrese Londra'da, bir tane Rotterdam'da ve üç tane Viyana'da mevcut. Burada da birçok yerde bir medresenin olmadığı söz konusudur ve bu yüzden özel dairelerde buluşulmaktadır.

Nesil grubu 2005'den itibaren Almanya'da medreseler arası bir düzen kurmayı başardı. 1979'da Köln'de kurulan 'Jama'at-un Nur Köln' de Nesil'e aittir. Daha önce çıkırılan ve baskısı durdurulan dergi 'Nur – Das Licht'i Nesil grubu çıkarıyordu. Ayrıca Köln'de bu grub 'Sözler' yayınevi için Risale-i Nur'un almanca tercümesinden sorumlu. Nesil grubu akademisyenler arası etkin. İlk defa 1999'da organize edilen 'Said Nursi Almanya Sempozyum'unu ve daha önce bahsettiğimiz 'International Seminar Group'u Nesil grubu düzenliyor.

Nesil'e bağlı olan medreselerin Almanya'daki çatı derneği ERNA (European Risale-i Nur Association) Temmuz 2013'de kuruldu. Öğrencilere yönelik hizmet ise 'ERNA Gençlik' (eski adıyla 'Net Nesil') adı altında yapılıyor.

- **Meşveret Grubu**:

Meşveret grubu Almanya'da da mevcut. Aschaffenburg'da merkezleri olan ve 1995'de kurulan 'Bediüzzaman Said Nursi Kültür Vakfı' bu gruba ait.

Almanya'da toplam 18 medreseleri var. Büyük bir grub olmalarına rağmen kamuda görünmüyorlar.

- **Almanya'da diğer gruplar:**

  Almanya'da diğer Nurcu grupları (bkz. bölüm 5.4) yok denilecek kadar azlar.

  Bochum'da küçük bir grub Hüsrev Altınbaşak'a bağlılar.

  Aynı şekilde 1967'de Alkonavi tarafından kurulan dernek, günümüzde Nurculuk Hareketinin içinde fazla bir önem taşımıyor ve fazla da tanınmıyor.

  Abdullah Yeğin'in mensupları Almanya'nın yaklaşık 9 şehirinde mevcut.

6.2.2 Ağlaşma Çalışmaları

Türkiyede'ki birçok medrese oldukça yoğun bir şekilde beraber çalışıyorlar. Her medrese kendisini Nurculuk Hareketinin bir parçası olarak kabul ediyor. Bir Nurcu, hangi gruba bağlı olduğu fark etmeden, istediği her zaman herhangi bir medrese'de ister geceleyebilir, ister sohbete katılabilir. Gazeteci Fred Reed, Said Nursi'nin izinde bütün Türkiye'yi gezip, düşünülebilecek her yerde bir medresede kalma imkanı bulmuş (Reed, 1999). Türkiye'de yaklaşık 20.000 medresenin olduğundan yola çıkıldığı zaman (Turgut, 19.01.1997), her Nurcu için birçok imkan açılıyor, ki buda sosyal sermayenin bir göstergesidir.

162

Almanya'daki yapı Türkiye'deki gibi değildir. Bu yüzden Alamanya'daki medreseler çoğu zaman Türkiye'deki 'abilerinin' yardımına ihtiyaç duyuyorlar. Bunlar ise farklı sebeplerlele, örneğin sempozyumlar, konferanslar veya Ramazan ayı için Almanya'ya geliyorlar. Medreseden medreseye gidip, orada ki mensuplara belirli bir motivasyon sağlıyorlar. Almanya'da sıkça bulunanlardan biri Türkiye'de ki ve Almanya'da ki hareketin farklılıklarını şöyle anlatıyor: *'Almanya'da büyük bir sorun var: Birlik eksik. Buradaki medreseler bir birlik oluşturmuyorlar. Kendi aralarındaki irtibat çok zayıf. Bu herhalde Almanya'da ki sosyal yaşantıdan kaynaklanıyor. Burada bütün gün planlanılmış. Kişi ise gidiyor, eve geliyor, dinleniyor, yemek yiyor ve yatağa gidiyor. Ertesi gün yine aynısı [...] Ayrıca gençler bir anlaşılma sorunu çekiyorlar. Türkçeyi çok güzel konuşamıyorlar. Bilhassa Risale-i Nur'u anlamıyorlar. [...] Almanya'da ki hareket Anadolu'da ki kardeşlerle başlatıldı. Fakat burada uyum sağlayamadılar ve hareketi yayamadılar. [...] Bizim bir liderimiz yok. Bu yüzden istişarelerimiz var, kararları beraber veriyoruz. Fakat bu da Almanya'da tam olarak işlemiyor. Bu konuda daha çok çalışılması gerekiyor'* [R.B.].

Nesil grubuna ait olan medreselerin iletişimini güçlendirmek için 2005'den beri Almanya'da ki çalışmalara bir düzen sağlamaya çalışıyorlar. İstanbul'dan bu istişarelere katılan birisi söyleşide Almanya'ya gelmelerini şu şekilde yorumluyor: *'Nesil grubuna ait olan medreseler tabiki bizim için önemli. Fakat elbette İstanbul'dan gelip 'Arkadaşlar, gelin bir istişare heyeti kuralım' demiyoruz. İstek Almanya'dan*

163

geliyor. *Her seferinde Almanya'da ki ortak calışmanın olmadığını ve kardeşlerimizin şevkleri kalmadığını duyuyoruz. Bizde medreseleri bir araya getirmeyi teklif ettik. Biz görev vermiyoruz. Onların patronları da değiliz. Biz sadece aracıyız. Biz sadece 'işleri' tekrar yola sokmaya uğraşıyoruz'* [Y.K.]. Nesil grubu bunu iki yoldan denedi. Birinci yol, medreseleri ortak çalışmaya teşvik etmek. Bunu da kendi yazarlarını Almanya'ya getirterek yapıyor: *'Bizim için sevilen bir yazarın Türkiye'den gelmesi değişiklik oluyor. Kitapları okunmuş... ve yazarın ta kendisi geliyor. Bizim gibi o da medresede diz çöküp Risale'yi okuyor. Yani biz aynıyız. Aynı seviyede demek istiyorum [...] Ondan sonra yazarla birlikte aynı arabada başka medreselere gidiliyor ve oradaki kardeşler ziyaret ediliyor... Oradanda başka bir medreseye. Böyle faaliyetler bizi bir araya getiriyor. Ve sonra yazar Türkiye'ye geri döndüğünde, o medreselerle iletişim halinde kalıp misal olarak beraber sohbetler düzenliyoruz. Veya başka hangi yazarın gelmesini istişare ediyoruz"* [O.S.]. İkinci yol ise, Almanya'da kurulan bir istişare heyeti sayesinde bir düzen sağlamak. Bu heyet, Avrupa'da ki Nesil'e ait medreselerin insanlarından oluşuyor ve her altı ayda bir buluşuyor. Bu heyette farklı kararlar alınıyor veya iş dağılımı yapılıyor. Fakat burada medreselerin yerel işlerini ilgilendiren kararlar verilmiyor. Medreseler bağımsız ve kendi kararlarını veriyorlar. Fakat Türkiye'de ki yapının Almanya'ya aktarılması problemleri birlikte getiriyor. Özellikle organizasyon anlayışı farklı. Ayrıca Almanya'da olan farklı standartlar, şartlar ve beklentiler ve Türkiye'de geçerli olan çözümlerle her zaman uyum sağlamıyor. Bunu aşabilmek için Nesil grubu bir sekreterya heyeti kurdu. Almanya'da yaşayan

Nurculardan oluşan bu sekreterya, Avrupa'da ki medreselerin düzenlenmesini üstleniyor. Bu şekilde Nesil medreselerin faaliyetleri daha iyi bir şekilde düzenlenebiliyor. Bu çabalar sayesinde bit kaç senelik maaşlı bir eleman istihdam edildi, 2012'de bir icra heyeti kuruldu ve ardından Temmuz 2013'de tüm Nesil gruplarını temsil eden bir çatı kurum (ERNA – European Risale-i Nur Association) kuruldu.

Yeni Asya grubu da Almanya'da daha düzenli çalışmayı hedefliyor. Ayda bir kere, medreselerin vekillerinin bir araya geldiği bir istişare düzenleniyor. Senede üç kere Avrupa istişare heyeti toplanıyor. Senede iki kere ise, Ahlen'deki medresede, bütün Avrupa'dan yüzlerce gelen Nurcular toplanıyor. Yeni Asya gazetesinden yazarlar bu toplantıya katılıp beraberce Risale-i Nur okunuyor.

Nurcu harekti pozitif bağlantılı bir ağ (Jansen, 2003, S. 164). Yani bir kişiyle olan bağlantı, başka bir kişiye bağlı olma ihtimalini yok etmiyor. Bağlantılar çoğaldıkca daha çok imkanlar elde edilebiliniyor. Yani Almanya'da ki medreseler için Türkiye'den birkaç grubla beraber çalışmak, sadece bir gruba bağlanmaktan daha avantajlı. Bu bir Nurcu için daha çok alternatife sahip olduğu anlamına geliyor. Yani bu şekilde hem bir grubun ağ'ını, hemde başka bir grubun bağlantılarını kullanabiliyor. *'Ben kendimi belirli bir gruba bağlı görmüyorum. Yani burada başka bir grub (başka bir Nurcu grubu; Yazarın Notu) olsaydı, aynen onlara da bağlanır ve medreseye giderdim. Benim için hiç bir problem olmazdı'* [S.D.]. Sınırlar akıcı olduğundan Nurculuk Hareketinde bu mümkündür. Bir gruba ait olan bir medresenin içinde sadece bu gruptan mensupların bulunduğu çok nadirdir. Çoğunlukla başka gruplardan kişilerin bulunmasına tahammül edilir. Fakat sadece Risale okunduğu ve yorumların, siyasi manada grupların farklı görüşlerini ifade edecek şekilde olmadığı şartıyla. Aynı şekilde bilinçli bir şekilde belli bir gruba bağlananlar da var: *'Başka grupların siyasete karışması bana uymuyor. Üstad yapmamış ki. Anlamıyorum. O yüzden buradayım. Ve orada değil. Elbette onların sohbetlerine de arada bir katılıyorum. Fakat sıkca orda değilim ve siyasi fikirlerini paylaşmıyorum'* [H.K.].

Sohbetler için medreselerde ki buluşmalar çok önemli. Bağlantılar burada sosyal sermaye olarak sayılıyor. Böylece herkes kendi bilgi ve sosyal ağını kurabiliyor. Beraberlik ve güven burada aktarılıyor. Teori kısmında belirtildiği gibi, bir insan herkese güvenemez. Bir ön seçim mecburidir (bkz. bölüm 3.3). Nurculuk Hareketinde düzenli bir şekilde sohbetlere katılanlara güven sağlanıyor. Sadece bu şekilde bir beraberlik oluşuyor ve katılımcılar bağlantılardan bir avantaj elde edebiliyor. Sadece, düzenli katılan, sosyal bağlantılarını koruyan ve sosyal alış verişte fark edilen, bir sosyal yatırım elde edebilir. Bunun için ise sohbetlerin ardından yapılan çay faslı aynı fikirlere sahip kişileri tanımak için bir fırsatdır. **Bu yüzden bu toplantılar 'adreslerin' buluştuğu bir üst seviye niteliğinde** (bkz. bölüm 3.3). Her tabakadan, ırktan ve meslek dalından farklı insanlar burada buluştuğu için, herkesle bağlantı kurmak için büyük bir fırsatdır. 'Bağlantıların sıklığından ve farklı hizmet yönlerinden dolayı çok sıkı bağlantılar doğuyor, ki bunlar birey için ekonomik bir avantaj haline bile gelebiliyor. [...] Cemaat üyesi'nin talep edebildiği dayanışmanın ölçüsü ise grubta ki konumuna bağlıdır. Dolayısıyla bu konum ise, kendi hayatını cemaatinin hizmetine adamanın, cemaatin meseleleriyle uğraşmanın ve cemaatin içinde çeşitli bağlantılar kurmaya ve korumuya bağlı' (Agai, 2004, s.68) Yani bu ağ katılımcıları için pratik kullanıma sahip. Karşılıklı bir yardım hizmeti sunuyor, bunun içerisinde maddi destek de dahildir. Araştırma için gözlemlerimizde katılımcıların 'weak ties' (bkz. bölüm 3.3) sayesinde staj yerleri, daireler, borçlular için maddi destek, hastalara destek ve bürokratik meselelerde çözüm bulduklarını izledik. İmkanların çapı oldukça geniş. Karşılığı manevi sorumluluk olarak cemaate hizmet etmek idi (bkz. bölüm 8.2; bkz. Schäfers, 2003a, s.99ff).

Bu bağlantılarda birkaç kişi aracı vazifesini ('Broker'; bkz. bölüm 3.2) üstleniyor. Aracılar bağlantıların merkezinde olduklarından grupları birleştiriyor ve iletişimi sağlıyorlar. Bu sayede gruplar birbirleriye bağlantılı oluyorlar. İlginç olan ise internet, Almanya'da ki grupların iletişimi için kullanılmıyor.

Nurcu ağı çok sıkı bir ağ. Bilgilerin paylaşımı ve iletişim çok yoğundur. Bu ise ağ'ın sağlamlığını gösterir. Ayrıca medreselerde ki bağlantıları 'weak ties' (bkz.bölüm 3.3) olarak değerlendirebiliriz. Her seferinde sohbetlerde yeni kişiler bulunabilir ve bunlar yeni bilgiler sağlayabilirler. Böylece hareket sahası genişletiliyor. Bu yüzden düzenli bir şekilde sohbetlere katılmak, ağı kullanabilmek için önemli bir etkendir.

Nurculuk Hareketine katılmanın sebepleri çok farklı olabiliyor: *'Annem ve Babam Nurcu. Ben hareketin içinde büyüdüm'* [*T.A.*]'den *'Risalelerde manevi bir kuvvet buluyorum'* [*J.K.*]'a kadar gidebiliyor. Daha doğru bir analiz yapabilmek için 'doğuşdan' Nurcuları, sonradan katılanlardan ayırmak gerekir. Bizi ilgilendiren sadece sonradan bilerek ve isteyerek girenlerin motiflerini öğrenmek. Yani Nurculuk Hareketinin lehine bir karar verenlerin motifleri nedir? Sonradan müslüman olan bir alman Nurculuk Hareketine katılımını söyleşide şu şekilde açıklıyor: *'Nurcularda başka cemaatlerde bulamadığım birşey var: İstişare. Burada herkesin bir oyu var. İster yeni ol, ister 50 senedir hizmetde mevcut, herkesin aynı bir oyu var. Burada herkesin fikri soruluyor. Burada kişi olarak önemlisin'* [*W.A.*]. Sonradan müslüman olan için istişare'nin uygulanması oldukça önemliymiş. Fikrinin sorulduğu bir yerde, kabullenilmiş duygusuna daha çok sahip olunabiliyor. Bu şekilde aidiyet fikri oluşuyor. Cemaatin bir parçası olunuyor. 'Eskilerin' fikirlerine zorunlu olarak boyun eğmesi gerekmiyor. Bu, bu şahıs için çok önemli, çünkü kendisi iki şekilde acemi olarak gözüküyor. Birincisi, sonradan müslüman olduğu için. İkincisi, cemaate sonradan katıldığı için. Kendisinin ifadelerine göre durumun böyle olmasına rağmen, fikirleri diğer mensuplar ile aynı derecede ele alınıyor. Yani kendisine eşit davranılıyor.

Başka bir kişi dini ihtiyaçlarını Nurculuk Hareketinde karşılanmış olarak görüyor: *'Ben birçok dini cemaatte bulundum. Ve birçok yerde görev bile aldım. Yani herşeyi denedim. Ve bir zaman sonra kendimi burada buldum [...] Bir arkadaş, kendisi Nurcuydu, beni bir sohbetlerine çağırdı. Gittim, bir zararım olmaz dedim. Ve orda Nursi'den okudular. Bir talebe okuyordu.*

Beni şaşırttı. Çünkü alışık değildim bir gencin okumasına. Normalde hep yaşlılar veya hocalar okur. Ayrıca durmadan soru sorulabiliyordu, istediğin soruyu sorabiliyordun. Çok eleştirili olsa bile. Herkes derste aktifdi. Buna benzer şeyler beni hayran bıraktı. Ve konu harikaydı. Bu çok önemli. Konu astronomiydi. Evrendeki düzen konuşuluyordu. Bu beni çok etkiledi. Çünkü bu benim için yeni birşeydi. Bu iki şey bu cemaatte kalmama sebep oldu' [V.B.]. Belliki Almanya´da yaşayan bu türk genci uygun bir cemaatin peşindeydi. Bunuda Risale-i Nur grubunda bulmuştu. Ayrıca bu grub emniyetin olmadığı zamanlarda emniyeti sağlar: *'Cemaat yalnızlığımı yok ediyor. Kendimi güçsüz hissetiğimde bana kuvvet veriyor. İmanımı kuvvetlendiriyor. Risale-i Nur okuduğum zaman güncel yaşamda güç kazanıyordum. Güncel sorunlarım azalıyor'* [Z.B.]. Söyleşi yaptığımız kişilerin hiç biri Said Nursi´nin hayatını kendilerine örnek alıp ve bu yüzden cemaate katıldıklarını söylemediler. Sürekli Said Nursi´ye değil, eserlerine atıfda bulunuldu (bkz. bölüm 8.5. ve 8.6.).

6.3 Diğer cemaatler ile işbirliği

Said Nursi ümmet hakkında düşüncesini şöyle dile getirmiştir: 'Evet, biz bir cemiyetiz. Ve öyle bir cemiyetimiz var ki, her asırda üç yüz elli milyon dahil mensupları var. Ve hergün beş defa namazla o mukaddes cemiyetin prensiplerine kemâl-i hürmetle alâkalarını ve hizmetlerini gösteriyorlar. [...] İşte biz bu mukaddes ve muazzam cemiyetin efradındanız' (Nursi, 2002c, s.403; 2000d, s.331). Said Nursi ırkçılığa dayanan milliyetçiliğe karşı idi. Grublaşma egosunu güçlendirecek ve kendisini başka millet, ırk ve etnik kökenlerden üstün gören hareketleri İslam'a aykırı olarak değerlendiriyordu. Sadece kendi vatanını sevmeği, yani müsbet milliyetçiliği, caiz olarak görüyordu (2001b, s.309-314; 2004b, s.445-451; 1993, s.22). Mehmet Paksu, Almanya'nın konumunu söyleşimizde şöyle yorumluyor: *'Almanya'da Nurculuk olunmaz. Milli Görüşçülük, tarikatçılık olmaz. Almaya'da sadece müslümanlık olur. Herkes orada İslam'ı temsil ediyor. Tüm gruplar bu noktada birleşmelidir ve kendi gruplarını bir kenara bırakmalılar. Bölünmek sadece İslamiyete zarar verir'* [M.P.].

Bu düşünceyle Nurcular Almanya'da yaşayan müslümanların ortak sorunlarında yardımcı olmaya çalışıyorlar. Birçok çatı kuruluşun bizzat kuruculuğunu veya başkanlığını yapmaktadırlar. Okullarda almanca din dersleri ve İslamiyetin resmi bir din olarak kabul edilmesi gibi konularda da aktif rol oynuyorlar. Nurcuların kendilerine ait bir çatı kuruluşu olmamasına rağmen, diğer cemaatlerin faaliyetlerinde de katkıda bulunuyorlar.

7.0 Organizasyon yapısı

Nurculuk Hareketinin organizasyon yapısı diğer cemaatlerle karşılaştırılamaz. Said Nursi´nin eserlerinde organisazyon şekli ile bir bilgi bulunmamasına rağmen, onun vefatından sonra bir nevi kurumsallaşma oluşmuştur. Söyleşilerimizde ise organizasyonlaşmanın önemsizliğine vurgu yapıldı: ´Ne için? Bizim bir organizasyona ihtiyacımız yok. Biz kendi kendimizi organize edebiliyoruz´ [P.E.]. Aynı kişinin farkında olmadan bahsettiği ´kendi kendine organize olmak´ aslında kurumlaşmanın bir farklı çeşitidir. Elbette hiç bir şekilde organize olmayan gruplar da var, fakat o gruplar marjinel kalıp, hareket içerisinde etken hale gelememişlerdir. Çoğunluğunda görüldüğü gibi cemaat, mensuplarının duygusal bağı ve asgari bir organizasyon ile ayakta kalıyor. Gelecek bölümlerde bu ´asgari organizasyon´ şeklini analiz edilecek. Özellikle araştırmamızın ilk sorusuna cevap bulmaya çalışacağız.

7.1 Tarikat, Cemaat, Cemiyet veya Topluluk?

Nurculuğun tarikatla ilgisi olmadığı halde literatürlerde zamanla tarikat veya sufi geleneğine koyulur (bkz. Steinbach, Feindet-Riggers, 1997). Oysa ki sufi tarikatı ve Nurculuk arasında çok fark vardır. Sufilerin ibadet şekli daha çok zikirledir. Bu tarikata göre ya cemaatle beraber ya da yalnız, sesli veya sessiz

171

yapılır. Bu ibadet şekli sufiler için Allah yolunu bulmak, doğru yolu hatırlamak demektir ve dolayısıyla önemlidir. Her tarikatın bir şeyhi vardır ve emir komuta zinciri nettir. Yani belli bir hiyerarşi vardır. Şeyh vefatından önce yerine bir vekil seçer. Tarikatların anlayışlarına göre, bir şeyhe bağlı olmadan kemale ermek mümkün değildir. Tarikatların bir araya geldikleri mekanlara tekke denir ve kendilerine ait sembolleri ve söylemleri vardır (Aköz, Atal 18.12.2004; Aköz, 2006). Nurcuların şeyhleri yoktur. Hatta tam tersi: Nursi kendisini şeyh zannedip ziyarete gelenleri kabul etmiyordu (Nursi, 2004b, s.473; 2001b, s.329; 2000d, s.420; Şahiner, 1979b, s.92). Yerine birisini de tain etmemişdi. Nurcular zikir veya şeyhinde fani olmayı bilmezler. Nursinin yazılarında tarikat uygulamaları yoktur. Nurcular yazılanana, yani Risale-i Nur'lara önem verirken sufiler için söylenilenler daha önemlidir. Nurcular okuyarak Allah'a yakınlaşırlar. Said Nursi, Allah'ı sevmenin (muhabbetullah) ancak O'nu tanımaktan (marifetullah) geçtiğini yazmıştır (Nursi, 2001b, S. 218; 2004b, s.312; 1999b, s.8).

Nursi kendisi eserlerinde, Nurculuk Hareketinin bir tarikat olmadığını yazıyor. İlginçtir ki, konuyu anlatırken ne hareketten ne de cemaatten bahsediyor, sadece eserleri öne sürüyor: 'Risale-i Nur, tarikat değil hakikattir. Âyât-ı Kur'aniyeden tereşşuh eden bir nurdur. Ne şarkın ulûmundan ve ne de garbın fünunundan alınmış değil. Kur'an-ı Mucizü'l-Beyânın bu zamana mahsus bir i'câz-ı manevisidir. Menfaat-i şahsiye yoktur' (2000c, s.156). Diğer bir yazısında: 'Evvela, elinizdeki (savcıları kast ediyor; Yazarın Notu) bütün kitaplarım şahittirler ki; ben hakaik-ı îmaniye ile meşgulüm. Hem müteaddit risalelerde yazmışım ki: 'Tarîkat zamanı değil, belki îmanı kurtarmak zamanıdır. Tarîkatsiz Cennete giden pekçok, fakat îmansız Cennete girecek yok. Onun için, îmana çalışmak zamanıdır' diye beyan etmişim. Saniyen: On senedir Isparta vilayetinde bulunuyorum. Biri çıksın, bana, 'Tarîkat dersi vermiş' desin' (2001a, s.198).

Peki Said Nursi grubu kendi görüşüyle nasıl anlatıyordu? Öncelikle siyasi bir grub olmadığının altını çizmiştir (2001a, s.200; 2000d, s.252, 318). 'Nurcular cemiyet memiyet, hususan siyasî ve dünyevî ve menfî ve şahsî ve cemaatî menfaat için teşekkül eden cemiyet ve komite değiller ve olamazlar' (2002c, s.517; 2000d, s.446). Said Nursi'nin devletin 'Nurculuk siyasi bir grublaşmadır' ifadesine yanıtı şöyle oldu: 'Birincisi: Eskiden beri benim talebelerim benimle kardeş gibi şiddetli alâkadar olmaları, bir cemiyet vehmini vermiş. İkincisi: Risale-i Nurun bazı şakirtleri, her yerde bulunan ve cumhuriyet kanunları müsaade eden ve ilişmeyen cemaat-ı İslâmiye heyetleri gibi hareket etmelerinden bir cemiyet zannedilmiş. Halbuki o mahdut üç dört şakirdin niyetleri cemiyet memiyet değil, belki sırf hizmet-i imaniyede hâlis bir kardeşlik ve uhrevî bir tesanüddür. Üçüncüsü: O insafsızlar kendilerini dalâlet ve dünyaperestlikte bildiklerinden ve hükûmetin bazı kanunlarını kendilerine müsait bulduklarından fikren diyorlar ki: 'Herhalde Said ve arkadaşları bizlere ve hükûmetin, bizim medenîce nâmeşru hevesatımıza müsait kanunlarına muhaliftirler. Öyle ise, muhalif bir cemiyet-i siyasiyedirler' (2002c, s.392ff; 2000d, s.323). 'Gizli organizasyon' ifadesini de reddetmiştir (2000d, s.339).

Grubun ne olmadığından sonra grubun ne olduğunu Said Nursi şöyle açıklamış: 'Evet, biz bir cemiyetiz. Ve öyle bir cemiyetimiz var ki, her asırda üç yüz elli milyon dahil mensupları var. Ve hergün beş defa namazla o mukaddes cemiyetin prensiplerine kemâl-i hürmetle alâkalarını ve hizmetlerini gösteriyorlar. [...] İşte biz bu mukaddes ve muazzam cemiyetin efradındanız. Ve hususî vazifemiz de, Kur'ân'ın imanî hakikatlerini tahkikî bir surette ehl-i imana bildirip, onları ve kendimizi idam-ı ebedîden ve daimî ve berzahî haps-i münferitten kurtarmaktır. Sair dünyevî ve siyasî ve entrikalı cemiyet ve komitelerle ve bizim medar-ı ithamımız olan cemiyetçilik gibi asılsız ve mânâsız gizli cemiyetle hiçbir münasebetimiz yoktur ve tenezzül etmiyoruz. Ve dört mahkeme, inceden inceye tetkikten sonra, o cihette bize beraat vermişler' (Nursi, 2002c, s.403; 2000d, s.331). Burada hareket farklı bir grublaşma olarak anlatılmamış. Çünkü sadece bir tane cemiyet vardır, oda müslüman cemiyetidir, yani bütün ümmettir. O yüzden Risale-i Nur talebeleri de bu cemiyetin bir parçasıdır ve kendi başına bir cemiyet değillerdir. Buna rağmen bir başka yerde Nursi grubun hedeflerinden bahsetmiştir: 'Evet, biz bir cemaatiz. Hedefimiz ve programımız, evvelâ kendimizi, sonra milletimizi idam-ı ebedîden ve daimî, berzahî haps-i münferitten kurtarmak ve vatandaşlarımızı anarşilikten ve serserilikten muhafaza etmek ve iki hayatımızı imhâya vesile olan zındıkaya karşı Risale-i Nur'un çelik gibi hakikatleriyle kendimizi muhafazadır' (2002c, s.387; 2000d, s.319). Said Nursi cemiyet ve cemaat terimlerini hareketi açıklayabilmek için kullanmıştır.

2 Nisan 1971 tarihinde İstanbul'da vefat eden Said Nursi'nin talebelerinden merhum Zübeyir Gündüzalp ise 'Nurculuk' kavramını şu şekilde açıklıyor: 'Nurculuk demek, bugün aynen Resûl-ü Ekrem aleyhisselâtü vesselam efendimiz zamanında sahabe-i kiram hazeratı imana, İslam'a, dine nasıl hizmet etmiş, işte o hizmetin bu zamanda bir numunesidir. Hem de Nurculuk demek, Risale-i Nur'u okuyanlara verilen bir isimdir. Risale-i Nur mesleği ise cadde-i kübra-i Kur'aniyedir. Yani doğrudan doğruya iman, doğrudan doğruya İslamiyet, doğrudan doğruya Kur'an yoludur. İnsan Risale-i Nur'u okuduğu zaman Kur'an yolu nasıldır, İslam yolu nasıldır onu öğrenir. Netice itibariyle Risale-i Nur Kur'an ve iman nurunu ve peygamberimizin sünneti seniyye yolunu gösteren bir rehber-i ekmeldir. Yoksa başka mesleklerde olduğu gibi hususi bir meşrep, hususi bir mezhep değildir. İslamiyet içerisinde hususi bir meslek, mezhep değildir. Doğrudan doğruya İslamiyeti gösterir' (Bilgi, 2012).

Ayrıca Nursi gelecekte sadece bir kişinin tek başına sosyal değişiklikler yapamayacağını dile getirmiştir. Tıp kı Durckheim'in 'Gücün simyası' gibi, insanların birlik olduklarında tek başına yapamayacaklarını yapabildiklerini vurguluyor (1981, s.289ff). Cemaat halinde, şahs-ı manevi olarak daha başarılı olunabileceğini yazıyor: 'Evet, bahtiyar odur ki, kevser-i Kur'ânîden süzülen tatlı, büyük bir havuzu kazanmak için, bir buz parçası nev'indeki şahsiyetini ve enâniyetini o havuz içine atıp eritendir' (2001c, S. 36; bkz. 2000c, s.88, 106; 2000f, s.213, 227; 2007, s.176, 195). Bunu tavsiye etmesinin sebeplerinden birisi de bencilliğin yaygınlaşması: 'Gaflet ve dünyaperestlikten çıkan dehşetli bir enâniyet bu zamanda hükmediyor. Onun için ehl-i hakikat-hattâ meşrû bir tarzda dahi olsa-enâniyetten, hodfuruşluktan vazgeçmeleri lâzım olduğundan, Risale-i Nur'un hakikî şakirtleri, buz parçası olan enâniyetlerini şahs-ı mânevîde ve havz-ı müşterekte erittiklerinden, inşaallah bu fırtınada sarsılmayacaklar. [...] Risale-i Nur şâkitleri, hıllet ve uhuvvet ve fena fi'l-ihvan mesleğinde gittiklerinden, inşaallah bu tecrübeli ve münâfikane plânı da akîm bırakacaklar' (2004a, s.364; 2000d, s.282). Şahs-ı manevi'yi oluşturabilmek için, Said Nursi talebelerine münakaşa etmemelerini söylüyor (2000d, s.284; 2000f, 219ff; 2002a, s.23, 2004a, s.366; 2007, s.184ff). Bu birleşimin aynı zamanda bir şirket-i manevi olduğunu ve bundan dolayı bu şirketten her bireyin kazanç elde ettiğini söylüyor. (2000c, s.205, 207; 2000d, s.264, 273, 276, 280, 420, 429, 434; 2001c, s.57, 145, 166, 208, 408).

Yaptığımız söyleşilerin neredeyse hepsinde Nurculuk Hareketi cemaat olarak tanımlanıyor. Literatür'de bu kelimeler geçiyor: Karabaşoglu cemaat ve hareket kavramlarını kullanıyor (2003). Salim Abdullah daha çok hareket'ten bahsediyor (1981a; bkz. 1981b, s.103-108). Yavuz ise iman hareketi tabirini kullanıyor (2004). Akgündüz de cemaat adını vermiştir (1995, s.159).

7.2 Mensuplar

Said Nursi bir mektubunda Risale-i Nur mensuplarını farklı bölümlere ayırıyor. Dost, kardeş ve talebe kavramlarını ele alıyor:

- **Dost**: ʹKatiyen Sözlere ve envâr-ı Kurʹâniyeye dair olan hizmetimize ciddî taraftar olsun; ve haksızlığa ve bidʹalara ve dalâlete kalben taraftar olmasın; kendine de istifadeye çalışsınʹ (2004b, s.473; 2001b, s.329; 2000b, s.163).

- **Kardeş**: ʹHakikî olarak Sözlerin neşrine ciddî çalışmakla beraber, beş farz namazını edâ etmek, yedi kebâiri işlememektirʹ (2004b, s.473; 2001b, s.329; 2000b, s.163).

- **Talebe**: ʹSözleri kendi malı ve telifi gibi hissedip sahip çıksın ve en mühim vazife-i hayatiyesini onun neşir ve hizmeti bilsinʹ (2004b, s.473; 2001b, s.329; 2000b, s.163).

Said Nursinin bu yüzeysel tarifleri ancak teorik düşüncelerden ibarettir. Praktikte bir uygulaması yoktur. Mensuplar aralarında dost veya kardeş kelimeleri çok az kullanılıyor, daha çok birbirlerine ʹKurʻan talebesiʹ, ʹNur talebesiʹ veya ʹRisale-i Nur talebesiʹ diye hitap ederler. En çok kullanılan ve halkın dilinde daha yaygın olan tabir ise ʹNurcularʹ kavramı. Halkın takdığı ʹNurcularʹ ismi mensupların hoşlarına giden bir isim değildir. Söyleşide S.A. konuyla ilgili şöyle konuştu: ʹʹNurcuʹ kelimesi aslen yoktur. 20 kişiye ʹNurcu ne demek?ʹ diye sorsan, 20 değişik cevap alırsınʹ [S.A.] Diğer bir mensup konuya şöyle açıklık getiriyor: *ʹNurcular diye birşey yoktur. Sadece Risale-i Nur talebeleri vardır. (...) Said Nursi bizim için ikinci plandadır, eserleri kendinden daha önemlidir. Şahsi hayatı değil. [...] Kurʻan-ı Kerimin tefsirlerini (Risale-i Nurʹları; Yazarın Notu)*

177

okuyan, benimseyen ve hizmet eden kişi bence Risale-i Nur talebesidir ya da başkalarının dediği gibi Nurcudur. 'Sen Nurcusun, sen değilsin' demek bencilliktir. Buna benim hakkım yok. Çünkü Risaleleri herkes okuyabilir, hangi cemaatten ve ırktan olursa olsun. Dinimizi ve imanımızı açıklayan kitapları herkes okuyabilir. Fakat hizmetin tarifini yapan kitapları sadece talebeleri okuyor' [R.B.].

R. B. söyleşide Said Nursi'nin eserlerinde ki farklı konulara değiniyor. Bunu üç bölüme bölebiliriz:

1. **Said Nursi ve tefsirleri:** R.B söyleşide Said Nursi'nin eserlerinde yazdığı konuya değiniyor. Yani şahsını geri plana alması ve yazıları daha çok merkeze getirmesinden bahs ediyor. Dolayısıyla harekette yazılara ne kadar önem verildiği oratava çıkıyor (bkz. bölüm 8.6.). Bu eserleri okumak ve hizmet etmek hareketin önemli parçaları haline geliyor.

2. **Risale-i Nur Talebesi:** R.B.'ye göre Risale-i Nurları okuyan, benimseyen ve hizmet eden birisi Risale-i Nur talebesidir. Aynısı H.M. de tekrarlıyor: *'Nurcu olmak çok kolay. Sadece Risale-i Nur okumak ve yayılmasını sağlamak yeterlidir. Hepsi bu.'* Bu açıklamalar bölümün başında Said Nursi'den alıntı yaptığımız yerlerden kaynaklanıyor. Bu yüzden R.B. de bizzat o açıklamalara dayanarak konuşuyor. Risale-i Nur talebesinin tarifi Said Nursi'nin tarifiyle birebir uyuşuyor. Böylece cemaat ve cemaat dışında kalanlar yapısında bu bağlam

178

oluşturuluyor. Sonuç olarak Risaleleri okuyan, kabul eden, ve kendisine hayat felsefesi olarak seçen kişi talebe olmuş oluyor. Böyle biri, özellikle cemaat dışından bakıldığında Nurcu olarak algılanıyor.

3. **İki çeşit kitap**: Birincisi iman hakikatlarını anlatan kitaplar. Bu tip kitaplar her müslüman tarafından okunuyor. İkinci çeşit kitaplarda ise, hizmetin nasıl yapılacağı anlatılıyor. Yani Bunlar genelde Emirdağ, Kastamonu ve Barla Lahikalarında yazıyor ve Nurcular tarafından okunuyor. Bu ikinci tür kitaplarda yazanları uygulayanları genel olarak Nurcu olarak ifade etmek mümkündür. Kenan Demirtaş ikinci grub kitapları birinci grub kitapların 'haşiyeleri' olarak görüyor: *'Bu kitaplarda hizmetin nasıl yapılacağını öğreniyoruz. Yani pratiğe dönük. Bu nedenle tefsirlerin haşiyeleridir'* [K.D.]. Dolayısıyla iman hakikatları 'asıl' ise, diğer kitaplar 'usul'. Bediüzzaman'ın talebesi Zübeyir Gündüzalp de bu hakikate parmak basıyor: 'Risale-i Nur'ların tevhidî hakikatlerini okuyan tahkikî iman sahibi, amelî kısımlarını okuyan müttakî, Lahikaları okuyan ise, nur talebesi olur.'

Said Nursi'nin talebelerinden olan Mehmet Fırıncı Nurculuğu şu şekilde tarif ediyor: *'Nurculuk aslında imanlı nesiller yetiştirme siyasetidir'[M.F.].* Kim ki bunu hedef olarak görürse Nurcudur. Görüldüğü gibi burada da belirlenmiş bir sınır yoktur.

Organizasyon sosyolojisinde kullanılan 'üye' anlamında cemaatin 'üyeleri' yok. Hareket bu konuda da esnek ve değişken bir yapıya sahip. Ne listeler nede tutanaklar var. Zaten Nurcu olabilmek için bir ritüel yada kayıt işlemleri yoktur. Ne Türkiye'de ne de başka bir ülkede istatiksel sayım yapılamadığından, mensup sayısı belirsizdir. Söyleşi yaptığımız kişiler de bir rakam söyleyememiştir: *'Size ne kadar Nurcunun olduğunu nasıl söyleyeyim? Türkiye'de veya tüm dünyada ne kadar Nurcu olduğunu bilemeyiz. (...) Rakamlar yok. Herkes istediği gibi katılabiliyor. Bazen Milli Görüşten bir kardeşimiz gelir, bazen de tarikatlardan. Kapımız herkese açıktır. Bazen medresede beş kişiyle otururuz bazende 30. Ama hiç bir zaman üyelik diye birşey yok'* *[C.M.]*. Dolayısıyla geçerli mensup rakamlarına ulaşmak çok zor.

Said Nursi de 'üye sayılarına' önem vermezdi. Çoğu yerde kemiyetin (sayısal çokluk) önemsizliğini ve keyfiyetin (kalite) önemli olduğunu yazıyor (2000c, s.61, 76; 2000d, s.424; 2000f, s.122; 2001a, s.402, 424, 507ff; 2001b, s.48, 430; 2001c, s.66, 345; 2004b, s.82; 2007, s.80ff). Bu yüzden Nurculuk kitlelere ulaşmaya çalışan bir hareket değildir.

Buna rağmen tahminler var elbette. Tahminlere göre, 50'li yıllarda hareketin 500.000 mensubu vardı ve Türkiye'nin en büyük dini cemaati idi (Sitembölükbaşı, 1995, s.110). Yavuz'un (2004, s.144) tahminine göre sırf Türkiye çapında beş milyon Nurcu var. Aynı tahmini Kazım Güleçyüz de yapıyor (2006). Hüttermann'a göre Almanya'da yaklaşık 5.000-9.000 Nurcu var (2002, s.114). Pohl de Almanya'da 5.000 Nurcudan bahsediyor (2004, s.13). Kendi verilerimize göre Almanya'da en çok 4.000 Nurcu tahmin ediyoruz. Lemmen (1997) yaklaşık 100 ülkede 10 milyon Nurcunun olduğunu söylüyor. Bu araştırma esnasında elimize geçen 70'li yıllardan kalan bir mektupta (malesef isim ve gün belirtilmemiş), dünya genelinde 1,5 milyon mensuptan bahs ediliyor. Görüldüğü gibi güvenilir bir rakam yok.

7.3 Açık Yapı

Dost-Kardeş-Talebe (bölüm 7.2) sayesinde açık bir yapı sonucunu görebiliriz. Hareketin gevşek, değişken ve açık cemaat modeli açıkça anlaşılabilir: 'Risale-i Nur, bir daire değil; mutedahil daireler gibi tabakatı var. Erkânlar ve sahipler ve haslar ve naşirler ve talebeler ve taraftarlar gibi tabakatları var. Erkân dâiresine liyakatı olmayan Risale-i Nur'a muhalif cereyana taraftar olmamak şartıyla; dâire haricine atılmaz. Hasların hâsiyeti, bulunmayan, zıt bir mesleğe girmemek şartıyla talebe olabilir. Bid'a ile amel eden, kalben taraftar olmamak şartıyla dost olabilir. Onun için, az bir kusurla düşman sınıfına iltihak etmemek için, dışarıya atmayınız' (Nursi, 2000c, s.192ff). Burada da Said Nursi farklı kavramlar kullanıyor (erkânlar, sahipler, haslar, naşirler, talebeler ve taraftarlar) ama içeriklerini doldurmuyor. Günümüzde ki Nurcular bu ve dost-kardeş-talebe kavramlarından, Nursi'nin açık görüşlü olduğundan dolayı harekete sınır koymak istemediği algılıyorlar. Dolayısıyla bu kavramlara pratikte herhangi bir ağırlık verilmiyor. Ayrıca hiç bir giriş veya çıkış ritüelleri bulunmadığından da sınırların belirlenmesi zorlaşıyor. Bir organizasyonun sınırlarını üyeler sayesinde belirlenmesi mümkün olurken, bu durumda bu mümkün değildir. Bu nedenle Nurculuk Hareketini açık bir yapıya sahip bir grub olarak tanımlayabiliriz.

Özellikle 'dost' grubu, Nursi'nin açık ve esnek bir cemaat vizyonu yapısının bir örneğidir. Bu esnek tanımlama Risale-i Nur cemaatinin alanını genişletiyor ve bu sayede Türkiye'nin ve müslüman alemin oldukça büyük bir parçasını kucaklıyor' (Karabaşoğlu, 2003, s.275). 'Dost' ne bir Risale-i Nur okuyucusu ne de Said Nursi'nin çok önem verdiği beş vakit namazı uygulamak zorundadır. Dost'dan sadece hareket için samimi bir destek arzulanır. Kendisinin faaliyetde bulunması da gerekmez. Görüldüğü üzere bu kategoride hemen hemen herkes yer alabilir. Bu nedenle Nurculuk Hareketine 'dahil' olanları belirlemek mümkün değil. Yani Nurculuk Hareketinin sınırları akıcıdır. Bu özellik Türkiye'de 20'nci yüzyılın ortasında, çeşitli İslami hareketlerin bir anda kapılarını yabancılara kapattığında, çok önem taşımıştır. Said Nursi birşeyler yapmak zorunda kalmadan, bir hareketin destekcisi olmayı mümkün kılmıştır. Burada yine açık bir şekilde Said Nursi'nin müslümanlar arasında bir birlik oluşturma çabasını görebiliriz.

7.4 Hiyerarşi

Bu hareketin diğer İslami akımlardan en önemli farklarından biri bir liderin olmayışıdır. Said Nursi de

182

liderlik pozisyonunda değil, daha çok üstad olarak rol almakta (Nursi, 2002a, s.34; 2004c. s.70-71; 2000f, s.224; 2001b, s.66; 2004b, s.108; 2007, s.191). Kendisi bunu açıklıyor: 'Ben de sizin bu ders-i Kur'âniyede bir ders arkadaşınızım. Ben en ziyade muhtaç ve fakir olduğumdan bu kudsî hakikatler en evvel bana ihsan edilmiştir. Ben makam sahibi değilim. Ben kendimi beğenmiyorum. Beni beğenenleri de beğenmiyorum. Kardeşlerim, sizi bütün bütün kaçırmamak için nefsimin gizli çok kusurlarını söylemiyorum' (2001c, s.367). Şeyh olmadığı için bir halefin belirlenmesi de gerekmiyor. Said Nursi'nin vefatından sonra ki bir çok bölünmelerin ve ayırımların gerçekleşmesinin sebeplerinden biri de budur. Nursi karizmatik liderliğini eserlerine yansıttığından dolayı, kitapları bu hareketin merkezine yerleşti. Bu yüzden bir halef belirlemedi ve bu güne kadar bu hareketin bir lideri hiç olmadı. Her medrese yerel ve bağımsız bir şekilde hareket eder ve kararları kendi istişare heyetleri ile alırlar. Medresedeki görevler ve vazifeler için Nurcular kendi arzularıyla görev edinme talebinde bulunuyorlar. Kimseye belirli bir görev tayin edilmiyor. Çoğu medrese ziyaretçilerinin, cemaatte hiç bir görevi yoktur. Medreselerde genel olarak sadece sohbet edildiği için, kapsamlı görev alanları zaten yoktur.

Dost-kardeş-talebe (Bölüm 7.2) yapısı hiyerarşi olarak değerlendirilmemeli. Bu ne bir iç, ne de bir dış hiyerarşidir. Hiç bir Nurcu hareketde bu üç gruba ayrılmıyor ve bu grublamaya göre de belirli bir pozisyonda rol veya görev almıyor. Daha çok bu Said Nursi'nin teorik bir düşüncesidir, kimin harekete dahil olması açısından: 'Mesleğimizin esası uhuvvettir. Peder ile evlât, şeyh ile mürid mâbeynindeki vasıta değildir.

Belki hakikî kardeşlik vasıtalarıdır. Olsa olsa bir üstadlık ortaya girer. Mesleğimiz halîliye olduğu için, meşrebimiz hıllettir. Hıllet ise, en yakın dost ve en fedakâr arkadaş ve en güzel takdir edici yoldaş ve en civanmert kardeş olmak iktiza eder. Bu hılletin üssü'l-esası, samimî ihlâstır' (Nursi, 2002a, s.34; 2004c. s.70-71; 2000f, s.224; 2007, s.191). Sınırların belirgin olmayışından dolayı uygulamada bunun hiç bir ağırlığı yoktur. Bu yüzden Nurcular medresede yan yana dururlar ve hiçbir hiyerarşi yoktur. Said Nursi'nin bu hareket için deyindiği üstad rolünü bu zamana kadar sadece kendisi üstlenmiştir.

Said Nursi başka bir yerde Nurcuların arasında yarışılması gerekilen bir düzeyin olmadığını belirtiyor: 'Ey kardeşlerim! Kur'ân-ı Hakîmin hizmetindeki mesleğimiz hakikat ve uhuvvet olduğu ve uhuvvetin sırrı, şahsiyetini kardeşler içinde fâni edip onların nefislerini kendi nefsine tercih etmek olduğundan, mâbeynimizde bu nevi hubb-u cahtan gelen rekabet tesir etmemek gerektir. Çünkü mesleğimize bütün bütün münâfidir. [...] Eğer mesleğimiz şeyhlik olsaydı, makam bir olurdu veyahut mahdut makamlar bulunurdu. O makama müteaddit istidatlar namzet olurdu. Gıptakârâne bir hodgâmlık olabilirdi. Fakat mesleğimiz uhuvvettir. Kardeş kardeşe peder olamaz, mürşid vaziyetini takınamaz. Uhuvvetteki makam geniştir; gıptakârâne müzâhameye medar olamaz. Olsa olsa, kardeş kardeşe muavin ve zahîr olur, hizmetini tekmil eder' (Nursi, 2002a, s.40ff; 2004c. s.84ff; 2000f, s.227ff; 2007, s.195ff). Burada Nursi Nurcuların kendi içlerinde ki rekabeti ortadan kaldırıyor. Kıskançlık ve bencilliğin 'kardeşlerin' samimiyetini yok edeceğini vurguluyor.

Ancak Said Nursi'nin bizzat talebeleri ayrı bir konumdalar. Karizmatik bir sermayeye, veya Bourdieu'nun tarifine göre sembolik bir sermayeye sahipler (1985, s.11; 1976, s.335; bkz: Hüttermann, 2002, s.241). Bizzat Said Nursi ile görüştükleri ve bu yüzden kendilerinin hizmetin nasıl yapılacağını en iyi bildikleri düşünüldüğü için bu sermayeye sahipler. Bu nedenle bir çok konuda onlar ile istişare edilir. Bu konum'da olmak sınırlı bir özelliktir, çünkü Said Nursi'nin ölümüyle biter. Fakat bu konum herhangi bir yönetim tarafından verilen hiyerarşik bir durum değildir, daha çok atfedilen bir pozisyondur. Nurcular, Said Nursi'nin yakın talebelerine saygı gösterir ve onları referans olarak görürler. Yinede medreselelerin istişarelerinde özel konuma sahip değiller ve eleştirilebilinirler. Otoriterlikleri, çoğu zaman sadece Said Nursi ile yaşadıkları hikayelerin aktarılması ile sınırlıdır. Dolayısıyla hareket onların varlığı olmadan da geçinebilir (Duran, 2007, s.58)[78].

Sohbetlere sürekli ve aktif katılanlar cemaatte saygın bir konuma gelebilirler. Sık sık Risale okuduğu ve Said Nursi'nin hayatını ayrıntılarıyla bildiği düşünülen kişilere özel önem verilir. Sonuçda bu kişiler bir hiyerarşi veya organizasyonel fonksiyona sahip değiller, fakat dışarıdan onlara verilen saygıdan dolayı özel bir konuma sahipler. Bundan dolayı da 'abilik' yaparlar ve cemaatin mensuplarına farklı sorunlarda yardımcı olmaya çalışırlar.

---

[78] İçinde Said Nursi'nin bizzat talebeleri bulunmayan Nurcu grupları da vardır.

7.5 Merkez

Hareketin bir merkezi yok. Hiç bir idari bürokrasiye sahip değildir. Bu deneysel araştırmaları zorlaştırmaktadır. Organizasyon ve finanslar için herhangi bir merkezi yönetim de yoktur. Yerel cemaatler bağımsızdır. Her yerel grub kendi cemaatini inşa etmelidir. Bu onlara gerekli kimliği verir. Ayrıca her yerel cemaat maddi durumlarını kendileri finanse ederler. Eğer her hangi bir yerel cemaatte, maddiyat halledilemesse cemaat bir medrese kurmakdan vazgeçer ve sohbet için evlerde toplanır. Ne bir merkez ne de bir yönetim olmadığı için, herhangi bir zamanda dünyanın herhangi bir yerinde, diğer gruplarla örgütsel ilişkisi olmayan bir Nurcu grubu oluşabilir. Ancak yaptıkları hizmetlerden dolayı büyük ve tanınmış medreseler vardır. Bölüm 6.2.2'de açıklandığı üzere, bu medreselerden tasviye ve yardım istenir, onlar ile istişare edinilir. Medreselerin arasında ki işbirliği, farklı medreselerle bağlantıları olan aracılar tarafından yapılır.

Özel tesisler, örneğin bu harekete karakteristik olabilecek camiiler, yoktur. Bir araya gelip, Risale-i Nur'ları okumak için kiralanan daireler veya evler, yani medreseler, var olan tek tesistir. Bu medreseler ancak özel dairelerin sohbet için yetersiz olduğunda kurulurlar. Bu da demek oluyor ki, hareket herhangi bir tesis olmaksızın ayakta durabilmekte. Aslında bir çok şehirde medresesiz Nurcu grupları var. Bu grupların belki yıllardır medreseleri yoktur ve Said Nursi'nin eserlerini okumak için kendi evlerinde bir araya gelirler.

7.6 İstişare

Said Nursi, Kur-an'ı Kerim'deki 'İşlerinde onlarla istişare et' (Al-i İmran Suresi: 159) ayetinin, müslümanların her konuda bilen birisiyle istişare etmelerini emrettiğini söylüyor. Kendisini de buna mecbur geriyor: '(Ayetin) emriyle, kardeşlerimle bir meşverete muhtacım' (2001c, s.23). O bu ayeti o kadar ciddiye alıyor ki, bu emre uymadığı için Asya'nın geri kaldığını düşünüyor (1995b, 65ff). Bu nedenle talebelerine çeşitli konularda karar verirken, bir istişare heyetinin kurulmasını öneriyor (2000c, s.95, 183; 2001c, s.125). Kendisinin de böyle bir istişare heyetinde diğer kardeşleri gibi sadece bir oy hakkına sahip oldugunu yazıyor (2001c, s.195). Ve o, talebelerinin istişareleri hakkında yazdıkları mektuplara seviniyor (2000c, s.94). Günümüzdeki Nurcular bunu önemsemekte, örneğin Yeni Asya gazetesinin sloganı 'Asya'nın bahtının miftahı, meşveret ve şuradır".

Bugün, yerel Nurcu grupları meşveret (istişare) heyetleri oluşturmakta. Bir karar alınması gerektiğinde bir araya gelirler. Bu şekilde otoriterlik azaltılmış ve omuzlarda ki yük bir çok kişiye dağıtılmış oluyor. Genelde istişarelerin olduğu zamanlarda medresede bulunan herkes istişareye katılabilir. Hiç kimse dışlanmaz. Bir karar anında medresede bulunan tüm Nurcular doğrudan kurula dahil olurlar ve söz sahibidirler. Böylece yetki çesitli kişilere dağıtılır ve kimse arasında tercih yapılmaz. Ancak, belirli konular sadece heyet içinde konuşulur. Heyetler demokratik bir şekilde çalışır. Kemal Demirtaş bu çalışmayı şöyle yorumluyor: *'İstişare bizim için çok önemli. Biz onsuz yapamayız. [...] İstişarede şahsi görüşler önemli değildir. Önemli olan bütünlüğün almış olduğu karardır. Eğer birisi x düşüncesini temsil ederse, ama çoğunluk y görüşünü temsil ederse, bu kişi y düsüncesini kendi fikri olarak kabul etmeli ve benimsemelidir'* [K.D.].

Burada da iki örnek vermek istiyorum. Verdiğim örnekler elbette tüm gruplar ve medreseler için birebir geçerli değil, fakat genel hatlarıyla hepsi aynı tarzda işliyor.

Örnek 1: Türkiye'de istişare

Bir heyet gerektiği zaman ayda bir kaç kez bir araya gelir. Bazı medreselerin buluştukları belirli bir zaman ritimleri vardır. Medresedeki herkes istişare zamanında otomatik olarak oy kullanma hakkına sahiptirler ve herkesin bir oy hakkı vardır. Hatta en önemsiz konular için bile bir araya gelinebilinir. Araştırma için Ankara'da küçük bir kasabada bir medresenin istişare heyetine katıldığımda, medrese için bir kitaplık satın alma ve ortak bir piknik organize etmek gibi konular konuşuldu. Önce katılımcılar görüşlerini belirtti ve bunu açıkça tartıştılar. Daha sonra açık oy uygulaması yapıldı ve çoğunluğun görüşüne göre karar verildi ve tutanak olarak kaydedildi. Bir konuda karar verildiğinde, hemen diğer bir konuyla devam edildi. Her katılımcı bir sorunu dile getirebilir yada bir konu önerebilir. Bu nedenle önceden tespit edilmiş bir gündem sözkonusu değildi. Bölgede ki diğer medreselerin de aynı şekilde istişare heyetleri vardı. Aynı çevredeki medreselerin heyetleri ayda bir kez medresenin birinde bir araya gelip büyük bir heyet oluşturuyorlar. Bu toplantılara her medrese iki temsilcisini gönderir. Bu temsilciler kendi heyetleri tarafından oy ile seçilmiş kişilerdir. Yani aynı bölgede olan medreseler ayda bir kez daha büyük bir kurul için toplanıyorlar. Aynı şehirde olan medreselerin temsilcileri ise daha büyük bir heyet oluşturmak için üç ayda bir bir araya gelirler. Ve temsilciler yılda iki kez Türkiye çapında büyük bir toplantı için buluşurlar. Bu büyük toplantıda medreseler yerel faaliyetleri hakkında konuşurlar. Tüm ülkeyi kapsayan bu büyük kurul, 1975 yılından beri bir araya gelmekte. Ancak ne 'şehir heyeti' ne de 'ülke heyeti'nde yerel işleriyle ilgili bir karar almazlar. Bu sadece yerel olarak o mevki de yapılır. Büyük heyette ele alınan konular, bütün hareketi ilgilendiren konulardır, örneğin İstanbul'da Said Nursi Sempozyumu gibi.

Örnek 2: Almanya'da Şura

Almanya'da Türkiye'de olduğu gibi profesyonel çalışılmamakta. Heyetler bu düzende işlemiyor. Çoğu bölge düzensiz bir şekilde bir araya geliyorlar. Almanya'da az sayıda medrese olduğu için, biraraya gelen bölge heyetleri de çok azdır. Fakat Türkiye'de olduğu gibi büyük heyetler vardır. 6.2.2. bölümde açıklandığı gibi, Nesil Grubu yılda iki kere ve Yeni Asya Grubu her ay, genel toplu istişarelerini gerçekleştirirler. Çalışma şekli tam olarak Türkiye'de ki gibi olduğu için daha fazla açıklama gereksizdir. Bunun yerine heyette tartışılan bir konuyu örnek verebiliriz. Almanya doğumlu bir Nurcunun Almanya'da ki cemaat için, herkesin kullanabileceği bir logo oluşturma önerisi, tartışma konusu oldu. Konuyla ilgili, örneğin 'bizim bir çatı derneğimiz yok', 'her grub bağımsız faaliyetler göstermekte olduğu için tek bir sembol nasıl olacak?' ya da 'bunu sadece toplu bir grub oluşturduğumuz zaman yapabiliriz' gibi argümanlar konuşuldu. Büyük çoğunluk tek bir logoya karşı çıktığı için bu öneri reddedildi. Bu noktada Almanya'da ki Nurculuk Hareketinin yapısal sorunları açıkca ortadadır. Organizasyon eksikliği medreselerin ortak çalışmalarını zorlaştırmakta.

8.0 Anlam oluşturulmaşı ve hareketin özellikleri

Çalısmanın teorik bölümünde aktarıldığı gibi Nomos (bkz. Bölüm 3.2) anlamsız görülen dünyaya belirli bir anlam verir. Ayrıca şekiller ve teknikler riskin azalmasına ve ihtimallerden dolayı kendisini çaresiz görende ontolojik emniyetin kurulmasına vesile olur. Aktörler kendilerinde işleyen ve hem kendilerine şahıs olarak hem de grub olarak bir karakteristik damga vuran yapılar ortaya koyarlar (Hüttermann, 2002, s.4ff). Bir birey görünüşteki belirsizliği aşmak için belirli şekiller kullanır. Said Nursi bu belirsizliği gidermek ve karmaşık dünyayı tanımlamak için bireye anlamlı bir yapı sundu. Bu yapı sayesinde, yaşanan İslamiyet karmaşıklığı azaltması gerekirdi. Riskleri azaltmalı ve olabilecek veya karşı karşıya kalabilecek ihtimalleri aşabilmek için kullanılmalıydı. Bu bölümde bu yapının bazı unsurlarına değineceğiz ve araştırmanın üçüncü sorusunu cevaplandırmaya çalışacağız. Özellikle hareketin düşünce kalıpları anlam kazanacaktır. İhlas, hizmet, uhuvvet ve müsbet hareket söylemleri nur cemaatinde sıkca kullanılan kelimelerdir. Bunun Nurcuların günlük hayatlarında ne gibi bir etkisi olduğu incelenecek.

8.1 İhlas

İhlas samimiyet anlamına gelir. Dini anlamda ise, Allah'a karşı samimiyet manasını taşır. Said Nursi, 'İhlas

Risalesi' adlı kitabında şöyle yazıyor: 'Bu Lem'a lâakal her on beş günde bir defa okunmalı' (2002a, s.27; 2004c. s.55; 2000f, s.221; 2007, s.187). Böylece bu kavramın önemini vurgulamaktadır. Said Nursi için ihlasın anlamı, herşeyi sırf Allah rızası için yapmak. Burada 'sırf' kelimesi vurgulanmakta. Çünkü insanın dikkatini sadece yaratıcısına vermeli gerektiğini vurguluyor: 'Amelinizde Allah rızası olmalı. Eğer O, razıysa bütün dünya küsse ehemmiyeti yok. Eğer O, kabul etse bütün halk reddetse tesiri yok. O, razı olduktan ve kabul ettikten sonra, isterse ve hikmeti lazım gelirse, sizler istemek talebinde olmadığınız halde, halklara da kabul ettirir, onları da razı eder. Onun için, bu hizmette doğrudan doğruya yalnız Cenab-ı Hakk'ın rızasını esas maksad yapmak gerektir' (Nursi, 2002a, s.26; 2000f, s.222; 2007, s.188). Hidayetin sadece ihlasla olabileceğinşi söylüyor. Küçük fakat ihlaslı bir hareketin, büyük fakat riyakar bir tavıra tercih edilmesi gerektiğini belirtiyor (Nursi, 2000i, s.146).

Söyleşi yaptığımız birisi ihlası kendi sözleriyle açıklıyor: *'Eğer bir kişi yaptıklarını, övünmek için ya da bir mevki elde etmek için değilde, sadece Allah için yapıyorsa, o kişide ihlas vardır. Bu nedenle ihlas çok önemlidir. Sonuçta daima ihlaslı olabilmek için çabalıyoruz. Risale'deki bu bölümü herzaman okumamızın nedeni budur. Üstad, 'iki haftada bir okuyun' diyor' [A.F.]*. İhlas'ın önemini vurgulamak için, Kenan Demirtaş bu ilkeleri kanunlarla karşılaştırır: *'İhlas düsturları bizim için anayasadır. 21. Lem'a'daki her bir nokta bizim için anayasanın maddeleri gibidir' [K.D.]*.

Aşağıdaki söyleşi bölümünde de anlaşılabileceği gibi bu terimin risk yönetiminde özel bir rolü vardır:

'Eğer ben birini 50 defa derslere davet ettiğim halde gelmezse, bu durum beni rahatsız etmez. Onun bileceği bir şeydir. Çünkü ben onu illa gelsin diye davet etmiyorum. Benim niyetim, benim onu davet ettim diye sohbete gelmesiyle kendimi memnun etmek değildir. Ne demek istediğimi anlıyormusunuz? Birisinin benim sayemde medreseye gelmesi benim egomu övünülecek duruma getirmemeli. Ben bunu yalnız Allah için yapıyorum. Biz buna ihlas diyoruz' [G.S.]. Bu nedenle bir Nurcu toplumda da buna göre hareket etmeye çalışır. Allah'ın hoşnut olacağını düşündüğü yasam tarzını uygular. Sonucu ne olursa olsun, onun için önemsizdir. Niyetin odak noktası Allah rızası için yapılmış olmasıdır: *'Benim görevim birini sohbete davet etmektir. Davete katılıp katılmaması onun meselesidir. Allah bana sadece arkadaşlarımı sohbete çağırıp çağırmadığımı soracak' [G.S.].* Buna benzer ifadeleri Risale-i Nur'da da görebiliyoruz. Örneğin Said Nursi'nin de belirttiği gibi, neticede bir işin sonucu Allah'a kalmıştır. Bireyler için önemli olan, edilen niyetin kalpden olmasıdır (2000i, s.144ff; 2001a, s.402). Said Nursi'nin bu görüşü tevhid anlayışına dayanıyor. Nursi'ye göre yaratılmışın dışında bir alan yoktur. İnsan her zaman O'nun (Allah) huzurundadır ve bu nedenle ihlaslı olmalıdır (2000f, s.225ff; 2007, s.192ff). **İhtimalleri aşabilmek için tevhid inancı önemli bir unsurdur.** Bu nedenle Weber'in deyimiyle Said Nursi'yi ve Nurcu'ları etik-görüşlü olarak nitelendirebiliriz. Etik-görüşlüler Allah rızası için hareket ederler ve sonucu Allah'a bırakırlar (Weber, 1992, s.70ff).

8.2 Hizmet

Bir çok kez kullandığımız 'hizmet' kavramı ne anlama geliyor? Nurcuların kullanımı ile hizmet, Risale-i Nur hizmeti demektir. S.D. hizmetin nelerden oluştuğunu şöyle tanımlıyor: *'Hizmet Risale-i Nur okumak, medreselerdeki sohbetlere katılmak ve Risale-i Nur'un yayılmasına yardımcı olmaktır'* [S.D.]. Hizmet hayat felsefesi haline geliyor. *'Risale-i Nur'da ki prensipler peygamberimizin sünneti ile örtüşmektedir. Bu nedenle herhangi bir şüphe duymadan Risale-i Nur kitaplarına yönelenebilinir. Üstad, Kur'an'da ve sünnette olanlardan yazıyor. Risale-i Nur'da başka birşey yazmamaktadır. Kaynak hep aynıdır'* [S.D.]. Hizmet her zaman ihlas ile bağlıdır: *'Hizmet ihlas ile yapılmalı, aksi takdirde amacı yerine gelmez. Hizmetde olumlu bir sonuç yalnız ihlas ile olur'* [T.A.].

T.A. Risale-i Nur'un yayılması için şöyle diyor: 'Konumuz ahiret. Biz bu dünyada Allah tarafından sınanıyoruz. Sadece Allah'a inananlar ahiretini ebedi saadete döndürür. Ve Risale-i Nur bu imanı geliştiriyor. Hem kalbe hem de akıla ve mantığa çok hitap ediyor. Bu nedenle biz Risale-i Nur'u yayıyoruz. Ama herşeyden önce önemli olan Risale-i Nur değil, imandır.' Bu ifadelere göre Risale-i Nur'lar amaç değil araçtır. Hedef imanı güçlendirmektir. **Risale-i Nur talebelerine göre Risale-i Nur okudukları zaman imanları güçleniyor.** Bu nedenle sürekli okumak ile meşgul olan bir cemaat oluşuyor.

Peki günlük yaşamda hizmetin önemi ne? Ihlas ve aşağıdaki uhuvvet terimi gibi, hizmet de anlam oluşturuyor. Bir Nurcu, günlük hayatında, hizmet edebilmek için yollar ve yöntemler bulmaya çalışır. Hatta otobüs veya okul tenefüslerinde okunan Risale-i Nur eserleri hizmet olarak algılanıyor. Bu bir Nurcu'ya günlük hayatında bir anlam veriyor. Böylece yapılan en küçük hareket dahi ibadete dönüşüyor.

8.3 Uhuvvet

Said Nursi'nin uhuvvete (kardeşliğe) olan çağrısı müslümanlar için son derece önemlidir. Yazdığı Uhuvvet Risalesi sadece Nurcular tarafından değil, diğer cemaatlerin de sık sık başvurduğu bir kitap. Bu bölümde kardeşliğin ve müslümanların birlik olmasının son derece önemli olduğunu yazıyor: 'Mü'minlerde nifak ve şikak, kin ve adâvete sebebiyet veren tarafgirlik ve inat ve haset, hakikatçe ve hikmetçe ve insaniyet-i kübrâ olan İslâmiyetçe ve hayat-ı şahsiyece ve hayat-ı içtimaiyece ve hayat-ı mâneviyece çirkin ve merduttur, muzır ve zulümdür ve hayat-ı beşeriye için zehirdir' (Nursi, 2004b, s.365ff; 2004e, s.8). Aynı şekilde Nursi „Bu zamanın en büyük farz vazifesi ittihad-ı İslâmdır" (1978, s.67) diyerek müslüman dünyasını birlik ve beraberliğe çağırıyor.

Said Nursi başka bir yerde Nurcuların başkalarının 'hataları' ile ilgilenmemelerini ve hiç bir şekilde diğer İslami gruplarla rekabet ilişkisinde bulunmamalarını yazıyor (2000f, s.213; 1995c, s.63;

2007, s.176). Emirdağ Lahikasında, Risale-i Nur'ların Türkiye'de iki ana tehdite karşı geldiklerini yazıyor. İlk tehdit anarşi ve ikincisi'de dünyada (o zamanlar) 350 milyon müslümanın ihtilafı. Risale-i Nur'un ise bu ihtilafa uhuvvet ile cevap vereceğini belirtiyor (2001c, s.111).

Said Nursi'nin konuyla ilgili görüşü gelecek pasajda da belli oluyor: 'Sen mesleğini ve efkârını hak bildiğin vakit, 'Mesleğim haktır veya daha güzeldir' demeye hakkın var. Fakat 'Yalnız hak benim mesleğimdir' demeye hakkın yoktur' (2004b, s.368; 2004e, s.17; bkz. 2001b, s.460; 2004b, s.618). Yani farklı fikirlere izin veriyor. Bu farklılıkları fikir aliş verişi olarak kullanır ve böylelikle diğer İslami grupları birbirine bağlar. Nurcular bu şekilde diğer müslüman gruplarda da aktif olabilirler. Ve Said Nursi'nin eserleri diğer gruplarda da okunabilir. Bir Milli Görüşcü, mevcut çalışmadan haberdar olunca, şöyle demiştir: 'Nurcular Risale-i Nur'un yalnızca kendilerine ait olduğunu sanıyorlar. Bu doğru değil. Risale-i Nur bütün müslümanlarındır' [N.E.]. Bu bilgi Said Nursi'den gelen deyim ile uyumludur. 'Risale-i Nur, dünyada her cereyanın fevkinde bulunması ve umumun malı olması cihetiyle, bir tarafa tabi ve dahil olmaz' (2001c, s.140). **Bu da sonuç olarak Nurcuların Said Nursi'nin eserleri üzerinde hiç bir özel hakka sahip olmadıklarını gösteriyor.** Ancak cemaatin kurumsallaşmasıyla birlikte eserlerin okunması Nurcu olmak ile algılandı. Bu durum bazen itici olabiliyor, yani Nurcu ilan edilmemek için Said Nursi'nin eserleri okunmuyor. Buna ilaveten bir de yazılarında, kitaplarında ve makalelerinde Nursi'den alıntı yapanlar dahi kolaylıkla Nurcu kategorisine girebiliyor. Bu nedenle Said Nursi'nin eserlerinden alıntı yapıp kaynak belirtmeyenler de oluyor. Bazen camiilerde verilen vaazlarda bahsedilirken ismi dahi anılmıyor, yerine 'bir büyük alim' veya 'zamanımızından bir alim' diye bahsediliyor.

Uhuvvete rağmen Nurcuların kendi aralarında bölünmeleri bir çelişki gibi gözüküyor. Nurcular bu çelişkiyi bir benzetme ile aşmaya çalışmaktalar: *'Bilindiği üzere bir çok İslami grub var. Ve hepsi Allah'ın yolundadırlar. Hepsi doğrudur. [...] Bizde de aynı böyledir. Bir çok Nurcu grupları vardır. Ama hepimiz biriz. Peygamberimiz de çeşitliliğin iyi olduğunu söylüyor. Ve Üstad bunu 22. Mektubunda yazmakta (bahsedilen bölüm Uhuvvet Risalesi)'* [C.M.]. Peygamberimizin söz konusu olan hadisi şöyledir: 'Ümmetimin ihtilafı rahmettir' (Acluni, 1932, s.66-68; Münavi, 1972, s.210-212). Said Nursi bu hadisi şöyle yorumluyor: 'Hadisteki ihtilâf ise, müsbet ihtilâftır. Yani, herbiri kendi mesleğinin tamir ve revâcına sa'y eder. Başkasının tahrip ve iptaline değil, belki tekmil ve ıslahına çalışır. Amma menfi ihtilâf ise-ki garazkârâne, adâvetkârâne birbirinin tahribine çalışmaktır-hadisin nazarında merduttur. Çünkü birbiriyle boğuşanlar müsbet hareket edemezler' (Nursi, 2004b, s.372; 2001b, s.259). Buna göre Nurcular kendi aralarında ki grublaşmaların olumlu bir bölünme olduğuna inanıyorlar. Çünkü bu şekilde meşruiyetlerini karşılıklı inkar etmiyorlar. Onlar bölünmelerini bir iş paylaşımı olarak görüyorlar (bkz. bölüm 5.4). Bu şekilde farklı görüşler birbirleri ile karşılaşıyor ve bir bütün olarak doğru kabul ediliyor.

8.4 Müsbet Hareket

Kaynağı peygamberimizin sünneti olan 'Müsbet Hareket' Modelini dünyaya sunan Bediüzzaman Said Nursi anarşiliğin her türlüsüne karşıydı (2001c, s.27, 111; Şahinöz, 2020). Nursi, anarşiyi İslam'ın dışında olarak nitelendiriyordu: 'Hakîki bir Müslüman, samîmi bir mü'min hiçbir zaman anarşîye ve bozgunculuğa taraftar olmaz. Dînin şiddetle menettiği şey, fitne ve anarşîdir. Çünkü, anarşî hiçbir hak tanımaz; insanlık seciyelerini ve medeniyet eserlerini canavar hayvanlar seciyesine çevirir.' (2001a, s.566). Çünkü Nurcuların vazifesi yıkmak değil, yapıcı olmak (2000c, s.52; 2001c, s.455). 'Mesleğimiz, müsbet hareket etmektir. Değil mübareze, belki başkaları düşünmeye de mesleğimiz müsaade etmiyor' (2000c, s.188) diye hizmet metodunu tarif ediyor. Harekette sadece kendi imanını değil, toplumun imanını güçlendirmenin de önemine vurgu yapıyor (2000c, s.154). Nursi kendisine düşmanlık yapanlara intikam duygusu beslemiyordu. Yazılarında düşmanlarının onlara karşı şiddet kullanacaklarını sandıklarını dile getiriyor: 'Bilakis aldandılar. Biz, bütün kuvvetimizle anarşiliğe bir sedd-i Zülkarneyn gibi, bir sedd-i Kur'âni tesisine çalışıyoruz' (2001c, s.30). Kendisini suçlayanları af ediyor: 'Eğer Risale-i Nuru tenkid fikriyle tetkik eden adliye memurları, imanlarını onunla kuvvetlendirip veya kurtarsalar, sonra beni idamla mahkûm etseler, şahit olunuz, ben hakkımı onlara helâl ediyorum. Çünkü biz hizmetkârız. Risale-i Nur'un vazifesi imanı kuvvetlendirip kurtarmaktır. Dost ve düşmanı tefrik etmeyerek hizmet-i imaniyeyi hiçbir tarafgirlik girmeyerek yapmaya mükellefiz' (2000d, s.341; 2004a, s.456). Başka bir yazısında ise şöyle yazıyor: 'Beni idama mahkûm eden zâtlar, Risale-i Nur ile imanlarını kurtarıp idam-ı ebedîden necat bulsalar, siz şahit olunuz, ben onları da ruh u canımla helâl ederim' (2000d, s.258; 2004d, s.334).

Diğer bir yazıda duruşu daha da netleşiyor: 'Ben maddî ve mânevî herşeyimi feda ettim, her musibete katlandım, her işkenceye sabrettim. Bu sayede hakikat-i imaniye her tarafa yayıldı. Bu sayede Nur mekteb-i irfanının yüz binlerce, belki de milyonlarca talebeleri yetişti. Artık bu yolda, hizmet-i imaniyede onlar devam edeceklerdir. Ve benim maddî ve mânevî herşeyden ferağat mesleğimden ayrılmayacaklardır. Yalnız ve yalnız Allah rızası için çalışacaklardır. Benimle beraber çok talebelerim de türlü türlü musibetlere, ezâ ve cefâlara mâruz kaldılar, ağır imtihanlar geçirdiler. Benim gibi onlar da bütün haksızlıklara ve haksız hareket edenlere karşı bütün haklarını helâl etmelerini isterim. Çünkü onlar bilmeyerek kader-i İlâhînin sırlarına, derin tecellîlerine akıl erdiremeyerek bizim dâvâmıza, hakikat-i imaniyenin inkişafına hizmet ettiler. Bizim vazifemiz onlar için yalnız hidayet temennisinden ibarettir. Bize ezâ ve cefâ edenlere karşı hiçbir talebemin kalbinde zerre kadar intikam emeli beslememesini ve onlara mukabil Risale-i Nur'a sadakat ve sebatla çalışmalarını tavsiye ederim' (2001c, s.318). Fakat sadece düşmanlarla değil, her hangi nedenlerden dolayı cemaate karşı gelen din adamlarıyla dahi tartışılmamasını söylüyor (2000d, s.280; 2001c, s.116; 2004a, s.361). Toplumsal barış için, özellikle çocukların, yaşlıların ve hastaların huzuru için kendi hayatını feda etmeye hazır (2001c, s.29; Berk,

1972, s.52). Bir toplumun birbirine bağlanıp kenetlenmesi onun için çok önem taşıyordu: 'Tesanüd içindeki bir cemiyet, ataleti harekete tebdil eden bir vasıta olur. Tehasüd içindeki bir cemaat ise, hareketi atalete çevirmeye vasıtadır. Cemaatte vahid-i sahih olmazsa, cem ve zam, kesir darbı gibi küçültür. Hesapta malûmdur ki, darb ve cem ziyadeleştirir. Dört kere dört, on altı olur. Fakat kesirlerde, darb ve cem, bilâkis küçültür. Sülüsü sülüsle darb etmek, tüsu' olur, yani dokuzda bir olur. Aynen onun gibi, insanlarda sıhhat ve istikamet ile vahdet olmazsa, ziyadeleşmekle küçülür, bozuk olur, kıymetsiz olur' (2001b, s.459; 2004b, s.618). Bilici, Nurculuk Hareketinin müsbet hareket metoduyla kırıcı değil, yapıcı olduğunu ifade eder (Bilici, 2003, s.175).

Tıp ki Sokrat gibi, Nursi'de kendisine idam cezasının verilmesini umursamıyordu: 'Madem keyfiyet böyledir. Ben de buradaki mahkemeye değil, belki o insafsızlara derim: Ben, sizin bana vereceğiniz en ağır cezanıza da beş para vermem ve hiç ehemmiyeti yok. Çünkü ben kabir kapısında, yetmiş beş yaşındayım. Böyle mazlum ve mâsum bir iki sene hayatı şehadet mertebesiyle değiştirmek, benim için büyük saadettir. Risale-i Nur'un binler hüccetleriyle kat'î imanım var ki, ölüm bizim için bir terhis tezkeresidir. Eğer zâhirî idam da olsa, bizim için bir saat zahmet, ebedî bir saadetin ve rahmetin anahtarı olur. Fakat, siz ey gizli düşmanlar ve zındıka hesabına adliyeyi şaşırtan ve hükümeti bizimle sebepsiz meşgul eden insafsızlar! Kat'î biliniz ve titreyiniz ki, siz idam-ı ebedî ile ve ebedî haps-i münferitle mahkûm oluyorsunuz. İntikamımız sizden pek çok muzaaf bir surette alınıyor görüyoruz. Hattâ size

200

acıyoruz. Evet, bu şehri yüz defa mezaristana boşaltan ölüm hakikatinin elbette hayattan ziyade bir istediği var. Ve onun idamından kurtulmak çaresi, insanların her meselesinin fevkinde en büyük ve en ehemmiyetli ve en lüzumlu bir ihtiyac-ı zarurîsi ve kat'îsidir. Acaba, bu çareyi kendine bulan Risale-i Nur şakirtlerini ve o çareyi binler hüccetlerle bulduran Risale-i Nur'u âdi bahanelerle itham edenler ne kadar kendileri hakikat ve adalet nazarında müttehem oluyor, divaneler de anlar' (2000d, s.323; 2004a, s.427ff).

Said Nursinin tek sloganı: 'Biz muhabbet fedaileriz, husumete vaktimiz yoktur' (1978, s.49; 1995b, s.92ff). 'Said Nursi'de ne devleti kontrol etme amaçlı bir islami populizm ne de devletin baskılarını haklı çıkarabilecek bir İslam anlayışı bulmak mümkün değil. Onun İslam anlayışı, radikal bir dincilik veya ulusal bir kurtuluş hareketi de değil. Hayır, Nursi'nin projesi, etik bir sistemi yeniden kurma amaçlı ve iman hakikatlarını merkez edinmiş bir hareket idi' (Yavuz, 2004, s.129). Etik sistemin sadece şiddetten uzak oluşabileceğinin bilincindeydi, bu yüzden hep özgürlük için çabaladı: 'Ekmeksiz Yaşarım, Hüriyetsiz Yaşayamam' (2001c, s.18). Düşünce özgürlüğü onun için medeniyetin kaynağı idi (2001a, s.54-68). Sadece özgürlükle dinin en yüksek mertebesine ulaşmak mümkündü[79].

Hem Yavuz (2004), hem de Vahide (1999), Said Nursi'nin ve talebelerinin bu metot sayesinde toplumsal barışa katkı sağladıklarını ifade eder. Mardin (2003b) ise

---

[79] Said Nursinin özgürlük anlayışı başlı başına bir konu (bkz. Nursi, 1995d, s.40 oder 1978, s.56-70)

böyle bir islami anlayışın daha fazla yaygınlaşması gerektiğini ifade eder.

Risale-i Nur talebeleri Said Nursi'nin bu davranışını benimsiyorlar. Mehmet Fırıncı bu bağlamda Nurculuğu bir Sivil Toplum Kuruluşu olarak görüyor: *'Bugün bize Sivil Toplum Kuruluşu denilebilinir. Tabiki zamanı geldiğinde biz de devleti eleştirmeyi biliriz, bu da Sivil Toplum Kuruluşlarının bir parçasıdır. Fakat devleti baştan değiştirmeye çalışmak, yada devlete karşı gelmek bize göre değildir. Bunu Bediüzzaman talebelerine yasakladı!' [M.F.].* Devamında Fırıncı Nurcuların hiç bir zaman silaha başvurmadıklarını aktarıyor: *'Risale-i Nur talebeleri kesillikle hiç bir zaman ellerine silah almadılar. Biz hiç bir zaman isyanlara katılmadık. Üstad şiddete karşıydı ve savaşmayı hep önlemeye çalıştı, mesela Şeyh Said isyanında olduğu gibi.'* Fırıncı buna yönelik 1979 yılındaki ayaklanmalara da değindi: *'Bizim öğrenciler bir gün solcular tarafından dövüldü. Bir gün sonrada sağcıların saldırısına uğradılar (...) Bize gelip `Ne yapmamız gerekiyor? Her gün saldırılara uğruyoruz, onları korkutmak için bari silah taşıyabilirmiyiz?` diye sordular. Bunu kesinlikle yasakladık. `Gerekiyorsa okulunuzu bırakın ve ayaklanmalar bitince tekrar devam edin. Ama kesinlikle silah taşımayın' diye öğüt verdik. Onları engellemek kolay değildi, ama başardık' [M.F.].* Lemmen (1997) grubun bu özelliğininin altını çiziyor: *'Nurculuk Hareketine göre barışı elde etmek ve savunmak için şiddet ve saldırganlık uygulanmaz'.* Söyleşide bu şöyle açıklanıyor: *'Biz tartışma istemiyoruz. Biz beraberce anlaşmaktan yanayız. Ben seni olduğun gibi kabul ediyorum. Sen de beni kabul etmelisin.*

Böylece anlaşmaya bir temel atmış oluruz. Şiddet ile hiç bir şey çözülemez' *[C.K.].*

T.A. için Nursi'nin Şeyh Said isyanına (bkz. bölüm 5.2.2.) katılmaması cok önemli: *'Said Nursi isyana katılabilirdi. Ama katılmadı (...) Onun için toplumdaki barış daha önemli idi. O yüzden biz de bu şekilde hareket ediyoruz. Her zaman barış için çaba göstermemiz gerekiyor. Çatışmalar olmaması için. Yani Üstad gibi yapıyoruz'* *[T.A.].* Üstadın diğer bir talebesi olan Mustafa Sungur'da aynı şekilde düşünüyor: *'Üstad vefatının ardından bize bir miras bırakmıştır: Müsbet Hareket. Bize her zaman herkese iyi davranmamızı ve her probleme karşı sabırla yaklaşmamızı söylerdi. Ancak böyle toplumsal barışa ulaşabiliriz. Nur talebeleri buna mecbur'* (Aköz, Atal, 16.12.2004). Üstadın diğer talebesi Mehmet Kırkıncı konu hakkında şöyle diyor: *'Bediüzzaman bir cemaat kurmuştur. [...] Bir karıncayı bile incitmeyen bir cemaat. Onlar anarşiye ve ayrımcılığa karşıdır. Üstadın da söylediği gibi, onlar muhabbet fedaileri. Husumete vaktımız yok. Düşmanlık ile insan hem kendine hemde diğerlerine zarar verir'* (Aköz, Atal, 17.12.2004)

8.5 Kutsallaştırma

Said Nursi, kendisine atfedilen tüm makam ve kutsallaştırmaları reddetmiştir. Hakiki ihlasın, maddi ve manevi makamlara ve meşhur olmaya izin vermediğini yazıyor (Nursi, 2001c, s.67). Ebedi bir hakikatın kaynağını fani bir insanda aramanın yanlış olduğunu söylüyor (Nursi, 2001c, s.63). Tekrar tekrar kendisinin ne bir lider ne de bir şeyh olduğunu açıklamıştır (2001b, s.66; 2004b, s.108; Şahiner, 1979b, s.92). Hareketi kendisinin karizmasıyla özleşmesini değil, eserleriyle özleştirilmesini istiyordu. Bu yüzden okurlarından şunu bekledi: 'Böyle [...] dersiniz: 'Biz, Risale-i Nur'un şakirtleriyiz. Said de, bizim gibi bir şakirttir. Risale-i Nur'un menbaı, madeni, esası da Kur'ân dır. [...] Onun tercümanı ve bir hizmetkarı olan Said ne halde olursa olsun, hatta Said de-el iyazü billah-Risale-i Nur'un aleyhine dönse, bizim sadakatimiz ve alakımızı inşaallah sarsmayacak' deyip, o kapıyı kaparsınız' (Nursi, 2001c, s.109). Örneğin Kastamonu Lahikasında talebelerine kendisine manevi bir makam vememeleri için uyardı. Bunun yerine sadakat, vefa ve ihlas ile hizmete bağlanmalarını istiyor (2000c, s.61).

Nursi sadece kutsal veya manevi makamlardan kendisini uzak tutmuyordu. Aynı zamanda meşhur olmanın da ihlası zedeleyen bir zehir olduğunu beyan ediyor (2000c, s.108; 2000i, s.71; 2001c, s.169ff, 225). Hizmet adına ne maddi ne de manevi karşılık alınmamasını söylüyordu. Talebelerine meşhur olmak için çabalamamalarını söylüyor: 'Teveccüh-ü nâs istenilmez, belki verilir. Verilse de onunla hoşlanılmaz. Hoşlansa ihlâsı kaybeder, riyâya girer. Şan ve şeref arzusuyla teveccüh-ü nâs ise, ücret ve mükâfat değil, belki ihlâssızlık yüzünden gelen bir itab ve bir mücazattır. Evet, amel-i salihin hayatı olan ihlâsın zararına teveccüh-ü nâs ve şan ve şeref, kabir kapısına kadar muvakkat olan bir lezzet-i cüz'iyeye mukabil, kabrin öbür tarafında azâb-ı kabir gibi nâhoş bir şekil aldığından, teveccüh-ü nâsı arzu etmek değil, belki ondan ürkmek ve kaçmak lâzımdır. Şöhretperestlerin ve şan ve şeref peşinde koşanların kulakları çınlasın!´ (2000f, s.211; 2002a, s.8; 2007, s.174). Başka yerde şan, şöhret ve insanların teveccühünün ahirette beş para etmediğini ifade ediyor (2001b, s.402).

Said Nursi kendisinin Hz. Muhammed´in ailesinin kökeninden olduğunu eserlerinde hiç dile getirmemiş ve üstelik Denizli de bir mahkeme esnasında bunu bilmediğini söylüyor (2001c, s.232). Fakat talebeleri ise kendisinin peygamberin kökeninden geldiğini kendilerine söylediğini (Badıllı, 1990, s.36; Şahiner, 2005, c.1, s.240, c.3, s.116, 201) fakat bunun duyulmasını istemediğini ifade ediyorlar (Şahiner, 2005, c.3, s.238)[80]. Fethullah Gülen de aynısını, yani kökenlerininin peygamberimizin ailesine dayandığını ifade ediyor (Erdoğan, 1995, S.33)[81] ve ismini "Muhammed Fethullah" olarak kullanıyor. Bu durumun böyle olması tartışmalarda büyük önem taşıyor, çünkü peygamberimizin ailesine ait olmak, onun ailesinden gelmek dini tartışmalarda büyük bir avantaj sağlayabilir, çünkü söylenenlere ve yazılanlara meşruluk kazandırır.

Nursi´nin kendisini manevi makamlardan geri çekmesine rağmen ona bu gözle bakanlar yinede mevcut. Talebelerin çoğu bu duruma karşı gelse bile, ellerinden

---

[80] Medine-i Münevvere'deki Tahkik'ül-Ensab kurumu, Irak'daki Sadat ve Esraf Yüksek Meclisi ve Ürdün'deki Sadat ve Esraf Yüksek Meclisi ve bütün dünyadaki seyyid ve şerifleri bünyesinde barındıran Rabitatu Alil-Beyt kurumu tarafından hazırlanan Neseb Şahadeti belgesinde Bediüzzaman'ın Evlad-ı Resul olduğu tasdik ediliyor (bkz. 10. Ek) (Akgündüz, 2014).

[81] Her cemaatte liderlerini mehdi olarak görenler mevcuttur.

birşey gelmiyor: *'Üstad da herkes gibi bir insandı. Tabiki o da hata yapabilir. Sonuçta bir peygamber değil. (...) Onu yüceltmek için doğa üstü yetenekler vermemek lazım. Buna hiç gerek yok. Zaten eserleri yeterli'* [T.A.]. Kenan Demirtaş ise *'kutsal'* kelimesini tamamen reddediyor: *'Said Nursi veya eserleri kutsal değildir. İslam'da sadece peygamberler kutsaldır'* [K.D.]. Said Nursi daha yaşarken bir grub onun kitapları latin harfleriyle basma kararını desteklemeseler bile eserlerine uyuyorlardı. İşte bu nokta da Risale-i Nur'un oluşumunda Said Nursi'nin sadece aracı olduğunu görüyoruz. Nursi'nin ikinci plana düşmesi kendi karizmasının eserlerine yönlendirmesiyle oldu.

8.6 Karizma'nın kayması

Said Nursi bahsi geçtiği gibi kendisi için manevi makamları kabul etmiyordu: *'Kendini faziletten mahrum gösterip, bütün fazileti Kur'ân'ın tefsiri olan Risale-i Nur'a ve dolayısıyla Nur Şâkirdlerinin şahs-ı mânevîsine verip kendini âdi bir hizmetkâr bilmesi kat'î isbat ediyor ki; şahsını beğendirmeğe çalışmadığı ve istemediği ve reddettiği'* (Nursi, 2001a, s.455, 484). Fakat Risale-i Nur'ların önemine özellikle vurgu yapıyor[82]. Risale-i Nur'ların tek kaynağının Kuran olduğunu (2000b, s.225ff; 2000e, s.86; 2000g, S.12; 2001b, s.27, 340;

---

[82] Örneğin 1995b, s.16, 23; 2000b, s.225ff; 2000c, s.12, 28ff, 120, 156; 2000d, s.75, 185, 582, 594, 612; 2000e, s.86; 2001b, s.27, 53, 340, 362, 365, 412ff; 2001c, s.92, 170, 198 219; 2002b, s.21; 2004b, s.55ff, 90, 490, 514, 519.

2001c, s.170; 2004b, s.55ff, 490)[83], eserlerin Kur'an mucizeleri olduğunu (2000c, s.12, 28ff, 120, 156; 2000d, s.185; 2001b, s.362; 2001c, s.219; 2002b, s.21; 2004b, s.514), bu eserler Kur'an'ın anlayışı için bir anahtar olduğunu (2001b, s.412) ve Kur'anın hakiki bir tefsiri olduğunu beyan ediyor (2000d, s.582; 2001b, s.413; 2004b, s.490). Böylelikle eserleri meşrulaştırıyor. Mektuplarının birinde şöyle yazıyor: 'Yazılan Sözler tasavvur değil, tasdiktir. Teslim değil, imandır. Marifet değil, şehadettir, şuhuddur. Taklit değil, tahkiktir. İltizam değil, iz'andır. Tasavvuf değil, hakikattir. Dâvâ değil, dâvâ içinde bürhandır' (2004b, s.519; 2001b, s.365). Eserlerinin ontolojik kurgusu olarak Kur'an'ı öne sürüyor (Karabaşoğlu, 2003, s.271). Kur'an ile kendi eserleri arasında önemli bir bağlantı kuruyor. Eserlerin geçerliliğini Kur'an'dan sağlıyor (Abu-Rabi, 2000). Bunu Nursi tekrar dile getiriyor: 'Risale-i Nur mesleği, tarikat değil, hakikattir' (2001c, s.61). 'Resâili'n-Nur dahi ne şarkın malûmatından, ulûmundan ve ne de garbın felsefe ve fünunundan gelmiş bir mal ve onlardan iktibas edilmiş bir nur değildir. Belki, semâvî olan Kur'ân'ın şark ve garbın fevkindeki yüksek mertebe-i arşîsinden iktibas edilmiştir' (2000d, s.594).

Bu şekilde Risale-i Nur'lar Said Nursi'nin liderlik yerini alıyor. Karizma eserlere kayıyor. Fakat elbette Nursi eserlerini Kur'an ile karşılaştırmıyor veya Kur'an ile aynı makamda görmüyor. Bunu ne eserlerinde ne de

---

83 Diyanet İşleri Reisliği Müşavere ve Dini Eserler İnceleme Heyeti'nin Risale-i Nur ile ilgili 23 Mayıs 1956'da verdiği olumlu rapor'da da Risale-i Nur'ların yalnız Kur'an-ı Kerim ve hadislerden ilham alınarak yazıldığı ifade ediliyor (bkz. Ek 16).

söyleşilerde bulabiliriz. Yavuz'un da doğru olarak tespit ettiği gibi, Nursi eserlerini sadece sünuhat (2004, s.124) olarak görüyordu. Konuya şöyle aydınlık kazandırmış: 'Risale-i Nur'un mesâili, ilimle, fikirle, niyetle ve kastî bir ihtiyarla değil; ekseriyet-i mutlakayla sünuhat, zuhurat, ihtarât ile oluyor' (Nursi, 2000c, s.163), 'Vahiy değil ve olamaz. Hem umumiyetle dahi ilham değil, belki ekseriyetle Kur'ân'ın feyziyle ve medediyle kalbe gelen sünuhat ve istihracat-ı Kur'âniyedir' (Nursi, 2000d, s.615), 'doğrudan doğruya bir eser-i inâyet-i Rabbâniye ve bir keramet-i Kur'âniye olduğu gibi, çok tetkikat ve taharriyâtın neticesiyle ancak husul bulan o çeşit risaleler, fevkalâde bir süratle, hem idrakimi ve fikrimi müşevveş eden sıkıntılı inkıbaz vakitlerinde yazılması dahi, bir eser-i inâyet ve bir ikram-ı Rabbânîdir'(Nursi, 2001b, s.362), 'Nev-i insanın yüzde sekseni ehl-i tahkik değildir ki, hakîkate nüfûz etsin ve hakîkati hakîkat tanıyıp kabul etsin. Belki, sûrete, hüsn-ü zanna binâen, makbul ve mûtemet insanlardan işittikleri mesâili taklîden kabul ederler. Hattâ, kuvvetli bir hakîkati zaif bir adamın elinde zaif görür ve kıymetsiz bir meseleyi kıymettar bir adamın elinde görse, kıymettar telâkki eder. İşte ona binâen, benim gibi zaif ve kıymetsiz bir bîçarenin elindeki hakàik-ı îmâniye ve Kur'âniyenin kıymetini, ekser nâsın nokta-i nazarında düşürmemek için, bilmecburiye îlân ediyorum ki: İhtiyârımız ve haberimiz olmadan, birisi bizi istihdam ediyor; biz bilmeyerek bizi mühim işlerde çalıştırıyor. Delilimiz de şudur ki: Şuurumuz ve ihtiyârımızdan hariç bir kısım inâyâta ve teshîlâta mazhar oluyoruz. Öyle ise, o inâyetleri bağırarak îlân etmeye mecburuz'(Nursi, 2001b, s.359). Bu bağlamda Nursi'nin kitapları yazarken, başka İslam alimlerinde de olduğu gibi, ilham aldığını düşünürler (Yavuz, 2004, s.124). Yinede Nursi'de kendisinin veya eserlerinin gerektiğinde eleştirilmesini istiyordu (2000g, s.96).

Karizmatik bir önder en azından mensuplarına toplumsal hayatlarında karmaşadan sonra bir düzen getirendir. Bu Said Nursi içinde geçerli. Fakat Nursi bu görevi kendisinden Risale-i Nur'lara aktarıyor. Önemli karizmasına rağmen, bilerek kendi karizması üzerine kurulu bir hareket oluşmasından kaçınmıştır (Karabaşoğlu, 2003, s.279). Yani hareketin temelinde kendi karizmasının olmasını istemiyordu. Sadece yazıların ön planda olmasını istiyordu. Barla Lahikasında şöyle yazıyor: 'Aziz kardeşlerim, Üstâdınız lâyuhtî değil... Onu hatâsız zannetmek hatâdır. Bir bahçede çürük bir elma bulunmakla bahçeye zarar vermez. Bir hazinede silik para bulunmakla, hazineyi kıymetten düşürtmez. Hasenenin on sayılmasıyla, seyyienin bir sayılmak sırrıyla, insaf odur ki: Bir seyyie, bir hatâ görünse de, sair hasenata karşı kalbi bulandırıp itiraz etmemektir. [...] Biliniz, kardeşlerim ve ders arkadaşlarım, benim hatâmı gördüğünüz vakit serbestçe bana söyleseniz mesrur olacağım. Hattâ başıma vursanız, Allah razı olsun diyeceğim. Hakkın hatırını muhafaza için başka hatırlara bakılmaz. Nefs-i emmârenin enâniyeti hesabına Hakkın hatırı olan bilmediğim bir hakikati müdafaa değil, ale'r-re'si ve'l-ayn kabul ederim' (Nursi, 2000g, s.97). Kendi hatalarının eserlerine bulaştırılmasını istemiyordu, çünkü eserlerinin kendi aciz şahsiyetinden değil Kur'anın güneşinden oluştuğunu söylüyor (2001c. s.198). Karizmanın kaymasıyla rutinleşme (Weber, 1995, s.271ff; bkz. bölüm 3.2) sorunu da ortadan kalkmış oluyor, çünkü Nurcular daha çok

Risalelere konsantre olup kendi ve yeni yollar açabilmekteler.

Eserlerinde ki kendi payını Said Nursi şöyle açıklıyor: 'Yazılarımda ne kadar güzellik ve tesir bulunsa, ancak temsilât-ı Kur'âniyenin lemeâtındandır. Benim hissem, yalnız şiddet-i ihtiyacımla taleptir ve gayet aczimle tazarruumdur. Dert benimdir, devâ Kur'ân'ındır' (Nursi, 2004b, s.520; 2001b, s.365; bkz. 2001b, s.358; 2000g, s.12; 2000e, s.202; 2001a, s.25ff, 175). Bu yüzden okuyanları kendi talebeleri olarak değil Kuran'ı Kerim talebeleri olarak görüyor (2001b, s.413). Sadakat ve metanet kendisien değil eserlerine gösterilmesi gerektiğini vurguluyor (2000c, s.61, 88; 2001C, s.109, 318). Karabaşoğlu'na göre bu durum hareketin şahsı değil, yazılanı esas olarak aldığını ortaya çıkarıyor (2003, s.275ff). Nursi, vefat ettiğinde Risale-i Nur'ların kendi şahsından daha çok bu davayı yaygınlaştıracağına inanıyordu (2001c, s.174ff). Eserlerini kendisine ait olarak görmediğinden, herkesin malı olduğunu ve herkesin yaymaya hakkı olduğunu da dile getiriyor (2001c, s.225). Nurcuların dışındaki diğer cemaatler ise Said Nursi'nin şahsına daha fazla önem veriyorlar. Ancak Nursi'nin eserleri okununca, onlar ön plana çıkıyor.

Eserlerin ehemmiyetine binaen Nurcu gruplar arasında telif ve sadeleştirme konusu da zaman zaman tartışmalara sebep oluyor. Risale-i Nur eserlerini sadeleştirmiş bir dilde 1996'da yayımlayan İsmail Mutlu, 'orjinali değiştirdiği' gerekçesiyle diğer gruplar arasında bir destek bulamadı. Kendisi daha sonra 'Mutlu Yayınevi'ni kurup, burada Risale-i Nur'u basmaya başladı. Fethullah Gülen kendisi Sızıntı dergisinde Risale-i Nur'ları sadeleştiriyor ve Zaman Gazetesinin eksi yayın yönetmeni Abdullah Aymaz da aynı şekilde Risale'leri sadeleştirip kendi adına kitaplar çıkarıyordu. Bediüzzaman'ın talebelerinin itirazlarına binaen Sızıntı dergisinde sadeleştirilmeler durdurulmuştu. Fakat yıllar sonra Fethullah Gülen'e ait bir yayınevi Şubat 2012'de Risale-i Nur'ları sadeşleştirilmiş bir şekilde basmaya başlayınca nur camiasında tekrar büyük bir tartışma başladı (Misawa, 2012). Nurculuk Hareketinin grupları ve özellikle Bediüzzaman'ın talebeleri kitapların sadeleştirilmemesini ve bu bağlamda kullanılan kelimeler ile Risale-i Nur'a kendi yorumunun katılmamasını savundular. Fethullah Gülen ise ne Nurculuk Hareketinin taleplerini ciddi aldı, ne de Bediüzzaman Said Nursi'nin talebeleriyle görüşmeyi kabul etti. Görüşmeyi bile kabul etmemesi[84], kendilerine hiç bir değer vermediğini gösteriyor. Ardından 2014'de Kültür ve Turizm bakanlığı, telif hakkı konusunu çözmek için girişimlerde bulundu (Misawa, 2014). 8 Agustos 2014'de 148 maddelik torba kanun tasarısının Risalelerle de ilgili olan 90. Maddesi kabul edildi. Bu maddeye göre 'memleket kültürü için önemi haiz görülen eserler üzerindeki hakları, hak sahiplerine münasip bir bedel ödeyerek koruma süresinin bitiminden önce, kamuya mal edilebilecek.' 26 Kasım 2014'de konuyla ilgili karar Resmi Gazete'de yayımlanarak yürürlüğe girdi (bkz. 14.

---

[84] Latif Erdoğan, Fethullah Gülen'in Risale-i Nur'ları neden sadeleştirdiğini açıklıyor: 'Gülen yaptığı sadeleştirme ile aslında Risale-i Nur'un otantik yapısını tahribe niyetliydi. Çünkü biliyordu ki, Risale-i Nur'un otantik yapısı varlığını sürdürdükçe o ve yazdıkları Risale-i Nur'un gölgesinde kalmaya mahkum olacaktı' (Erdoğan, 2016, s. 89).

Ek). Karara göre tüm hak ve yetkiler Diyanet İşleri Başkanlığına verildi. Bundan dolayı Risale-i Nur eserleri sadece belirli kriterlere göre basılabilecek ve sadeleştirilmiş veya değiştirilmiş Risaleler engellenecek. 12 Ocak 2015'de ilk yayınevlerine basım yetkisi verildi. Ardından CHP Anayasa Mahkemesine başvuru yaptı ve Risale-i Nur'ların basım ve yayımlanması yetkisinin Diyanet'e verilmesi ile ilgili kararı oyçokluğuyla Haziran 2015'de iptal edildi.

8.7 Toplumsallaştırma

Her toplumsal açılım, modernizmle gelen değişiklikleri zihinsel ve sosyal olarak çözmek zorunda. Bu toplumsal değişikliklerle gelen tartışmalar dine yönelmeye yardımcı olur ve din adına organize olmaya sürükler (Seufert, 1997, s.127). Nursi bu durumu bir modelle gidermeye çalıştı.

Lemmen (1997) bu modele 'Nur-modeli' adını veriyor: 'Nur-modeli bugün ki toplumun ideolojik bir krizde olduğunu ve bu yüzden temel bir değişikliğe ve iç istikrara ihtiyaç olduğunu varsayar. Nur ekolüne göre bugünki İslam'ın asıl vazifesi bu değişikliği yapabilmek.' Koşulları ise:

- 'vicdanı güçlendirerek imanı güçlendirmek;

- çalışmaları daha çok kişisel değilde, gruplara yönelik yapmak (Said Nursi

212

toplumsal değişimin sadece ekip halinde gerçekleşebileceğine inanıyor. Fakat grupların birbirlerini tanıyıp, saygı duyup, birlikte çalışmaları gerekiyor. Onun kuralı: Senin kendi düşüncenin doğru olduğunu iddia etmeye hakkın var, fakat tek doğru yol olduğunu idda etmeye hakkın yok);

- müslümanların ve İslam ülkelerinin birlik olması ve diğer dinler ile, özellikle hristiyanlık ile, birlikte çalışmak' (1997).

Bu model sayesinde Nursi müslümanlara yeni dünyevi ve modern bir etik sunuyor ve toplumda beraberlik, hoşgörü ve yardımseverlik talep ediyordu (2000j, s.49; 2004f, s.52ff). Bir müslüman kendi dini değerlerini, kamuoyunda saklamadan açıkca ve modern bir şekilde yaşamalı ve yaşayabilmeliydi. İnsan dünyayı da dini için sevmeliydi (1995b, s.97). Tüm kalbiyle dünyaya bağlanmadan, fakat yine de ondan kaçmadan (2000i, s.106ff) Risale-i Nur namına bakmalıydı (2001c, s.33). **Yani ne dünya için nede dünya namına** (Weber, 2005). Çünkü Nursi için 'öteki' yoktu. Dolayısıyla kamu 'ötekinin' mekanı değil. Bir müslümanın kamuda kendini 'göstermeye' hakkı vardı. Fakat bu sadece her bireyin eşit bir şekilde moderniteye ve kendi dinine erişebildiği zaman olabilirdi. Sadece birkaç kişinin veya alimlerin elinde olan bir dinin uyumaya mahkum olduğunu vurguluyor.

Bu nedenle her bireyin Kur'an'ı anlayabilmesi Said Nursi için önemliydi. Kuran'ı sadece ezberlemek onun için bir anlam taşımıyordu. Peygamberimizin sünnetini yerine getirme meselesinde de aynı şekilde düşünüyordu. Her müslümanda olduğu gibi, Nurcular için de sünneti yerine getirmek önem taşıyor. Fakat burada da Nurcular manayı şekilin önüne taşıyor. Bu yüzden dış görünüs olarak 'farklı' yapıya sahip Nurcular pek bulunmaz.[85] Said Nursi için her mü'minin, her durumda yer, dış görünüş ve başkalarına bağlı olmadan dinini yaşayabilmesi daha önemlidir. Bu şekilde din'i toplumsallaştırmaya ve her bireye ulaşılabilir hale getirmek istiyordu. Medine'li bir islam alimi olan Ali Ulvi Kurucu bu durumu izah ediyor: 'İmam-ı Gazalî'nin bundan dokuz yüz sene evvel ahlak ve fazîlet sahasında yapmış olduğu fütuhatı, bu asırda, Bediüzzaman îman ve ihlas vadisinde başarmıştır. [...] Üstad, Risale-i Nur külliyatında dinî, içtimaî, ahlakî, edebî, hukukî, felsefi ve tasavvufi en mühim mevzûlara temas etmiş ve hepsinde de harikulade bir sûrette muvaffak olmuştur. İşin asıl hayret veren noktası, birçok ulemanın tehlikeli yollara saptıkları en çetin mevzûları, gàyet açık bir şekilde ve en katî bir sûrette hallettiği gibi, en girdaplı derinliklerden, Ehl-i Sünnet ve Cemaatin tuttuğu nurlu yolu takip ederek, sahil-i selamete çıkmış ve eserlerini okuyanları da öylece çıkarmıştır' (Nursi, 2001a, s.15,18).

Bu kendi eserleri için de geçerliydi. Nursi hakikatin seçilmişlerin veya elit bir tabakanın yetkisinde

---

[85] Olsa olsa, dış görünüş olarak sadece bir kaç özellikler mevcut: 1. Nurcuların çoğu sakallı değildir, Said Nursi gibi bıyıklılar. 2. Nurcuların çoğunluğu sigara içmezler. 3. Duanın bazı yerlerinde avuçlarını aşağı doğru yöneltip dua ederler (Bu da peygamberimizin sünnetinden kaynaklanıyor). 4. Yine peygamberimizin sünnetine dayanarak namaz kılarken takke giyinmesine önem verirler.

olduğu düşüncesini red ediyor. Allah'a iman eden her insanın hakikata ulaşma imkanı var. Gerçeğe ulaşmayı her hangi bir bölgeye, etnik gruba veya sosyal sınıfa ait görmüyor. Her insanın doğuştan itibaren ehemmiyetli olduğunu vurguluyor (Karabaşoğlu, 2003, s.276). Böylelikle muhataplarını belli bir ülkenin sınırları içinde olan, yada aynı etnikden, aynı sosyal sınıf mertebesinden, yada ayni yas grubundan oluşan bir grub ile sınırlandırmıyor. Karabaşoğlu göre, bunun üç avantajı var: 'Birincisi, herkes Risale'ye ulaşabiliyor. Nursi de böyle olmasını istiyordu. İkincisi, Nurculuğun sadece gençlerden oluşan bir hareket olması engellenmesi ve Risale-i Nur'un uygulanabilir hale gelmesi. Üçüncüsü şefkate dayanan bu yaklaşım Risale'ye bir insani yön vermesi' (Karabaşoğlu, 2003, s.276ff).

Nursi'nin toplum modeli çalışma olan tutumu da içeriyor. Ona göre her insan yaşayabilmesi için calışmalı, aksine değil. İş toplumun dengede kalması için büyük önem taşıyor. Bu modele iki düşüncenin zarar verdiğini vurguluyor: 1. 'Ben tok olsam, başkası açlıktan ölse bana ne.' 2. 'İstirahatim için zahmet çek; sen çalış, ben yiyeyim.'[86] Bu tür düşünce tarzları toplumu yok eden ve üstelik kötü ve ahlaksız değerlerin kaynağıdır (1995b, s.124; 2001b, s.456; 2001d, s.648; 2004b, s.614ff). Bunun yerine insan hep araştırmalıdır. Peygamberlerin başlarına gelen mucizelerin bizlere ilimin sinirlarini gösterdigini beyan ediyor. İnsanoğlu ta ki o sınırlara ulaşıncaya kadar araştırmalı, bilgi sahibi olmalı (1995b,

---

[86] Bir başka cümlede ise : 'Ben susuzluktan ölsem, yağmur hiçbir daha dünyaya gelmesin. Eğer ben görmezsem bir saadeti, dünya istediği gibi bozulsun' (Nursi, 1995b, s.63ff).

s.39). Bu çaba ve genel olarak çalışmanın ibadet olduğunu söylüyor (1995b, s.146; 2001a, s.405; 2001d, s.27, 29, 247; 2002e, s.47, 49, 350ff). İsteyerek işsizlik ve tembellik hem bireyin kendini hem de toplumu zarara sokar (1995b, s.138, 155-158; 2001b, s.463). Bu kalvinist düşünce Weber'in 'Protestan Etiğini' (2005) anımsatıyor.

Nurcular doğa üstü yada sözde 'mucizevi' olaylara – daha doğrusu hurafelere - sıcak bakmıyorlar (bkz. Tezcan, 2005, s.512), çünkü böyle durumlar 'normal' insanlara dine bakış açısını zorlandırıyor. Ankara'dan söyleşi yaptığımız biri bunu izah ediyor: *'Herşey Allah'ın mucizesi. Allah'ın adını yazan arılara veya içinde O'nun ismi yazan domateslere ihtiyacımız yok. Başımızı kaldırdığımız an zaten Allahın mucizelerini, doğayı, ağaçları, tüm evreni göreceğiz'* [H.A.]. Almanya'da yaşayan diğer bir Nurcu durumu aynı şekilde dile getiriyor: *'Sadece imanı zayıf olan bir kişi böyle şeylere ihtiyaç duyar. Çünkü böyle şeyler sayesinde dinine sarılacak birşey bulmuş olur. Ben şahsen böyle mantıksız ve çoğu zaman manipüle edilmiş şeylere inanmıyorum. Bunlar mucize değil. Gerçek mucizeler her yerde olan Allah'ın ayetleridir'* [C.M.]. Görüldüğü gibi iki kişi de en büyük mucize olarak daha çok evreni, doğayı ve ya yaradılanları görmekte. Bu düşünme tarzı Said Nursi'nindir. Nursi, Allah'ın yarattıklarını tıp kı bir kitap gibi okumaya çalışıyordu ve bunu bilim ile yapıyordu. Nurcular da aynı özelliği gösteriyorlar. Bu şekilde her birey birer otorite olmuş oluyor ve Nursi'nin hedefi, hakikate herkesin ulaşabilmesi ve dinin topluma adapte edilmesi, gerçekleşiyor.

8.8 Dini ilimler ve bilim

Nursi, seküler bir şekilde din ve bilim ayrımı yapmıyordu. Bilimi, dinin dışında bir güç gibi görmüyordu. Asıl isteği, dini ilimleri ve fen ilimlerini birleştirmekti.

Aslında Nurculuk Hareketi, Said Nursi'nin dini ilimler ve fen ilimlerinin bir arada okutulması için kurmak istediği üniversitenin bir şekli. Üniversite hiç kurulmadı. Fakat böyle bir üniversiteyi temsil eden bir hareket oluştu.

Bu düşünceyi net bir şekilde ortaya koyan bir konuşma 1936 yılında Kastanomu'ya sürüldüğü dönemde gerçekleşiyor: 'Kastamonu'da lise talebelerinden bir kısmı yanıma geldiler. 'Bize Hâlıkımızı tanıttır; muallimlerimiz Allah'tan bahsetmiyorlar' dediler. Ben dedim: Sizin okuduğunuz fenlerden her fen, kendi lisan-ı mahsusuyla mütemadiyen Allah'tan bahsedip Hâlıkı tanıttırıyorlar. Muallimleri değil, onları dinleyiniz' (Nursi, 2002b, s.96; Nursi, 2000a, s.23). Nursi'nin varsayımına göre, her bilim dalı Allah'ım varlığını gösteriyor ve doğa kanunları Allah'ın bir sistemi (sünnetullah). Bu varsayım sayesinde ilim çağına uygun bir Kur'an tefsiri ortaya çıkıyordu. Yani bir müslüman hem fizikci hemde imam olabilirdi. Belkide bu anlayış bilim adamlarının bu harekete neden bu kadar ilgi gösterdiklerini açıklıyor. Dolaylı olarak 'ya fizikci, ya da imam' diyen seküler devlete bir alternatif oluşuyordu. Var olan dini gruplar da bunu istiyordu zaten. Risale'nin sayesinde artık bu mümkündü. İsrail din bilimcisi olan Yehezkel Landau bu duruma şöyle açıklık getiriyor: 'Bir bilim adamı diyor ki: 'Benim dine ihtiyacım yok.' Diğer tarafta imam: 'Bilmem gereken herşey kutsal kitabımda yazıyor.' Nursi'de: 'Hayır, bu doğru değil. Hem semavi kitaplar hemde bilimler Allah'ın vahiyleridir. İkiside Allah'ı anlamak icin yollar' (Akman, 2004). Böylece Nursi Türkiye Cumhuriyetinin kurulduğu dönemde meydana çıkan ezoterik-sübjektif sufilerin ve entellektüel-objektif filozofların kavgasını bitirmiş oluyordu (Karabaşoğlu, 2003, s.269).

Tıp kı Augustinus, Paracelsus, İbn-i Arabi yada R. Boyle gibi Nursi de evreni 'Allah'ın kitabı' olarak adlandırmış ve araştırılmasının gerektiğini söylemiş. Kur'an ve peygamberler dışında doğa da Allah'ı anlamak için bir kaynaktır (Nursi, 2000i, s.21). **Nursi'nin gözünde bütün kainat okunup anlaşılması gereken bir Kur'an'dır. Bilim ise dünya Kur'an'ı'nı anlamak için gözlük görevi üstlenmiştir.** Bu yüzden araştırmak ve bilgi edinmek de ibadet demektir[87]. İnsan ne kadar dünya'yı ve hayatın anlamını görürse o kadar inançlı olur, Nursi'ye göre. Bilgi bu sayede dini çerçevede her zaman Allah'ı anlamak ile bağlantılı (Seufert, 1997, s.384). Bu nedenle Nursi doğa kanunlarının araştırılmasına büyük anlam yüklemiştir ve onları Allah'ın kanunları (sünnetullah yada sünnet-i İlahiye) olarak adlandırmış (2000f, s.176; 2000i, s.138, 211; 2001b, s.463; 2004b, s.622; 2007, s.142, 350ff). Nursi dünya'nın düzen ve nizamını ve tabiatı Allah'ın varlığına işaret olarak

---

[87] Bu durum Nursi'yle gelen bir durum değildir, fakat onun ile yeniden anlam kazanmıştır.

görmektedir. Ağaçları, bitkileri, çiçekleri, hayvanları, sinekleri ve böcekleri yarada'nın bir sanat eseri olarak görmektedir. Mehmet Kutlular'a göre Nursi'nin sineklerden, böceklerden bahsetmesini gülünç bulanlar var: *'Elhamdülillah şimdi Nurcu olan eski komünistler bana bir zaman şunu anlatmıştı: 70'li yıllarda bölge başkanları onlara şöyle demiş: 'Nurcularla tartışmayın.' Bunlar da sormuş, 'Kimin Nurcu olduğunu nasıl bileceğiz?'. Cevap olarak 'Sürekli arılardan, böceklerden bahsedenler Nurcudur' demiş'* [M.K.].

Nursi ateistlerin pozitivizm'i kendi çıkarları için kullanmalarına karşı idi. Kendisi de benzer metotla Allah'ın varlığını ispat etmeye calıştı. İman ve mantık arasında bir sentez kurmaya çalışıyordu. Bunun için doğa kanunlarını Allah'ın kudretini ispat etmek için kullanıyordu (Yavuz, 2004, s.124ff). Bilinçsiz iman'ın, yani iman-ı taklitin yerini bilinçli, yani iman-ı tahkik almak zorundaydı. Kör bir itaati veya bilinçsiz bir imanı kabul etmiyordu. İman ve bilim birleştiği zaman iman-ı tahkik oluşuyordu. Önemli olan Said Nursi Kur'an ayetlerini bilim ile sınırlandırmıyordu. Veyahut bilimi Kur'an ile aynı tutmuyordu. Onun yaptığı bilimi Kur'an'ı anlamak için araç olarak sunmasıydı. Temellerini degistirmeden alternatif ve yeni bir Kuran yorumu sunuyordu. Ona göre: 'Zaman ihtiyarlandıkça Kur'ân gençleşiyor; rumûzu tavazzuh ediyor' (1995b, s.132; 2004b, s.618; 2001b, s.460). Onun en yakın öğrencilerinden biri olan Zübeyir Gündüzalp ise 'Kur'ân'ın en büyük mu'cizelerinden birisi de, gençlik ve tazeliğini muhafaza etmesidir; ve o asırda inzâl edilmiş gibi, her asrın ihtiyacını karşılayan bir vechesi olmasıdır' (Nursi, 2001d, s.706) diyor. Onlara göre bilim ilerledikçe vahiyin hakikati daha da ön plana çıkıyor ve daha kolay anlaşılıyor. 'Hem de İslâmiyeti daima tecellî ve inbisat-ı efkâr nisbetinde hakaiki inkişaf ettiren, yalnız İslâmiyetin hakikat üzerinde olan teessüs ve bürhanla takallüdü ve akılla meşvereti ve taht-ı hakikat üstünde bulunması ve ezelden ebede müteselsil olan hikmetin desâtirine mutabakat ve muhakâtıdır' (Nursi, 2000h, s.43). Bu açıklamalara göre ilim Kur'an'ı ispatlamak için bir araç olabilir. Bundan dolayı Nurcular tüm müslümanları Kur'an'ı mantık ile yorumlamaya ve bilimi ciddiye almaya çağırıyorlar (Yavuz, 2004, s.130). Bunu ilimi müslümanlaştırmak olarak da görebiliriz. Mehmet Kutlular söyleşide bu durumu şöyle dile getirdi: 'Bana 'Risale-i Nur'un ne olduğunu sorsalar', 'Bilimi müslümanlaştırmak' olduğunu söylerim' [M.K.].

Nursi'nin kelime hazinesi tabiat bilim dallarında kullanılan kelimelerle süslü. Özellikle elektrik dalından. Fakat bu bilimin okuyuş tarzını değiştiriyor. Farklı bır bakış açısı sunuyor. Atom, evren, kainat, ışık, elektrik, hücre gibi kelimeleri Kur'anı açıklamak için kullanıyor. Açıklamaları için bilimsel teorileri de kullanıyor. Bu entellektüel bakış ile Kur'an'ı okuyor. Fakat Nursi sadece bir rasyonalist değildi. Kalbe de hitap ediyor. Kendisi de Risale'lerin hem kalbe hem akla hitap ettiğini söylüyor (2000c, s.13).

Filizofların dilini de kullanıyordu. Tıp kı filozoflar gibi o da gerçekleri rasyonel bir şekilde çözmeye çalışmıştır. Nursi düşüncelerini insalara sunarken felsefi kavramları kullanıyor. Örneğin adalet kavramını Plato'nun dört fazileti - iffet, cesaret, akıl ve adalet – teorisini ve ölçüsüzlük ve serbestlik arasındaki mana için Aristo'nun erdemlik kavramını (Abdel Rahman, 2003, s.200). Felsefenin üç prensibi olan gözlemlemek, soruşturmak ve ispatlamayı kendi yöntemi olarakta kullanmıştır. İspat etmeyi Risale'nin temel prensibi olarak adlandırmış (2001c, s.80). Felsefenin esas konusu olan hayatın anlamı da onun dominant konularından birisi idi. Eski Said hikmet ve felsefeyi birleştirmeye çalışırken, Yeni Said ise ikisini ayırmıştır. Felsefeyi hikmetin hizmetine sunmuştur (Abdel Rahman, 2003, s.201, 208ff).

Eserlerinde ayrıca analoji ve kıyaslamayı uyguluyor. Nursi bir konuya açıklık getirirken onu gündelik hayattan bazı misaller vererek açıklamıştır. Bunun sebebiyetini şöyle dile getiriyor: 'Şu risâlelerde teşbih ve temsilleri hikâyeler sûretinde yazdığımın sebebi, hem teshîl, hem hakàik-ı İslâmiye ne kadar mâkul, mütenâsib, muhkem, mütesânid olduğunu göstermektir. Hikâyelerin mânâları, sonlarındaki hakikatlerdir. Kinâiyât kabîlinden yalnız onlara delâlet ederler. Demek, hayalî hikâyeler değil, doğru hakikatlerdir' (2002f, s.10; 2001d, s.52). Yani daha iyi anlaşılabilmesi için güncel örnekler veriyordu. Bunu Risale-i Nur talebeleri de uyguluyor. Sohbetlerde okunanı anlatabilmek için örnekler veriyorlar.

Nursi teknolojinin gelişmesini beğeniyordu. Radyo'nun buluşunu övüyor ve Allah'ın bir armağanı olarak görüyor (Şahiner, 2005, c.3, s.92) ve radyonun İslam adına hizmet yapacağını dile getirmiştir (Nursi, 2000c, s.46). Ses kaydediciyi tüm Risale'yi ezbere bilen güzel bir Risale-i Nur okuyucusu olarak görüyor (Şahiner, 2005, c.3, s.73). Hava'da bir uçak gördüğünde ise talebelerine insanlıkla gurur duyduğunu söylemiştir (Şahiner, 2005, c.4, s.48; bkz. Cebeci, 2006) ve pilotlar için dua ettiğini dile getirmiş (Şahiner, 2005, c.3, s.259). Başka bir yerde ise, Risale-i Nur'ları basan baskı makinasını Risale-i Nur talebesi, yani Nurcu olarak gördüğünü söylemiştir (2001c, s.155). Her iletişim aracı ve tekniği onun için Risale-i Nur'u yaygınlaştırmak için bir imkandı. Kurlular: *'Said Nursi teknolojiyi imanı ispatlamak için kullanıyordu' [M.K.]*.

Bugünki Nurcular Nursi'nin bilim ve dini birleştirme geleneğini devam sürdürüyorlar. 70'li yıllarda Yeni Asya *'İlim ve Teknik Serisi'* altında bir çok akademik çalışma yayınladı. Köprü, Zafer ve Sızıntı gibi dergilerde yine ilmi çalışmalar yayınlandı. İstanbul'da bir araştırma merkezi ve Amerika'da bir enstitü kuruldu. İngilizce *'Nur- the light'* adını taşıyan bir dergi yayınlandı. Risale-i Nur'un ingilizce ve almancaya tercümesi gerçekleşti ve bir çok akademisyen ve düşünürlere ulaşıldı. Bu çalışmalar ile hareket yeni, geniş ve özellikle genç bir kitleye ulaşdı. Karabaşoğlu'na göre özellikle Mehmet Fırıncı ve Mehmet Kutlular bu ilmi boşluğu farkettiler ve çeşitli çalışmalar ile doldurdular (2003, s.284, 294).

Fakat genel olarak sadece mühendislik ve doğa bilimleri üzerine duruluyordu. Beşeri ve sosyal bilimler yok sayılmıştı. Bunun yanlış olduğunun bilincini Mehmet Fırıncı şöyle dile getiriyor: *'Biz Nurcuların ve İslam dünyasının bugün en çok sosyologlara ihtiyacı var' [M.F.]*.

8.9 Siyaset

Nurcuların aralarındaki belkide en çok tartıştıkları nokta Nursi'nin siyasetle ilgili görüşleridir. Problem devlet yönetme biçimi değildir. Sorun Nursi'nin üçe böldüğümüz hayatındaki siyasete farklı yaklaşımları. Eski Said siyasete ne kadar karışdıysa, tam tersi olarak Yeni Said kendisini siyasetten tümüyle geri çekmiştir. Üçüncü Said ise yanlızlıktan geri dönüp siyaseti birazda olsa etkilemeye çalışıyordu. Bu nedenle örneğin NATO'yu ve Türkiye'de ki demokratları destekliyordu.

Siyasi görüşü bu yazısında daha netleşiyor: 'Orada (1935 Eskişehir Mahkemesinde; Yazarın Notu) benden sordular ki: 'Cumhuriyet hakkında fikrin nedir?' Ben de dedim: 'Yaşlı mahkeme reisinden başka daha siz dünyaya gelmeden ben dindar bir cumhuriyetçi olduğumu elinizdeki tarihçe-i hayatım ispat eder. Hülâsası şudur ki: O zaman, şimdiki gibi, hâli bir türbe kubbesinde inzivada idim. Bana çorba geliyordu. Ben de tanelerini karıncalara veriyordum. Ekmeğimi onun suyu ile yerdim. Benden sordular, ben dedim: Bu karınca ve arı milletleri cumhuriyetçidirler. Cumhuriyetperverliklerine hürmeten, taneleri karıncalara veriyorum.' Sonra dediler: 'Sen Selef-i Salihîne muhalefet ediyorsun.' Cevaben diyordum: 'Hulefâ-i Râşidîn; hem halife, hem reisicumhur idiler. Sıddîk-ı Ekber (r.a.) Aşere-i Mübeşşereye ve Sahabe-i Kirama elbette reisicumhur hükmünde idi. Fakat mânâsız isim ve resim değil, belki hakikat-i adaleti ve hürriyet-i şer'iyeyi taşıyan mana-yı dindar cumhuriyetin reisleri idiler.' İşte, ey müdde-i umumî ve mahkeme âzâları, elli seneden beri

223

bende olan bir fikrin aksiyle beni itham ediyorsunuz. Eğer lâik cumhuriyet soruyorsanız, ben biliyorum ki, lâik mânâsı, bîtaraf kalmak, yani hürriyet-i vicdan düsturuyla, dinsizlere ve sefahetçilere ilişmediği gibi dindarlara ve takvâcılara da ilişmez bir hükûmet telâkki ederim. Yirmi beş senedir hayat-ı siyasiye ve içtimaiyeden çekilmişim. Hükûmet-i cumhuriye ne hal kesb ettiğini bilmiyorum. El'iyâzü billâh, eğer dinsizlik hesabına imanına ve âhiretine çalışanları mes'ul edecek kanunları yapan ve kabul eden bir dehşetli şekle girmişse, bunu size bilâperva ilân ve ihtar ederim ki, bin canım olsa, imana ve âhiretime feda etmeye hazırım. Ne yaparsanız yapınız, benim son sözüm 'Allah bize yeter. O ne güzel vekildir' (Âl-i İmrân Sûresi, 3:173) olarak sizin beni idam ve ağır ceza ile zulmen mahkûm etmenize mukabil derim: Ben, Risale-i Nurun keşf-i kat'îsiyle, idam olmuyorum, belki terhis edilip Nur ve saadet âlemine gidiyorum. Ve sizi, ey gizli düşmanlarımız ve dalâlet hesabına bizi ezen bedbahtlar, idam-ı ebedî ile ve daimî haps-i münferitle mahkûm bildiğimden ve gördüğümden, tamamıyla intikamımı sizden alarak kemâl-i rahat-ı kalble teslim-i ruh etmeye hazırım, onlara demiştim' (2000d, s.317ff; 2004a, s.326; bkz. 2001a, s.36).

Siyasetten neden geri çekildiğini de mektuplarında bildiriyor: ''Risale-i Nur'daki şefkat, hakikat, hak, bizi siyasetten men etmiş. Çünkü mâsumlar belâya düşerler; onlara zulmetmiş oluruz.' Bazı zâtlar bunun izahını istediler. Ben de dedim: Şimdiki fırtınalı asırda gaddar medeniyetten neş'et eden hodgâmlık ve asabiyet-i unsuriye ve umumî harpten gelen istibdadat-ı askeriye ve dalâletten çıkan merhametsizlik cihetinde öyle bir eşedd-i zulüm ve eşedd-i istibdadat meydan

224

almış ki, ehl-i hak, hakkını kuvvet-i maddiye ile müdafaa etse, ya eşedd-i zulüm ile, tarafgirlik bahanesiyle çok bîçareleri yakacak; o hâlette o da ezlem olacak ve mağlûp kalacak. Çünkü, mezkûr hissiyatla hareket ve taarruz eden insanlar, bir iki adamın hatasıyla yirmi otuz adamı, âdi bahanelerle vurur, perişan eder. Eğer ehl-i hak, hak ve adalet yolunda yalnız vuranı vursa, otuz zayiata mukabil yalnız biri kazanır, mağlûp vaziyetinde kalır. Eğer mukabele-i bilmisil kaide-i zâlimânesiyle, o ehl-i hak dahi bir ikinin hatasıyla yirmi otuz biçareleri ezseler, o vakit, hak namına dehşetli bir haksızlık ederler. İşte, Kur'ân'ın emriyle, gayet şiddetle ve nefretle siyasetten ve idareye karışmaktan kaçındığımızın hakikî hikmeti ve sebebi budur. Yoksa bizde öyle bir hak kuvveti var ki, hakkımızı tam ve mükemmel müdafaa edebilirdik. Hem madem herşey geçici ve fânidir ve ölüm ölmüyor ve kabir kapısı kapanmıyor. Ve zahmet ise rahmete kalb oluyor. Elbette biz sabır ve şükürle tevekkül edip sükût ederiz. Zarar ile, icbar ile sükûtumuzu bozdurmak ise, insafa, adalete, gayret-i vataniyeye ve hamiyet-i milliyeye bütün bütün zıttır, muhaliftir´ (Nursi, 2000d, s.260). ´Denilmiş: ´Niçin siyasetten çekildin, hiç yanaşmıyorsun?´ Elcevap: Dokuz on sene evveldeki Eski Said, bir miktar siyasete girdi. Belki siyaset vasıtasıyla dine ve ilme hizmet edeceğim diye beyhude yoruldu. Ve gördü ki, o yol meşkûk ve müşkülâtlı ve bana nisbeten fuzuliyâne, hem en lüzumlu hizmete mâni ve hatarlı bir yoldur. Çoğu yalancılık; ve bilmeyerek ecnebî parmağına âlet olmak ihtimali var. Hem siyasete giren, ya muvafık olur veya muhalif olur. Eğer muvafık olsa, madem memur ve mebus değilim; o halde siyasetçilik bana fuzulî ve mâlâyâni bir şeydir. Bana ihtiyaç yok ki beyhude karışayım. Eğer muhalif siyasete girsem, ya fikirle veya kuvvetle karışacağım. Eğer fikirle olsa, bana ihtiyaç yok. Çünkü mesâil tavazzuh etmiş; herkes benim gibi bilir. Beyhude çene çalmak mânâsızdır. Eğer kuvvetle ve hadise çıkarmakla muhalefet etsem, husulü meşkûk bir maksat için binler günaha girmek ihtimali var; birinin yüzünden çoklar belâya düşer. Hem on ihtimalden bir iki ihtimale binaen günahlara girmek, masumları günaha atmak vicdanım kabul etmiyor diye, Eski Said, sigara ile beraber gazeteleri ve siyaseti ve sohbet-i dünyeviye-i siyasiyeyi terk etti. Buna katî şahit, o vakitten beri, sekiz senedir birtek gazete ne okudum ve ne dinledim. Okuduğumu ve dinlediğimi, biri çıksın, söylesin. Halbuki, sekiz sene evvel, günde belki sekiz gazete Eski Said okuyordu. Hem beş senedir bütün dikkatle benim halime nezaret ediliyor. Siyasetvâri bir tereşşuh gören söylesin. Halbuki, benim gibi asabî ve 'Gerçek hile, hilesizliktedir' düsturuyla, en büyük hileyi hilesizlikte bulan pervâsız, alâkasız bir insanın, değil sekiz sene, sekiz gün bir fikri gizli kalmaz. Siyasete iştahı ve arzusu olsaydı, tetkikata, taharriyâta lüzum bırakmayarak, top güllesi gibi sadâ verecekti.' (2001b, s.64ff).

Mensuplarına demokrasi'yi desteklemelerini önermişti. Demokrasinin bireylerin hürriyeti için önemli olduğunu düşünüyordu. 'Nurcular demokrasi'yi milletin hakimiyeti olarak, devleti ve devletin kurumlarını da onun hizmetçisi olarak görüyorlar. O yüzden gayri müslim, örneğin bir hristiyan vali sorun olmuyor. [...] Nurcular insan haklarının ve özgürlüğün zaten Asr-ı Saadet'te uygulandığına inanıyorlar. Ve bunu demokrasi ile bir tuttuklarından İslami bir devlete ihtiyaçları yok' (Seufert, 1997, s.440; bkz. Güleçyüz, 1993, s.12).

Aynı şekilde Bediüzzaman körü körüne siyasi tarafgirliğe girilmemesini tavsiye ediyordu. Çünkü Risale-i Nur derslerine her türlü insan, her türlü siyasi görüşe sahip olan insan katılabiliyordu. Belli bir siyasi partiyi desteklemek, aynı zamanda diğer siyasi görüşte olanların derse gelmesine mani olmak manasını taşıyordu: 'İşte, ben de, nur-u Kur'ân'ı elde tutmak için 'Eûzu billâhi mine'ş-şeytâni ve's-siyaseti' deyip, siyaset topuzunu atarak, iki elimle nura sarıldım. Gördüm ki, siyaset cereyanlarında, hem muvafıkta, hem muhalifte o nurların âşıkları var. Bütün siyaset cereyanlarının ve tarafgirliklerin çok fevkinde ve onların garazkârâne telâkkiyatlarından müberrâ ve sâfi olan bir makamda verilen ders-i Kur'ân ve gösterilen envâr-ı Kur'âniyeden hiçbir taraf ve hiçbir kısım çekinmemek ve ittiham etmemek gerektir.' (2001b, s.53), 'İman dersi için gelenlere tarafgirlik nazarıyla bakılmaz. Dost-düşman, derste farketmez. Halbuki siyaset tarafgirliği, bu mânâyı zedeler, ihlâs kırılır.' (2001c, s.281).

1950'li yıllarda Bağdat'ta çıkan 'Eddifa' gazetesinde yazar İsa Abdulkadir Nurculuk Hareketi ve İhvan-Müslimin hareketi arasındaki farkları ortaya koyar ve Nurculuğun siyasi bir akım olmadığını gösterir: 'Birinci Fark: Nur Talebeleri siyasetle iştigal etmez, siyasetten kaçıyorlar. Eğer siyasete mecbur olsalar, siyaseti dîne âlet yapıyorlar; tâ ki siyaseti dinsizliğe âlet edenlere karşı dînin kudsiyetini göstersinler. Siyasî bir cemiyetleri aslâ mevcud değil. İhvân-ı Müslimîn ise, memleket ve vaziyet sebebiyle, siyasetle din lehinde iştigal ediyorlar ve siyasî cemiyet de teşkil ediyorlar. İkinci Fark: Nurcular, Üstadlarıyla içtimâ etmiyorlar ve etmeye de mecbur değiller. Kendilerini Üstadlarıyla içtimâa mecburiyet hissetmiyorlar. Ders almak için beraber bulunmaya lüzûm görmüyorlar. Belki, koca bir memleket bir dershâne hükmünde, Risâle-i Nur kitapları onların eline geçmekle, Üstad yerine onlara bir ders verir; herbir risâle, bir Said hükmüne geçer. Hem, ellerinden geldiği kadar ücretsiz istinsah ederler. Muhtaçlara mukabelesiz veriyorlar; ki, okusunlar ve dinlesinler. Bu sûretle büyük bir memleket büyük bir dershâne hükmüne geçer. Ihvân-ı Müslimîn ise, umûmi merkezlerde mürşid ve reisleriyle görüşmek ve emirler ve dersler almak için ziyâretine giderler. Ve o umûmi cemiyetin şûbelerinde de o büyük üstadla ve nâibleriyle ve vekilleri hükmündeki zâtlarla yine görüşürler, ders alırlar, emir alırlar.hem, umûmî merkezlerde çıkan cerîde ve mecellelerin fiatını verip alıp, onlardan ders alıyorlar. Üçüncü Fark: Nur Talebeleri, aynen âlî bir medresenin ve bir üniversite dârülfünûnunun talebeleri gibi, ilmî muhâbere vâsıtasıyla ders alıyorlar. Büyük bir vilâyet, bir medrese hükmüne geçer. Birbirini görmedikleri, tanımadıkları ve uzak oldukları halde, birbirine ders veriyorlar ve beraber ders okuyorlar. Ammâ Ihvân-ı Müslimîn ise, memleketleri ve vaziyetleri iktizâsıyla, mecelleleri ve kitapları çıkarıyorlar, aktâr-ı âleme neşrediyorlar; onunla birbirini tanıyıp ders alıyorlar. Dördüncü Fark: Nur Talebeleri, bu zamanda ve bugünde ekser bilâd-ı Islâmiyede intişar etmişler ve çoklukça vardırlar. Bu intişarlarında; ayrı ayrı hükûmetlerde bulundukları halde, hükûmetlerden izin almaya muhtaç olmuyorlar ki, tecemmû edip toplansınlar ve çalışsınlar. Çünkü, meslekleri siyaset ve cemiyet olmadığından, hükûmetlerden izin almaya kendilerini mecbur bilmiyorlar. Ammâ Ihvân-ı Müslimîn ise, vaziyetleri îtibâriyle siyasete temas etmeye ve cemiyet teşkiline ve şûbeler ve merkezler açmaya muhtaç

228

bulunduklarından, bulundukları yerlerdeki hükûmetten icâzet ve ruhsat almaya muhtaçtırlar. Ve Nurcular gibi bilinmiyor değiller. Ve bu esas üzerine, kendilerine umûmi merkezleri olan Mısır'da, Suriye'de, Lübnan'da, Filistin'de, Ürdün'de, Sudan'da, Mağrib'de ve Bağdat'ta çok şûbeler açmışlar. Beşinci Fark: Nur Talebeleri içinde çok muhtelif tabakalar var. Yedi-sekiz yaşındaki, camilerde Kur'ân okumak için elifbâyı ders almakta olan çocuklardan tut, tâ seksen doksan yaşındaki ihtiyarlara varıncaya kadar, kadın-erkek; hem, bir köylü, hammal adamdan tut, tâ büyük bir vekile kadar; ve bir neferden, büyük bir kumandana kadar tâifeler Nurcularda var. Bütün Nurcuların bu çok tâifelerinin umûmen bütün maksatları, Kur'ân-ı Mecîd'in hidâyetinden ve hakaik-ı îmâniye ile nurlanmaktan ibârettir. Bütün çalışmaları ilim ve irfan ve hakaik-ı îmâniyeyi neşretmektir. Bundan başka bir şeyle iştigal ettikleri bilinmiyor. Yirmi sekiz seneden beri dehşetli mahkemeler, dessas ve kıskanç muârızlar, bu kudsî hizmetten başka onlarda bir maksat bulamadıkları için, onlan mahkûm edemiyorlar ve dağıtamıyorlar; ve Nurcular, müşterileri ve kendilerine taraftarları aramaya kendilerini mecbur bilmiyorlar. "Vazifemiz hizmettir, müşterileri aramayız, onlar gelsinler bizi arasınlar, bulsunlar" diyorlar. Kemiyete ehemmiyet vermiyorlar. Hakîki ihlâsı taşıyan bir adamı, yüz adama tercih ediyorlar. Ammâ Ihvân-ı Müslimîn ise, gerçi onlar da Nurcular gibi ulûm-u Islâmiye ve mârifet-i Islâmiye ve hakaik-ı îmâniyeye temessük etmek için insanları teşvik ve sevk ediyorlar; fakat, vaziyet, memleket ve siyasete temas iktizâsıyla, ziyâdeleşmeye ve kemiyete ehemmiyet veriyorlar, taraftarları arıyorlar. Altıncı Fark: Hakîki ihlâslı Nurcular, menfaat-i maddiyeye ehemmiyet vermedikleri gibi; bir kısmı, âzamî iktisat ve kanâatle ve fakîrü'i-hâl olmalarıyla beraber, sabır ve insanlardan istiğnâ ile ve hizmet-i Kur'âniyede hakîki bir ihlâs ve fedâkârlıkla; ve çok kesretli ve şiddetli ehl-i dalâlete karşı mağlûp olmamak için ve muhtaçları hakîkate ve ihlâsa dâvet etmekte bir şüphe bırakmamak için rızâ-i İlâhîden başka o hizmet-i kudsiyeyi hiçbir şeye âlet etmemek için, bir cihette hayat-ı içtimâiye fâidelerinden çekiniyorlar. Ammâ Ihvân-ı Müslimîn ise; onlar da hakîkaten maksat îtibâriyle aynı mâhiyette oldukları halde, mekân ve mevzû ve bâzı esbab sebebiyle, Nur Talebeleri gibi dünyayı terk edemiyorlar. Âzamî fedâkârlığa kendilerini mecbur bilmiyorlar' (Nursi, 2001a, s.631-633).

Nurcular, Müslüman bir devlet kurmayı ise hayali olarak görüyorlar. Çünkü Allah devlete bakmaz, o şahısların eylemlerine bakar (Nursi, 1978, s.18ff; 2001a, s.59). Nursi'nin kendisi cumhuriyeti kabul etmişti. Bu yüzden Nurcular doğrudan sekülerizme karşı değiller (Bruinessen, 1989, s.355). Nursi laikliğin kimseye karışmamak olduğunu belirtir: 'Eğer lâik cumhuriyet soruyorsanız, ben biliyorum ki, lâik mânâsı, bîtaraf kalmak, yani hürriyet-i vicdan düsturuyla, dinsizlere ve sefahetçilere ilişmediği gibi dindarlara ve takvâcılara da ilişmez bir hükûmet telâkki ederim. ' (Nursi, 2000d, s.317ff; 2004a, s.326; bkz. 2001a, s.36). Aynı şekilde Nurcular, Kur'an'ın müslüman bir devletin kurulmasını emretmediğini savunuyorlar (Tezcan, 2005, s.509). Düşüncelerine göre 'müslüman devleti' kurmak mecburi değildir. Daha çok, karizmatik önderleri Said Nursi'nin düşündüğü gibi demokrasiyi kabul ediyorlar.

Siyaset problemi daha çok Nursi'nin yazılarının farklı zaman şartlarının dikkate alınmadığından ileri geliyor:

- Eski Said'in yazıları heyecanlı ve coşkulu (2001a, s.47-52; 2006). Nursi'nin ne işkenceden ne de cezalardan korkusu vardı. Kendisini özgürlüğe ve adalete adamış bir kişidir. Aktif olarak siyesette yer alıp, kendini dindar cumhuriyetçi olarak tanımlıyordu (2000d, s.317; 2004a, s.327) ve tıp kı Muhammed İkbal gibi halifeliğin tek kişi olarak değil, çoğu kişiden oluşmasını istiyordu (1999a, s.50; bkz. Yaşar, 1993a, s.298-302). Kendi tabiriyle, Eski Said döneminde güncel şartlara uyup söz sahibi olan herkesin kullandığı metotun aynısını kullanıyordu: 'Eski Said ile mütefekkirîn kısmı, felsefe-i beşeriyenin ve hikmet-i Avrupaiyenin düsturlarını kısmen kabul edip, onların silâhlarıyla onlarla mübareze ediyorlar; bir derece onları kabul ediyorlar. Bir kısım düsturlarını, fünun-u müsbete suretinde lâ-yetezelzel teslim ediyorlar, o suretle İslâmiyetin hakikî kıymetini gösteremiyorlar. Âdeta kökleri çok derin zannettikleri hikmetin dallarıyla İslâmiyeti aşılıyorlar, güya takviye ediyorlar. Bu tarzda galebe az olduğundan ve İslâmiyetin kıymetini bir derece tenzil etmek olduğundan, o mesleği terkettim. Hem bilfiil gösterdim ki: İslâmiyetin esasları o kadar derindir ki; felsefenin en derin esasları onlara yetişmez, belki sathî kalır' (2001b, s.427).

- Yeni Said ise, Eski Said'in kullandığı metotları terk etmiştir ve Nurcuların siyasetten uzak durmalarını önermiştir. Yazılarında ihlas'ın onları siyasette aktif olmalarını engellediğini yazmıştır (2001c, s.37). Eserlerin ya da dinin siyasette farklı amaçlara kullanılmasının tehlikesi büyüktü (2000c, s.108; 2001b, s.53, 66; 2004b, s.90). Tarafgirliği de eleştiriyordu, çünkü bu sırf kendi siyasi görüşünü desteklemek için meleğe şeytan, şeytana melek dedirtiyordu (1995b, s.52; 2001b, s.66; 2001c, s.38; 2004b, s.107ff). Bu tarafgirlik yüzünden siyasetten uzak durduğunu yazıyordu (2001b, s.258; 2004b, s.371ff). Siyasetin silahını kullanarak gelecekte birşeylerin ulaşılamayacağını (2000f, s.155) ve bu yüzden de Nurcuların siyasetle ilgilenmediğini öne sürdü (2001c, s.140, 157). Mensuplarının 100 eli olsaydı, birini bile siyaset için kullanmayacaklarını, çünkü ellerinde ışık taşıdıklarını ve müsbet hareket için uğraştıklarını söylüyor (2001a, s.402).

- Üçüncü Said ise 40 yıl boyunca siyasetten uzak kaldığı için müslümanlara gelen tehlikeleri göremediğini yazıyor (2001c, s.318). Bu yüzden belli bir dereceye kadar tekrar siyasetle ilgilenmeyi sorumluluğu ve zorunluk olarak görüyor (2001c, s.423). Bu nedenle açıkça palamenter demokrasi sistemini en adil sistem olarak destekliyor (Wunn, 2007, s.96) ve bakanlara da mektuplar yazıyor.

Zorbalık ve zulüm'ü yargılıyor (1978, s.14; bkz. Muradoğlu, 23.03.2002). Dinin siyasete alet edilmesine karşıydı ve bu yüzden 'dini' partilerin oluşmasını desteklemiyordu. Onun metodu kötülerin en iyisini (ehvenüşşer) destekleyip devleti zorbalıktan uzak tutmaya çalışmak idi (2001c, s.458). Ama yine de Nurcularin bizzat aktif siyasete atılmalarını yanlış buluyordu. Onun için daha önemlisi Nurcuların siyasete karışmadan siyaseti etkilemeleri idi.

Burada bir paradigma problemi gözüküyor. Bazı Nurcu grupları daha çok Eski Said'in siyasi anlayışını savunurken, diğerleri yeni Yeni Said'i, bazıları da Üçüncü Said'i savunuyor. Haklı olarak denilebilinirki Nurculuk Hareketindeki bütün büyük ayrılmalar hep siyaset meselesinden oldu. Her seçimde aynı sorunla karşılaşıldı. 'Partilerden hangisi demokrasiyi daha iyi destekliyor?' sorusu her zaman tartışma zemini oluşturuyor.

Bünyamin Duran bu problemin daha çok Said Nursi yorumcularının eksikliğinden kaynaklandığını öne sürmüştür. Ona göre, Said Nursi'yi tümüyle anlayabilmek için onu büyük yorumcuların analiz etmesi gerekir (Duran, 1997, s.148; Albayrak, 2002, s.134ff).

8.10 Gayri müslimlerle diyalog ve tebliğ

Nurculuk Hareketi geleneksel olarak dindarlararası tebliğe ve diyaloğa[88] önem veren bir harekettir (Utermann, 1995, s.18). Nursi'ye göre müslümanlar sadece kendi aralarında değil (ittihad), diğer din mensupları ile bazı konularda biraraya (ittifak) gelmeliler ve farklı fikirler nedeniye kavga etmemeliler. Bunu söylemekle müslüman ve örneğin hristiyanların arasında farklılıkların olmadığını veya farkların önemsiz olduğunu kast etmemiştir. Daha çok, sadece farklılıklara fazla konsantre olmanın, hem müslümanların hem de diğer din mensuplarının toplumsal büyük vazifesinin sekteye uğramasını düşünüyordu. Bahsettiği büyük vazife ve ortak davaları ise modern dünyaya, merkezinde Allah inancı olan ve ahlaki değeri iman ve Allah rızasını aramak olan bir yaşam ve toplum vizyonu sunmak (Michel, 2004, s.17).

Örneğin komunizme ve radikal ateizme karşı gelmek için Nursi'ye göre hem müslümanlar hemde gayri müslimler ortak çalışmalar yapmaları gerekiyordu (2000f, s.213; 2007, s.176ff). Fakat bu çalışmalar savunucu bir duruşdan ibaret. Nurcular, saldırgan ve agresif ateizm ile mücadele ediyorlar. Müslümanlar ve hristiyanların düşmanlık vaktinin bittiğini ve boş yere şüphe, üstünlük duygusu ve kan akıtma ile güç

---

[88] Dinlerarası Diyalog tabiri Nursi'de veya Nurcularda yoktur. Nurcular dinlerarası diyalog adı altında düzenlenen organizasyonları desteklemezler. Diyaloğu her zaman tebliğ için gerçekleştirmişlerdir. Dinlerarası Diyalog kavramı Gülen Hareketinde kullanılır.

kaybedildiğini düşünüyor (Michel, 2004, s.21, 32ff). Canan konuyu şöyle dile getiriyor: 'Hristiyanlar bizim düşmanımız değillerdir. Bize zorla hristiyanlardan nefret etmeyi aşılıyorlar. Aynısı yahudilik için de geçerlidir. Bizim için dini savaş yoktur, kültürleri yok etmek yoktur, etnik ayrımcılık yoktur' (Aköz, Atal, 18.12.2004). Mehmet Fırıncı özetliyor: *'Allah'a inananlar için global barış alternatifsizdir. Risale-i Nur talebeleri olarak bu global barış'a ulaşmak istiyoruz' [M.F.].* Nursi meşhur Şam hutbesinde de belirttiği gibi, savaşlar eskide kalmış, insanlık hangi dine bağlı olursa olsun global barış için çabalaması gerekiyor (1995b, s.57ff).

Cüneyt Ülsever Nurcuları müslüman ve hristiyan dünyasının köprüsü olarak görüyor: 'Düşmanın katiyen başka dinler olmadığını söylemiş, tersine semavi dinlerin ortak düşmana karşı işbirliğini önermiştir. Nursi, 20'nci yüzyılın başında yeni bir düşman konsepti geliştirmiş 'bizim düşmanımız cehalet, zaruret ve ihtilaftır' demiştir. 'Bu düşmanlara karşı marifet, sanat ve ittifak silahlarıyla cihad edeceğiz' diye ilan etmiştir' (Ülsever, 2004).

Bu bağlamda Nursi 1950 yılında eserlerini Papa Pius XII.'ye yolladı ve 1953 yılında İstanbul'da Patrik Athenagoras ile görüştü. Papa'ya yolladığı eserlerinde Hz. Muhammed'in ve Kur'an'ın mucizeleri anlatılıyor. Vatikan 22 Şubat 1951'de bir teşekkür mektubu ile cevap verdi: 'Papalık Makam-ı Âlisi Kalem-i Mahsusu Başkitabet Dairesi, Vatikan, 22 Şubat 1951, Numara: 23 22 47, Efendim! Zülfikar nam el yazısı güzel eseriniz İstanbul'da Papalık makam-ı vekâleti vasıtasıyla Papa Hazretlerine takdim edilmiştir. Bu nazik saygınızdan dolayı gayet mütehassis olduklarını bildirirken, üzerinize

Cenab-ı Hakkın lûtuflarını dileklerini tebliğe beni memur ettiklerini arza müsaraat eylerim. Bu vesile ile saygılarımı sunarım. İmza: Vatikan Kâtibi´ (2001c, s.303).

Patrik ile görüşmeye ise davetsiz ve haber vermeden gidiyor. O günleri Nursi talebesi Mehmet Fırıncı´nın evinde kalıyor. Olaya şahit olan Ziya Arun aynı günün akşamı olanları Mehmet Fırıncı´ya anlatıyor. Önce Patrik Nursi´yi içeri almak istemiyor, daha sonra içeriğe alınıyor ve Nursi Patrik´e Hz. Muhammed´i anlatıyor. Ardından Patrik Hz. Muhammed´in peygamberliğini kabul ediyor, fakat bunu açıktan söyleyemeyeceğini aktarıyor.

Bu iki durum Nursi´nin nasıl bir diyalog anlayışı olduğunu ortaya koyuyor. Diyalog, Nursi için tek bir din oluşturmak değil, tebliğdir.

Üstelik Nursi ermeni ve yunanların haklarını da savunmuştur. Bu hristiyan milletlerin özgürlük haklarının İslam´ın onlara verdiği bir hak olduğunu öne sürmüştür. Nursi´nin bu bakışı çocukluğu zamanından da kaynaklanabilir. Biyografi bölümünde de belirtildiği gibi Bitlis´de değişik ırklar beraber yaşıyordu. Farklı ırkların haklarını gasp edenleri Nursi cehalet ile suçluyordu. Gerçek ´düşmanların´ gayrimüslimler değil, cehalet, zaruret ve ihtilaf olduğunu öne sürüyor (Nursi, 1995b; Michel, 2004, s.21ff, 24).

Yukarıda da belirtildiği gibi Said Nursi dinlerarası diyalog yerine dindarlararası diyalog gerçekleştirmesine ve diyaloğu tebliğ için bir araç olarak kullanmasına rağmen diyalog karşıtları Nurcuları da eleştiriyorlar. Safa Mürsel söyleşimizde konuyla ilgili şöyle konuştu: *'Hristiyan ve müslüman diyaloğuna zarar vermek isteyen gruplar var. Bu yüzden diyalog kurma çalışmalarını tehlikeli olarak görüyorlar ve provokasyon yapıyorlar'* *[S.M.].*

Söyleşi yaptığımız Cübbeli Ahmet Hoca da Bediüzzaman'in tebliğini ve Gülen Hareketinin diyaloğunu ayırıyor: *'Şimdi bunları da "diyalog çevreleri" yanlış anlayıp, istismar ediyorlar. Üstad adına yanlış konuşanlar olduğu için, bize de oralardan intikal etti. 'İşte bunların dayanağı Üstad Bediüzzaman Hazretleridi' denildi. [...] Risale-i Nurun tümünü birlikte inceleseler, konuyu anlayabilecekler. Sadece bir yeri okuyan, yanlış anlayabilir... Ama bakın bana getirdiler. Mehmet Paksu hoca, Kenan Demirtaş hoca geldiler. Bende onlara 'bu husustaki bütün yazılanları bana getirin. Benim çok vaktim olmuyor. Ama bana muhtelif bölümlerden biraraya getirin, bende bir hüküm vermem gerekiyor' dedim. Getirdiler. Birde baktım, Üstad bu hususta tamamen bizim görüşümüzde. Ama öbür tarafta sadece bir yere bakan, kendine delil getirip, 'bak Üstad böyle diyor' diyorlar. [...] Üstad çok istismar edilmiş... Halbuki Üstad'ın görüşüne yorum katmaya gerek yok. Onun görüşü yine onun başka biryerdeki beyanıyla izah edilmeli. [...] Üstad Hazretlerinin görüşü ehl-i sünnet içindemi dışındamı? Mesele, Üstadla aynı fikirde olmak değil. O başka bir konu. Araştırmalarımın neticesi şöyle: Üstad bu konuda İmam Maturidi ve İmam Rabbaniye uymuyor, ama İmam Eşariye uyuyor. Uyabilir. Oda bir ehl-i sünnet imamıdır. Fetret devri meselesini giriyor Üstad...'* *[C.B.].* Cübbeli Ahmet Hoca konuyla ilgili Bediüzzaman'in talebesi olan Abdulkadir Badıllı ile de konuyu görüşüyor: *'Hatta geçen Urfa'ya gittik. Üstadın talebelerinden Abdulkadir Hocayı ziyaret ettik. Üstada hizmet etmiş. Müze gibi bir yer var orada. Üstadın deresi, cübbesi, kitapları, kibritleri hep onda. Onu orada ziyarete gittik. Hatta o da anlattı, onu aramışlar ve 'Hocaefendi burada. Sizi ziyaret etmek istiyor. Eski fikirlerinden caydı' demişler. O da onlara 'İsterse caymasın, o bir ilim adamıdır, biz ona hürmet etmek durumdayız. Buyursun gelsin, kapımız açık' demiş. Ama zaten o da duymuş son konuşmamızı... Hatta Üstadın cübbesi ve sarığıyla resim çekindik. Güzel istişareler oldu... Ama ben çok üzülüyorum. Üstadı bu istismarcılara bırakmayalım, doğru anlayalım. Hatta Üstadın ilk talebelerinden olan Abdulkadir hoca dediki bize, 'ben Fethullah hocaya mektup yazdım. Bu diyaloğun dozacı nedir?' diye sormuş. Yani yine bu fetret devri meselesi. Halbuki Üstad kendisi diyor, İslam dini gelince diğer dinlerin hükmünün geçerli olmadığını. Hükmü geçerli değilse, cennet meselesi nasıl olsun? Üstad, fetret devri gibi durumları kast ediyor... Ama bu kadar militan gibi çalışıpta, bu kadar dini bilipte, 'İslamı öğren, halen Yahudilikte kal, cennete girersin' demek olurmu? Üstad böyle birşey dermi? Derse, niye Avrupa'ya adam gönderiyor Üstad? Avrupa'yı müslüman etmeye ne gerek var o zaman, adam cennete girecekse? Yani Üstad bu kafadan olsa, adam gönderirmi?.. ben bu duruma çok üzüldüm. Bu yanlışı düzeltmek için, gayret ediyorum. Gittiğim yerlerde bu konulara giriyorum. Üstadın ilk talebelerinden olan Abdulkadir hoca da 'Eğer Hristiyanlık ve Yahudilik geçerlidir, bunlarla amel edilince cennete girilir, denilirse, bu şirktir, insanı kafir*

eder' diye Fethullah hocaya bir mektup yazdığını söyledi.
[...] Hatta bunlar (Gülen Hareketi; Yazarın Notu)
Urfa'da müslüman bir kızı, hristiyan bir profesörle
evlendirdiler. Halbuki ehl-i kitaba kız verilmez. Zina'dır.
Kız alınır, ama kız verilmez. Birde bunu Hz. İbrahim'in
mekanında yapıyorlar. Niye? 'Diyalog adına bir adım
atalım' diye. Biz diyaloğa karşı değiliz ki. Papazla görüş,
hahamla görüş. Ama sen hükmü değiştiriyorsun. Harama
helal diyorsun. Bu kadının bununla evlenmesi haram.
Ama neymiş, bu profesör İslam'a da inanıyormuş, ama
hristiyanmış. İki pasaportlu adamı anlarımda, iki dinli
adamı çıkarttılar... [...] Ama bunlar resmen böyle
yapıyorlar. Kitapların'da var. Tamam bu zatlar nur
camiasından değil zaten, ama eşleştiriliyorlar. Bunlar
Üstada kurban olsun. Kitaplarını bile doğru dürüst
okumamışlardır. Ama böyle insanlar, sanki bu
camiadanmış gibi gözüküyorlar. Bir irtibat gözüküyor.
Hüküm sanki tüm camianın hükmüymüş gibi. Halbuki
Kırkıncı Hoca gibi zatlar... bunlar ne kadar takva
insanlar, ne kadar nezih insanlar. Mehmed Paksu
hocaefendiler.. Yani Üstad anlaşılcaksa, doğru
anlaşılsın... ben bundan rahatsız oldum. Çünkü yeni
gelişen gençliğe bu şekilde izah etmek yazık olacak.
Reddiyelerde yazdım. Ama bu görüşün Üstadın görüşü
olmadığına kanaat getiripte, bunu anlatma fırsatı
bulunca, benim üstümden dağlarca yükler kaktı. Üstada
karşı da sorumluyuz yani. Elhamdülillah, bu hususta bir
vazife yaptığımı düşünüyorum' [C.B.].

Bu bilgilere rağmen konu sürekli tartışıldığı için
Nursi'nin konuyla ilgili tespitlerine bir bakalım.
Öncelikle Nursi iman ve İslam kavramlarını ele alıyor ve
bu bağlamda 'İmansız İslâmiyet, sebeb-i necat olmadığı

gibi; İslâmiyetsiz iman da medâr-ı necat olamaz' (2001b, s.38) ifadesini kullanıyor. İmansız İslamiyet grubuna hem İslam'ın hükümlerini yaşayan, fakat imani meselelerini inkar eden 'müslümanları' hem de İslam'ın yaşam tarzını benimsemiş fakat Allah'a iman etmemiş insanları da dahil edebiliriz. Yani ahlaklı ve dürüst ateistler de bu kategoriye girerler. Ahlaksız müslümanların olabileceği gibi ahlaklı ateistlerin de varlığı elbette mevcut. Başka bir yerde Nursi 'Herbir Müslümanın herbir sıfatı Müslüman olması lâzım olmadığı gibi, herbir kâfirin dahi bütün sıfat ve san'atları kâfir olmak lâzım gelmez' (1995d, s.91) diyor. İslamiyetsiz iman kategorisine ise hem iman eden fakat bazı hükümlerini inkar edenler hem de Allah'a iman eden fakat İslam'ın hükümlerini, Allah'ın son vahyini, dolayısıyla Hz. Muhammed'i red eden, yahudiler ve hristiyanlar da girer. Said Nursi'ye göre bu iki grub kurtuluşa eremezler.

Yani sadece iyi işler yapmak, 'kalbi temiz' olmak yetmiyor. Asıl mesele iman etmek. Konuyla ilgili bir hadisi Hz. Aişe naklediyor: 'Dedim ki: 'Ey Allah'ın Resûlü! Abdullah İbn Cüdâ, cahiliyede akrabaya yardım eder, yoksulu doyurur idi. (Ama sana iman etmedi) Bu ona (cehennemden kurtulmak için) fayda verecek midir?' '(Hayır) cehennemden kurtulmaya fayda vermez, çünkü o hiçbir gün: 'Ya Rabbi! Kıyamet gününde benim günahlarımı bağışla dememiştir' buyurdu' (Müslim).

Hatta iman etmeyenler için ebedi cehennemin gerekliliğinden bahseder Nursi: 'Nasıl ki küfür, Cehenneme duhulüne sebeptir. Öyle de, Cehennemin vücuduna ve icadına dahi sebeptir. Zira, küçük bir hâkimin küçük bir izzeti, küçük bir gayreti, küçük bir celâli bulunsa, bir edepsiz ona serkeşâne dese, 'Beni tedip etmezsin ve edemezsin.'; herhalde, o yerde hapishane yoksa da, tek o edepsiz için bir hapishane teşkil edecek, onu içine atacaktır... Halbuki, kâfir, Cehennemi inkârla, nihayetsiz izzet ve gayret ve celâl sahibi ve gayet büyük ve nihayetsiz Kadîr bir Zâtı tekzip ve isnad-ı acz ediyor, yalancılıkla ve aczle itham ediyor, izzetine şiddetle dokunuyor, gayretine dehşetli dokunduruyor, celâline âsiyâne ilişiyor. Elbette, farz-ı muhal olarak, Cehennemin hiçbir sebeb-i vücudu bulunmazsa da, şu derece tekzip ve isnad-ı aczi tazammun eden küfür için bir Cehennem halk edilecek, o kâfir içine atılacaktır' (2001d, s.464).

İslam alimleri arasında çokca tartışılan Ebu Talip konusunda Nursi şöyle yazıyor: 'Diyorsunuz ki: Amcası Ebu Tâlib'in îmanı hakkında esahh nedir? Elcevap: Ehl-i Teşeyyu', îmanına kail; Ehl-i Sünnet'in ekserisi, îmanına kail değiller. Fakat benim kalbime gelen budur ki: Ebu Tâlib, Resul-i Ekrem Aleyhissalâtü Vesselâm'ın risaletini değil; şahsını, zâtını gayet ciddî severdi. Onun o gayet ciddî o şahsî şefkati ve muhabbeti, elbette zayie gitmeyecektir. Evet ciddî bir surette Cenâb-ı Hakk'ın Habib-i Ekremini sevmiş ve himaye etmiş ve tarafdarlık göstermiş olan Ebu Tâlib'in; inkâra ve inada değil, belki hicab ve asabiyet-i kavmiye gibi hissiyata binaen, makbul bir îman getirmemesi üzerine Cehennem'e gitse de; yine Cehennem içinde bir nevi hususî Cennet'i, onun hasenatına mükâfaten halkedebilir. Kışta bazı yerde baharı halkettiği ve zindanda -uyku vasıtasıyla- bazı adamlara zindanı saraya çevirdiği gibi, hususî Cehennem'i, hususî bir nevi Cennet'e çevirebilir' (2001b, s.375ff). Burada da görüldüğü gibi eğer sadece iyilik

241

yapmak ile cennete girmek mümkün olsaydı, herhalde Ebu Talip girerdi, çünkü kendisi Kainatın Efendisi olan Hz. Muhammed'e yardımcı olmuştu ve peygamber tarafından seviliyordu. Dolayısıyla iman etmeyenler cehenneme girer, fakat yaptıkları iyilikler karşısında cezaları hafifleye bilir. Hafiflemenin veya 'bir nevi cennet'e çevirmenin mümkün olduğunu daha sonra vereceğim bir hadisden anlıyoruz.

Nursi sadece fetret devri konusunda bir ayrım yapıyor. Belkide en çok yanlış anlaşılan konulardan birisi de bu konu. Nursi'ye göre vahiy hakkında bilgi almamış veya sadece yanlış bilgiler almış kişiler sorumlu değildir. Kur'an'da buna işaret eden ayetler mevcut: '(Onlar) müjdeleyici ve uyarıcı resûllerdir ki, insanların, resûllerden sonra Allah'a karşı (bizi uyaran ve müjdeleyen bir resûl gelmedi diye) hüccetleri (delilleri) olmasın' (4:165), 'Peygamberlerin arası kesildiği bir sırada, 'Bize ne müjdeleyici bir peygamber geldi, ne de bir uyarıcı' demeyesiniz diye, işte size (hakikatı) açıklayan elçimiz (Muhammed) geldi' (5:19), 'Kendilerine elçi gönderilmiş olanlara da soracağız, gönderilen elçilere de soracağız' (7:6), 'Biz, bir peygamber göndermedikçe (kimseye) azap edecek değiliz' (17:15).

Kastamanu Lahikasında Nursi şöyle yazıyor: 'Onbeşinden yukarı olanlar, eğer mâsum ve mazlum ise, mükâfatı büyüktür; belki onu Cehennem'den kurtarır. Âhirzamanda madem fetret derecesinde din ve din-i Muhammedi'ye (sav) bir lâkaydlık perdesi gelmiş ve madem âhir zamanda Hazret-i İsa'nın (as) dîn-i hakikîsi

242

hükmedecek, İslâmiyetle omuz omuza gelecek. Elbette şimdi, fetret gibi karanlıkta kalan ve Hazret-i İsa'ya (as) mensup Hıristiyanların mazlumları, çektikleri felâketler, onlar hakkında bir nev'i şehadet denilebilir. Hususan ihtiyarlar ve musibetzedeler, fakir ve zayıflar, müstebit büyük zâlimlerin cebir ve şiddetleri altında musibet çekiyorlar. Elbette o musibet onlar hakkında medeniyetin sefahetinden ve küfranından ve felsefenin dalâletinden ve küfründen gelen günahlara keffâret olmakla beraber, yüz derece onlara kârdır' (2000c, s.79). Onbeş yaşı, Şafilere göre buluğ çağının sona ermesini sembolize ediyor (Nursi Şafi idi). 'Hazret-i İsa'nın (as) dîn-i hakikîsi hükmedecek, İslâmiyetle omuz omuza gelecek' ifadesini ise peygamberimizin 'Ahir zamanda Hazret-i İsa (as) gelecek, Şeriat-ı Muhammediye ile amel edecek' (Buhari, Mezâlim: 31; Büyû': 102; Müslim, Îmân: 242, 343; İbni Mâce, Fiten: 33.) hadisine dayanarak söylüyor. Bu hadisi açıklarken başka biryerde şöyle yazıyor: 'İsevilik dini tasaffi ederek (arınarak) ve hurafattan tecerrüd edip İslamiyete inkılab edecek' (2001b, s.12). Yani tahrif edilmiş hristiyanlık değil, Hz. İsa'nın hakiki dini İslamiyete tabi olacak. Lahikanın devamında Nursi yahudiler veya hristiyanlar cennete girer demiyor. Hüküm fetret devri durumunda olanlar için geçerli. Zaten 'fetret gibi karanlıkta kalan' ifadesini kullanıyor. Yani İslam'dan hiç haberi olmamış veya tamamen yanlış bilgi edinmiş mazlumlar için geçerli bir hüküm. Felaketlerle ölenlerin şehit olabileceklerini yine peygamberimiz söylüyor: 'Suda boğulan, yangında ölen, garip, kimsesiz olarak ölen, zehirli hayvan sokarak ölen, iç hastalıklarından ölen, duvar ve enkaz altında kalarak ölen, kocasını kıskandığını gizleyen kadın, kendinin, din kardeşinin ve komşunun malını savunurken öldürülen,

243

emr-i maruf ve nehy-i münker yaparken öldürülen kimse şehiddir' (İbni Asakir).

Aynı hükmü İmam Gazali'de de görüyoruz: 'İnancıma göre, inşâallah Allahü Teâlâ, zamanımızdaki Rum, Hıristiyan ve Türklerin pek çoğunu da Rahmet-i İlâhiye şümulüne alacaktır. Bunlardan maksadım, uzak memleketlerde yaşayan ve kendilerine İslâm'ın daveti ulaşmayan Rum ve Türklerdir. Bunlar üç kısımdır: 1. Hazret-i Muhammed'in (sav) ismini hiç duymamış olanlar. 2. Hz. Peygamber'in ismini, sıfatlarını ve gösterdiği mu'cizeleri duymuş olanlar. Bunlar İslâm memleketlerine komşu olan yerlerde veya Müslümanlar arasında yaşayan kimselerdir, kâfir ve mülhidlerdir. 3. Bu iki derece arasında bulunan gruptur. Hz. Peygamber'in ismini duymuşlarsa da vasıf ve hususiyetlerini duymamışlardır. Daha doğrusu bunlar Hz. Peygamber'i tâ küçüklüklerinden beri 'İsmi Muhammed olan -hâşâ!- yalancının biri peygamberlik iddiasında bulunmuştur' şeklinde tanımışlardır. Tıpkı bizim çocuklarımızın Adı Müseylime olan yalancının biri Allah'ın kendisini peygamber olarak gönderdiğini iddia etmiş ve yalancı olarak peygamberliği ile meydan okumuştur sözünü duymaları gibi. Kanaatime göre bunların durumu birinci grubta olanların durumu gibidir. Çünkü bunlar Hz. Peygamber'in ismini, haiz bulunduğu vasıfların zıdlarıyla birlikte duymuşlardır. Bu ise hakikati araştırmak için insanı düşünmeye ve araştırmaya sevk etmez' (Gazali, 1990, s. 60-61).

Maturidi'ye göre birisi fetret devrinde olsa bile sorumludur çünkü aklıyla Allah'ı bulmak zorundadır. Bulamaz ise cehenneme girer. Eşari'ye göre açık bir tebliğ gelmediyse ve ortada şirk yok ise bu insanlar cennetliktir. İmam Rabbani ise 259. Mektub'da fetret konusunu ele alıyor ve orta bir yol buluyor; ne cennet, ne cehennem, bunların toprak olacaklarını ifade ediyor (2001, s. 1076-1088).

Bu konuyla ilgili önemli bir hadisi nakledelim. Peygamberimiz diyorki: 'Dört grub vardır ki, onlar kıyamet günü kendilerini mazur göstereceklerdir: Hiçbir şey duymayan sağırlar; Gel-git akıllı ahmaklar; aşırı yaşlılar; fetret devrinde ölen insanlar. Sağırlar derler ki, Yarab! İslamiyet geldi ama biz bir şey duymadık. Gel-git akıllılar diyecek ki, İslamiyet geldi ama benim üzerime çocuklar pislik atıyorlardı. Yaşlılar diyecek ki, İslamiyet geldi ama bir şey anlayamadık. Fetret devrinde ölenler diyecek ki, Yarab! Bize peygamber hiç gelmedi. Bunlar cehenneme de girseler, Allah orayı onlar için bir nevi cennete çevirir' (El –Beyhaki). Demekki bir nevi cennete çevirmek mümkünmüş. Bunu başka bir hadis'de de öğreniyoruz. Ebu Leheb, Peygamberimizin dünyaya geldiğini müjdeleyen Cariyesi Süveybe'yi sevincinden dolayı azat etmişti. Bundan dolayı her yıl Rebiul-evvel ayının 12. geceleri cehennemde azabı hafifler. İki parmağı arasından çıkan serin suyu emerek ferahlar (Buhari).

Nursi konuyu biraz daha açıyor: 'Zaman-ı fetrette, 'Biz, bir peygamber göndermedikçe (kimseye) azap edecek değiliz' (Kur'an, 17:15) ayetinin sırrıyla; ehl-i fetret, ehl-i necattırlar. Bil'ittifak, teferruattaki hatiatlarından muahezeleri yoktur. İmam-ı Şafiî ve İmam-ı Eş'arîce; küfre de girse, usûl-i imanîde bulunmazsa, yine ehl-i necattır. Çünki teklif-i İlahî irsal ile olur ve irsal dahi, ıttıla' ile teklif takarrur eder. Madem gaflet ve mürur-u zaman, enbiya-i salifenin dinlerini setretmiş; o ehl-i fetret zamanına hüccet olamaz. İtaat etse sevab görür, etmezse azab görmez. Çünki mahfî kaldığı için hüccet olamaz' (2001b, s.374).

Yani İslam dini gelince diğer dinlerin hükmü geçerli değildir. Hükmü geçerli değilse, cennet meselesi nasıl olsun? Nursi, sadece fetret devri gibi durumları kast ediyor ve bu konuda İmam Maturidi ve İmam Rabbani'ye uymuyor, ama İmam Şafii, İmam Gazali ve İmam Eşari'ye uyuyor ve tamamen ehl-i sünnet çizgisinde kalıyor.

Buluğ çağına ermemiş çocuklar için Said Nursi'nin hükmü şu sekilde: 'O musibet-i semaviyeden ve beşerin zalim kısmının cinayetinin neticesi olarak gelen felâketten (I. Ve II. Dünya Harplerinden; Yazarın Notu) vefat eden ve perişan olanlar eğer onbeş yaşına kadar olanlar ise, ne dinde olursa olsun şehid hükmündedir. Müslümanlar gibi büyük mükâfat-ı maneviyeleri, o musibeti hiçe indirir' (2000c, s.79). Bu ise sorumluluk sahibi olmayan çocuklar için geçerli. Onbeş yaş'dan kasıt buluğ çağına ermemiş çocuklar, ki bunlar cennetliktir. Konuyla ilgili Enes ibn Malik bir hadis naklediyor: 'Ebu Dâvud et-Tayâlisî der ki: Bize Rebî', Yezîd İbn Ebân'dan nakletti ki; o, şöyle demiş: Biz Enes İbn Mâlik'e; ey Ebu Hamza, müşriklerin çocukları hakkında ne dersin? diye sorduk. Enes İbn Mâlik dedi ki: Rasulullah (s.a.v.) şöyle buyurdu: Onların günâhları yoktu ki bununla azâblanıp cehennem ehli olsunlar. İyilikleri de yoktu ki bununla mükâfatlandırılıp cennet ehlinin hükümdarlarından olsunlar. Onlar cennet ehlinin hizmetkârlarıdırlar.´ Başka bir hadisde Peygamber Efendimiz her doğanın İslam fıtratı üzerine doğduğunu belirtiyor: ´Her doğan, İslâm fıtratı üzerine doğar´ (Buhârî, Cenâiz: 92; Ebû Dâvut, Sünne: 17; Tirmizî, Kader: 5).

Dolayısıyla Nursi diyalog derken, dinlerin bir olmasını veya aynı olduğunu kast etmiyor. Dünyevi işlerde, örneğin toplumsal konularda veya barışı sağlamakta, birlik göstermeleri gerektiğini savunuyordu. Yoksa kurtuluş için mutlaka iman esaslarının tümünün gerektiğini söylüyor ve bu konuda zerre taviz vermiyor.

9.0 Son Değerlendirme

Said Nursi'nin biyografisi, tüm eserleri, farklı dokümanlar ve mektuplar, Almanya'da ve Türkiye'de ki gözlemler, Nursi'nin doğrudan doğruya talebeleri ve diğer söyleşi yaptığımız kişiler araştırmanın kaynakları idi. Tüm bu analizlerden şu sonucu çıkarmak mümkün.

Said Nursi'nin 1906'da 'Kur'an'ın sönmez ve söndürülmez manevî bir güneş hükmünde olduğunu, ben dünyaya ispat edeceğim ve göstereceğim!' (Nursi, 2001a, s.44) dediği an Risale-i Nur hareketi sosyal bir hareket olarak başlamıştır. Barla'ya sürgün edildikten sonra harekatın tohumları saçılmıştır. Daha sonra Nurcu olarak tanımlanacak olan talebe ve mensupları birden çoğalmaya başlayıp yıllar geçtikce hareket düzenli bir organizasyona sahip olmuştur. Özellikle Said Nursi'nin vefatından sonra kurumsallaşan hareket, kurumsallaşmanın hareketin açık yapısına ters düştüğünden dolayı farklı gruplara ayrılmıştır.

Said'ler arasında farklılıklar var: Birincisi Said çok okurdu. Üstelik o zamanda alışılmadık bir şekilde hem islami kaynakları hem de batı kitaplarını okuyordu. Bunu eserlerinde görmek mümkündür.[89] Zulüm, işkence ve hapis cezalarından hiç çekinmiyor, zalimliğe karşı geliyordu. Yeni Said daha çok kendini yalnızlığa verip,

---

[89] Eserlerinde İbn-i Haldun (Nursi, 2000f, s.113-117), Tolstoy (Nursi, 2001d, s.38-43), Aristo, Eflatun, Pareto-Prensibi (2001b, s.47ff, 52ff, 359, 404; 2004b, s.80-83, 88ff, 510) ve İmam Rabbani ile paralellik bulmak mümkündür.

dünya'dan ve siyasetten elini çekti. Herkese en azından bir makale ile cevap verme alışkanlığından vazgeçmişti. Dünya edebiyatını ve gazeteleri okumayıp, artık sadece Kur'an-ı Kerim'e yöneliyordu. İşte tam bu zamanda Risale-i Nur meydana geldi. Karşılık olarak bir sürgün hayatı yaşadı. Üçüncü Said ise tabiri caizse dünyaya geri döndü. Demokratları destekleyen üçüncü Said, bazı siyasetçilere mektuplar yazıyor ve diğer dinlerin mensuplarıyla irtibatlar kuruyordu. Bu üç farklı hayat tarzını anlamadan, Nursi'yi ve onun eserlerini yorumlamak çok zor olur.

Nurculuk yazılana dayanan bir harekettir. Diğer dini cemaatlerden belki en büyük farkı yazılanlara konuşulanlardan daha çok önem verilmesidir. Dolayısıyla'da Nurcu grupları bir çok yayınevi kurmuştur. Yayinevleri gruplarının organize oldukları yerlerdir. Bu çalışmada bir çok yayınevi tespit etmek mümkün oldu. Dolayısıyla hareketin genel çalışmaları kitap ve yazılar yayınlamak.

Hareketin ne Kur'an kursları ne de onlara ait camiileri var. Medreseler onların buluşup sohbet ettikleri, Said Nursi'nin eserlerini okuyup yorumladıkları tek yerlerdir. Risale-i Nur sohbetleri onların en önemli girişimlerinden biridir. Sohbetlerin yapısı demokratiktir. Tüm katılanlar aktif olup görüşlerini açığa vurabilirler. Kimse özel haklara sahip değildir ve herkes derslere katılabilir. Birbirlerine kardeş ve abi olarak hitap ederler. Bu da misafirperverliklerini ve saygılarının bir göstergesidir. Medreselerde toplumsal ve siyasi konulara da eserler sayesinde açıklık getirmeye çalışılıyor.

Her medrese Nurculuk ağlaşmasının bir parçasıdır. Bu medreselerin irtibatlarını kuran şahıslar (Broker) vardır. Medreseler özerk olup kararlarını kendi istişarelerinde alırlar. Nurcu ağlaşması yoğun ve pozitif bir ağdır. Güven ve dayanışmanın önemi büyüktür. Medreselere katılmakla birlikte her birey kendine özel bir sosyal ağ kurabiliyor. Bu ağdan sosyal sermaye elde etmek mümkün. Özellikle 'weak ties', yani güçlü ilişkiler sayesinde yeni bilgilere kolayca ulaşılabiliniyor. O yüzden medreseler sadece beraberce okumaların yapıldığı mekanlar değil, yanı sıra bilgi alış verişi, kimlik ve anlam kazanmak için elverişli yerlerdir. Mensuplar cemaat sayesinde ağda bir kimlik kazanıyorlar ve düzenli olarak sohbetlerde bulunduklarında ağın içinde algılanabiliniyorlar.

Nurcular arasında belirgin bir bölgesel veya sosyal yapı yok. Aralarında her etnikten ve sosyal statüden insan bulmak mümkün. Yinede mensupların çogunun türk olduğunu ve sosyal statü olarak orta tabakadan geldiklerini söyleyebiliriz. Harekette öğretmen sayısı da fazladır. Nuculuğun sadece entellektüellere açık olmamasına rağmen hareket eğitim seviyesi düşük olan veya 'mucizeler arayan' insanların isteklerini karşılayamıyor. Sonuncular Nursi'de 'mucizesiz' ve olağanüstü olmayan bir dünya ile karşılaşmaktadırlar. Elbette bu da dolaylı olarak bir sosyal seleksiyon olarak görülebilinir.

Nurcular aktif ve bilinçli olarak düşüncelerini yaymak için iletişim kaynakları olan internet, DVD, Mp3, televizyon, radyo gibi araçları kullanırlar. Risale-i Nur eserleri veya sohbetleri dijitalleştirilip tüm dünya'ya yaygınlaştırılıyor. Bunun için gruplar – bilinçsiz ve anlamaşdan - farklı farklı görevler üstlenmiştir. Yayınevlerinin, tv kanallarının, vakıfların, radyoların, gazetelerin vs. kurulması medreselerin altyapısını aşsada, işlevleri aksamıyor. Modern toplumun teknolojik gelişimleri böylelikle kullanılmaktadır, buda Said Nursi'nin teknolojiye bakışı ile örtüşüyor gibi.

Risale-i Nur eserleri her kişi ve Nurcu gruplar için sabit, ulaşılabilir ve meşru. Genel itibariyle Nurcular için Risale-i Nur, İslam'ı, Kur'an'ı ve imanı çağa uygun bir şekilde anlayabilmek için bir metod. Elbette Kur'an ile aynı seviyede değildir. Fakat farklı düşünceler ve yorumlar yüzünden bölünmeler oldu. Özellikle siyasi konularda gruplar arası farklı fikirler mevcut. Bu kopmalar Nursi'nin uhuvvet (bkz. 8.3. bölüm) anlayışına tezat oluşturuyor. Dolayısıyla bölünmeler farklı yorumlarla meşrulaştırılıyor.

Nursi ve hareketi reformcu, aydınlatıcı ve calvinist bir hareket değildir.[90] Nursi daha çok dini ilimleri ve bilimin, hürriyet ve imanın, modernite ve geleneğin ayrılmaması gerektiğini düşünüyordu. İslami geleneği modernite ile ve imanı akıl ile barıştırmak peşindeydi. Eserlerinde modernitedeki müslümanların imanını güçlendirecek konulara değiniyor. Yazılarında fıkıh veya ihtilaflı konuları değil iman'a daha çok yer ayırdığı için İslam dünyasında bir boşluğu doldurmuştur. Onun için Kur'anı sistematik bir şekilde yorumlama

---

[90] Hristiyanlıktan gelen bu terimleri İslam için kullanmak yanlıştır ve konuyu çıkmaza sokar. İslamiyet'in reforma ve aydınlanmaya ihtiyacı olmadı ve yoktur (Şahinöz, 2011, s.130-141).

ihtiyacı duymuyordu. Sadece gerekli yerlerini tefsir ediyordu. O yüzden modern hayatta şehirlerde yaşayan müslümanların tereddüt ettiği konuları ele aldı. **İspat etmek için ise bilimin metotlarını kullanıp, bu şekilde moderniteyi ve bilimi 'müslümanlaştırdı'.**

Hareketin ne olmadığını anlatmak, hareketin ne olduğunu anlatmaktan daha kolaydır. Nurculuğun tüm renkliliği ve yorumları ile araştırmanın ilk sorusunu böyle cevaplandırabiliriz: **Nuculuk hareketi modern bir islami cemaat olup, anlamını, Nomos'unu, kodlamasını Said Nursi'nin eserleri sayesinde bulan, Risale-i Nur ile olabilecek veya karşı karşıya kalabilecekler ihtimalleri (contingency) aşan ve böylelikte dünya yaşamının getirdiği anlamsızlığa çare olan, yeni teknolojilerle imanı yaygınlaştırmaya çalışan, bilim ile dinin arasında köprü oluşturan bir harekettir.** Berger'in dilini kullanacak olursak: Nursi evrene bir düzen getirmeye çalışmıştır (bkz. 3.2. bölüm). Risale-i Nur'da bu görevde Kur'an'ı ve dünyayı anlayabilmek için bir pusulaç.

Şimdi araştırmanın ikinci sorusuna değinelim: Tüm yasaklara ve dirençlere rağmen Nurculuk Hareketi nasıl ayakta kalıp yaygınlaşmayı başardı? Bunun bir kaç sebebi var:

1. Manevi boşluğun doldurulması
Hareket kemalizm'e bir karşılık olarak kurulmamıştır, çünkü hareketin ideolojik veya siyasi bir kimliği yok. Böyle bir değerlendirme yüzeysel bir hata olur.

Hareketin büyümesinin en büyük sebeblerinden birisi Türkiyen'in 20'nci yüzyılın başlarında ki durumundan kaynaklanan manevi boşluğu doldurması idi. Yeni Cumhuriyetin reformları sayesinde oluşan dini boşluğu Nursi doldurmuştu. Böylelikle eserlerin çoğunluğu yeni ulusal devletin kuruluş yıllarında meydana geldi. Bu yeni devlet eski slami kimliği bırakıp yeni bir kimlik oluşturmak istiyordu. Şunu söylemek gerekir ki, Nursi bilinçli olarak bu boşluğu doldurmak istemedi. Daha çok sosyokültürel ve ekonomik şartlar buna sebep oldu. 20'nci yüzyılın sonlarına doğru Osmanlı İmparatorluğunda devrim isteyen jön türklerin İslam'dan uzaklaşmak istedilerini Nursi erken anlamıştı. Çünkü çöküşün sebebini din'de arıyorlardı. Nursi kendisi de zaten geleneksel dinin modern hayata uygun cevapları olmadığını biliyordu. Böylelikle modern müslüman bir kimliği teşvik edip, müslümanlara yeni sosyal bir harita sunmuştur (Mardin, 2003b, s.49).

Mardin'e göre (1989, s.25) yeni kurulan devlet düşüncelerini kabul ettirmekte zorluk çekiyordu. Devletin pozitivist bakışı ve (devletin anladığı şekilde bir) sekülerizm 'kırsal' Türkiye'ye uymuyordu. Bu durum vilayetler ve köylerde çatışmaya sebep oluyordu. Yapılmak istenen değişiklikler ve kurumsallaşmalar kırsal toplumun ihtiyaçlarını gidermiyordu (Mardin, 1997, s.374, 385). **Böylece 1930'dan 1950'ye kadar toplum bir kimlik krizi yaşadı.** Toplumun her bölümünde yapılan devrimler geçmiş ile bağları kesiyor ve bu şekilde kendi kimliğinin de kaybolmasını sağlıyordu. Devletin zorla vermeye çalıştığı yeni kimlik ise halk ile uyuşmuyordu, hatta yabancılaştırıyordu.

Tamda burada Nurculuk Hareketi devreye giriyor. Hareket Türkiye'deki müslümanların ihtiyaçlarını karşılıyordu. Said Nursi, Risale-i Nur ile kendilerine tanıdık bir kimlik sunuyordu. Bu yüzden yabancılaşmadan Nursi'nin fikirlerini benimsemek kolay geliyordu.

2. Dinin ve bilim'in birleşmesi

Nursi hem akla hemde kalbe hitap edebilme yeteneği ile, büyük bir kitleye ulaşıyordu. Müslüman geneleklerini modernleştirmeyi, müslümanlara bilimsel ve etik bir zırh vermeyi ve dinamik bir kimlik duygusu vermeyi sağlamıştı (Yavuz, 2004, s.121). Yeni sorulara cevap veriyordu. Bu yeni sorular islami dünyaya sanayileşmeyle girmişti. Geleneksel düşüncenin modernitenin bu sorularına cevabı yoktu. **Nursi ise yeni bir yola baş koyup, soruları çağa uygun ve soruldukları metotları kullanarak cevaplıyordu.** İmanı meşrulaştırmak için modernitenin araçlarını kullanıyordu. Bu durum – daha sonraki senelerde - en çok entellektüellerin dikkatini çekip, harekete katılmalarını sağlamıştır. Çünkü Nursi sayesinde ilim öğrenmenin de ibadet olduğu, hatta ilimin de İslam'ın bir parçası olduğu yeniden 'hatırlandı'. Eserleri sayesinde modern fen bilimlerine bir açılım gerçekleşti. Artık birisi aynı anda hem bilim adamı hemde imam olabiliyor, insanların tek bir tarafı seçmesi gerekmiyordu.

3. Din'in toplumsallaşması

Nursi'nin İslam anlayışı herkese Kur'an'ın kapılarını açmıştır. Bu kapı yüzyıllarca sadece alimlere mahsus idi. Nursi bu geleneği kırdı. Böylelikle dini toplumsallaştırıp, 'kullanılabilir' hale getirdi. Dini konuları herkesin anlayacağı şekilde yorumladı. Sonuç itibariyle her birey artık dini kendi okuyup anlayabiliyor, başkalarına bağımlı değildi. Bu satırlar bunu gösteriyor: 'Bir sene bu risaleleri ve bu dersleri anlayarak ve kabul ederek okuyan, bu zamanın mühim, hakikatli bir âlimi olabilir. Eğer anlamasa da, madem Risale-i Nur şakirtlerinin bir şahs-ı mânevîsi var; şüphesiz o şahs-ı mânevî bu zamanın bir âlimidir' (Nursi, Tarih yok, s.334; 2000f, s.229). Toplumsallaşma ile toplumda dini şuur canlandırıldı. Böylelikel din'i uygulamayı topluma geri getirmiştir.[91] Bu bağlamda akıl'a vurgu yapıyordu. Geleneksel düşüncenin yerine modern düşünceyi yerleştiriyordu, örneğin ibadetin cennet için yapılması gerektiğini değil, Allah rızası için yapılmasına vurgu yapması (Nursi, 1995a, s.92ff; 2005b, s.91ff). Burada Nursi'nin tevhid düşüncesi büyük önem taşıyor. Netice olarak Nurculuk Hareketi mensuplarını toplumdan geri çeken değil, daha çok topluma ve toplumsal yaşamaya sürükleyen bir harekettir. Dini otoriterin çoğunluğa dagıtılması ve merkezi olmaması fikri ise, modernitede yeniden canlanan geleneksel bir görüş (vgl. Casanova, 2006b, s.313).

Araştırmanın üçüncü sorunun içeriğinde Nurcuların özelliklerini sormuştuk. Nurcuların söylemlerinde kullanılan ve mensupları için bir anlam oluşturan kavramları inceledik. Araştırma esnasında özellikle ihlas, hizmet, uhuvvet und müsbet hareket

---

[91] Burada tekrardan Nursi ile Ahmed Sirhindi (İmam Rabbani) ile benzerlik görüyoruz. Rabbani de İslamiyeti dünya'ya 'geri getirme' çabasında idi.

terimlerinin anlam yükleyici olduğunu gördük. Nurcular bu kelimelere göre gündelik yaşamlarını sürdürüyorlar. Yani bunlar önemli kodlar. Başka bir özellik ise Nurcuların Said Nursi'ye özel bir makam vermemeleri. Hatta Risale-i Nur'lara Said Nursi'den daha çok önem veriliyor. Bunun nedenlerinden biri ise, Nursi'nin karizmasını eserlerine kaydırması ve böylelikle hareketi rutinleşmeden koruması.

Said Nursi'nin ümmetçilik fikri de hareketin önemli özelliklerinden biri. Yazılarında cemaatleri farklılıklara aldırış etmeden ümmete yakışır bir şekilde kardeşce yaşamalarını dile getirmiş. Üstelik sadece müslümanlar arası değil, yahudiler, hristiyanlar ve müslümanların da beraberce saygı içinde yaşamalarını önermiştir. Bu anlayışdan dolayı hem müslüman cemaatler arası hem de farklı dinlerin mensupları ile güçlü bir iletişim sağlanıyor.

Hareketin siyasi ve popülist bir yanı yok. Fakat yinede siyaseti etkilemeye çalışıyorlar. Bu yüzden de zaten hareket içinde grublaşmalar oluşmuştur.

Bugün Türkiye'de, resmi bir yapılanması olmamasına rağmen, Nurculuk Hareketi en çabuk ve en çok büyüyen harekettir. Hareket, iman hakikatlarını yaymayı ve bilimi din ile birleştimeyi kurmayı hedef etmiş. **Dolayısıyla Nursi'nin en büyük hayali, yani bilim ve dinin birleştirildiği bir üniversite kurmak, Nurculuk Hareketi şeklinde gerçekleşmiştir.**

10.0 Sonuç

Said Nursi, Nurculuk Hareketi, Nurcular ve Risale-i Nur Türkiye'de sürekli konu olan meseleler. Özellikle son yıllarda yıkılan bir çok tabularla bu konular da gündeme oturdu. Dolayısıyla sadece popülist bir şekilde değil, ilmi bir araştırmaya da konu olması gerekiyor.

Sosyolog Luhmann'a göre (1995b, s.11) büyük dinler 20'nci yüzyılın ikinci yarısında tekrardan bir canlanma yaşadılar. Yeni araştırmalara göre din çoğalmıyor fakat şekilleri çoğalıyor. Özellikle Avrupa'da yaşayan gurbetçiler için bir kimlik kaynağı oluyor (ABD için Casanova, 2006a). Fen ilimleriyle bağlantı kurmaya çalışan hareketler ise bu süreci hızlandırıyorlar. Bu hareketlerden birisi de dindar-entellektüellik ve moderniteye uyumlu diyebileceğimiz Nurculuk Hareketi.

Sadece Türkiye değil, özellikle globalleşme sürecinde Avrupa çok kültürlü toplum şekline dönüşüyor. Bu dönüşümde ise sancılar yaşanıyor. Belirsizliğin ve önyargıların hakim olduğu bir ortamda dini cemaatlerin potansiyelleri kullanılmalı. Bu Nurculuk Hareketinin anlayışı sayesinde daha da kolaylaşacaktır. Çünkü kültürlerin çatışmasına bir alternatif sunuyor. Göçmen uyum tartışmalarına Nursi'nin bazı görüşleri, örneğin uhuvvet ve müsbet hareket, yeni bir anlam katabilir. Dinlerin şekillerinin çoğalması bağlamında, Nursi'nin misyonerliğe karşı olan dindarlararası diyalog anlayışı çok önemli.

Başta da belirttiğimiz gibi bir çok cemaat sosyolojik araştırmaların hedefi olmuştur. Fakat Nurculuk Hareketiyle ilgili araştırmalar çok az sayıda. Önünüzde bulunan bu mütevazi calışma bu boşluğu doldurma çabasında değildir, daha çok gelecekte ki araştırmalara fikir ve yön vermesi umut edilir.

11.0 Kaynaklar

- Abdel Rahman T.: The Separation of Human Philosophy from the Wisdom of the Qur'an in Said Nursi's Work. Yayınlandığı yer: Abu-Rabi I. (Ed.): Islam at the Crossroads. On the Life and Thought of Bediüzzaman Said Nursi. State University of New York Press: New York, 2003, s.199-213
- Abdullah S.: Die Nurdschuluk-Bewegung. Yayınlandığı yer: Gemeindedienst Broschüre 'Gastarbeiter', Mission: Yer yok, 1981a, s.6-17
- Abdullah S.: Geschichte des Islams in Deutschland. Styria: Graz, Wien, Köln, 1981b
- Abdullah S.: Geschichte des Islam in Deutschland. Islam und Westliche Welt. Cild 5, Yayınevi yok: Graz, Wien, Köln, 1981c
- Abu-Rabi İ.: History, Method and Comprehension: How to Read Nursi's Risale-i Nur. Vortrag anlässlich des 5. Internationalen Said Nursi Symposiums: the Qur'anic View of Man According to Risale-i Nur. İstanbul, 24.-26. Eylül, 2000
- Abu-Rabi İ.: How to Read Said Nursi's Risale-i Nur. Yayınlandığı yer: ders. (Ed.): Islam at the Crossroads. On the Life and Thought of Bediüzzaman Said Nursi. State University of New York Press: New York, 2003, s.61-91
- Acluni İ.b.M.: Keşfu'l-Hafa. Daru İhyai't-turasi'l-Arabi. Cild 1. Yayınevi yok: Beirut, 1932
- Agai B.: Zwischen Netzwerk und Diskurs. Das Bildungsnetzwerk um Fethullah Gülen (geb. 1938): Die flexible Umsetzung modernen

islamischen Gedankenguts. EB-Verlag: Schenefeld, 2004

- Akdoğan Y.: Siyal İslam. Refah Partisi'nin Anatomisi. Şehir Yayınları: İstanbul, 2000
- Akgün K.: Badee-uz-Zaman Said Noorsi of Turkey. Yayınevi yok: Milwaukee, 1974
- Akgündüz A.: Risale-i Nur Hareketi, Tarikat mı, Cemiyet mi, Cemaat mı? Yayınlandığı yer: 3. Uluslararası Bediüzzaman Sempozyumu. Nesil: İstanbul, 1995, s.150-159
- Akgündüz A.: Arşiv Belgeleri Işığında Bediüzzaman Said Nursi ve İlmi Şahsiyeti. 2. Cild. OSAV: Istanbul, 2014
- Akman N.: İsrailli İlahiyatçı Yehezkel Landau ile söyleşi. Zaman Gazetesi, 31.10.2004
- Akman N.: Mehmet Fırıncı ile söyleşi. Zaman Gazetesi, 05.09.2006
- Aköz E., Atal N.: Said Nursi'den Fethullah Gülen'e Nur Cemaati. Sabah Gazetesi Yazı Dizisi, 12.12.2004-06.01.2005
- Aköz E.: Tarikat – Cemaat. Sabah Gazetesi, 23.06.2006
- Albayrak A.: Sosyal Değişim Sürecinde Risale-i Nur Hareketi. Nesil: İstanbul, 2002
- Anderson B.: Imagined Communities. Reflections of the origin and spread of nationalism. Verso: London, 1991
- Aras B.: Turkish Islam's Moderate Face. Yayınlandığı yer: Middle East Quarterly, Eylül 1998, Volume 5, Number 3, s.23-31
- Aras B., Caha O.: Fethullah Gülen and his Liberal 'Turkisch Islam' Movement. Yayınlandığı yer:

Middle East Review of International Affairs, Vol. 4, No. 4, Aralık 2000, s.30-42

- Aries Wolf D.: 30 Jahre Dialog – Erfahrungen einer kirchenlosen Gemeinschaft in einer kirchengeprägten Gesellschaft. Yayınlandığı yer: Jama´at-un Nur (Ed.): Said Nursi im Spiegel westeuropäischer Diskussionen. Jama´at-un Nur: Köln, 1999, s.14-22

- Aries Wolf D.: Chronologie des Lebens von Said Nursi. Yayınlandığı yer: Vahide S.: Ein Beitrag zu einer ´Intellektuellen Biographie´ Said Nursis. Söz Basım Yayın: İstanbul, 2004, s.65-72

- Aries Wolf D.: Ein Europäer in Barla. Unveröffentlichtes Manuskript eines Vortrages, der in İstanbul 2005 im Rahmen einer Fortbildung des Verlages Nesil gehalten wurde. Haziran, 2005

- Ay A.: Atatürk, Said Nursi´yi Barla´da gizlice ziyaret etti mi? Moral Haber, 24.11.2011

- Bachmann R.: Die Koordination und Steuerung interorganisationaler Netzwerkbeziehungen über Vertrauen und Macht. Yayınlandığı yer: Sydow J., Windeler A. (Ed.): Steuerung von Netzwerken. Westdeutscher Verlag: Opladen, 1999, s.107-125

- Badıllı A.: Bediüzzaman Said Nursi. Mufassal Tarihçe-i Hayatı. Cild 1. Timaş: İstanbul, 1990

- Beck U.: Risikogesellschaft. Auf dem Weg in eine andere Moderne. Suhrkamp: Frankfurt am Main, 1986

- Beck U: Politik in der Risikogesellschaft. Suhrkamp: Frankfurt am Main, 1991

- Beck U. (Ed.): Perspektiven der Weltgesellschaft. Suhrkamp: Frankfurt am Main, 1998

- Beck U.: Weltrisikogesellschaft. Suhrkamp: Frankfurt am Main, 2007
- Becker F.: Netzwerke vs. Gesamtgesellschaft: ein Gegensatz? Anregungen für Verflechtungsgeschichte. Yayınlandığı yer: Geschichte und Gesellschaft 30 (2004), s.314-324
- Behrendt G. M.: Die osmanischen Gräber auf dem ehemaligen Neustädter Friedhof. Yayınlandığı yer: Hannoversche Geschichtsblätter 2006. Cild 60, 2006, s.181-187
- Bell D.: Die nachindustrielle Gesellschaft. Campus: Frankfurt am Main, New York: 1989
- Bengisu B.: Parçalandıkça Büyüyen Bir Cemaat: Risale-i Nur Şakirdleri. Tarih ve Düşünce Dergisi. Ocak, 2001, s.16-19
- Berger P. L.: Ein Marktmodell zur Analyse ökumenischer Prozesse. Yayınlandığı yer: Internationales Jahrbuch für Religionssoziologie 1, 1965, s.235-249
- Berger P. L.: Zur Dialektik von Religion und Gesellschaft. S. Fischer Verlag: Frankfurt am Main, 1973
- Berger P. L., Luckmann Th.: Die gesellschaftliche Konstruktion der Wirklichkeit. S. Fischer Verlag: Frankfurt am Main, 1970
- Berk B.: İttihamları Reddediyorum. Yeni Asya: İstanbul, 1972
- Berk B.: Türkiye'de Nurculuk Davası. 3. baskı. Yeni Asya: İstanbul, 1975
- Berliner Stimme Gazetesi: Islam in Berlin. 26.01.1980

- Bilgi A. : Zübeyir ağabeyin Nurculuk açıklaması. Risale Haber, 02.04.2012
- Bilici M.: Forgetting Gramsci and Remembering Said Nursi: Parallel Theories of Gramsci and Said Nursi in the Space of Eurocentrism. In: Abu-Rabi I. (Hrsg.): Islam at the Crossroads. On the Life and Thought of Bediuzzaman Said Nursi. State University of New York Press: New York, 2003, S.167-180
- Binder H.: Au Kurdistan: En Mesopotamie et en Perse. Maison Quantin: Paris, 1887
- Boissevain J.: Friends of Friends. Networks, Manipulators and Coalitions. Basil Blackwell: Oxford, 1974
- Bourdieu P.: Entwurf einer Theorie der Praxis auf der ethnologischen Grundlage der kabylischen Gesellschaft. Suhrkamp: Frankfurt am Main, 1976
- Bourdieu P.: Ökonomisches Kapital, kulturelles Kapital, soziales Kapital. Yayınlandığı yer: Reinhard Kreckel (Ed.): Soziale Ungleichheiten. Sonderband 2 der Sozialen Welt. Schwartz: Göttingen, 1983, s.183-198
- Bourdieu P.: Sozialer Raum und Klassen. Leçon sur la leçon. Zwei Vorlesungen. Suhrkamp: Frankfurt am Main, 1985
- Braudel F.: Sozialgeschichte des 15-18. Jahrhunderts. Cilt 1: Der Alltag. Kindler: München, 1985
- Braun N.: Tausch in Netzwerken. Yayınlandığı yer: Diekmann A., Voss T. (Ed.): Rational-Choice-Theorie in den Sozialwissenschaften:

Anwendungen und Probleme: Oldenbourg: München, 2004, s.129-141

- Bruinessen M.M.: Agha, Scheich und Staat. Politik und Gesellschaft Kurdistans. WB Druck: Rieden, 1989
- Buckley P., Casson M.: A Theory of Cooperation in International Business. Yayınlandığı yer: Contractor F., Lorange P. (Ed.): Cooperative Strategies in International Business. Lexington Books: Lexington, 1988, s.31-53
- Casanova J.: Einwanderung und der neue religiöse Pluralismus. Ein Vergleich zwischen der EU und den USA. Yayınlandığı yer: Leviathan, 34.Jhr., Cild 2, Haziran, 2006a, s.182-207
- Casanova J.: Aggiornamenti? Katholische und muslimische Politik im Vergleich. Yayınlandığı yer: Leviathan, 34.Jhr., Cild 3, Eylül, 2006b, s.305-320
- Castells M.: Der Aufstieg der Netzwerkgesellschaft. Teil 1 der Trilogie Das Informationszeitalter. Leske + Budrich: Opladen, 2001
- Cebeci S.: İzmir'de iki gün. Yeni Asya Gazetesi, 07.12.2006
- Coleman J.: Social Capital in the Creation of Human Capital. Yayınlandığı yer: American Journal of Sociology 94, 1988, s.95-120
- Coleman J.: Foundations of Social Theory. Harvard University Press: Cambridge, 1990
- Coleman J.: Grundlagen der Sozialtheorie. Cilt 1. Handlungen und Handlungssysteme. R. Oldenbourg: München, 1991

- Cuinet V.: La Turquie d'Asie: Geographie Administrative, Statistique Descriptive et Raisionnée de Chaque Province de l'Asie Mineure. Cilt 2. Ernest Leroux: Paris, 1891
- Çayır K.: İslamcı bir sivil toplum örgütü: Gökkuşağı İstanbul Kadın Platformu. Yayınlandığı yer: Göle N. (Ed.): İslamın Yeni Kamusal Yüzleri. Bir Atölye Çalışması. Metis: İstanbul, 2000, s.41-67
- Çetiner Y.: İnanç Sömürücüleri, Nurcular Arasında Bir Ay. Varlık: İstanbul, 1964
- Dehnbostel P.: Netzwerkbildungen und Lernkulturwandel in der beruflichen Weiterbildung. Basis für eine umfassende Kompetenzentwicklung? Yayınlandığı yer: GdWZ, Cild 3, 2001, S. 104-106
- Demir A., Schmitt C.: Islam und Aufklärung. Nesil: İstanbul, 2004
- Demm E.: Zwischen Kulturkonflikt und Akkulturation: Deutsche Offiziere im Osmanischen Reich. Yayınlandığı yer: Zeitschrift für Geschichtswissenschaft, No. 8, 2006, s.691-715
- Der Koran. Übersetzung von Adel Theodor Khoury. Gütersloher Verlagshaus: Gütersloh, 1987
- Deutsche Welle (Deutscher Radiosender): Kirchenfunk. Moscheen in Deutschland – Die Nurculuk-Bewegung. 08.07.1978
- Duran B.: Sekülerleşme Krizi ve Bir Çıkış Yolu Arayışı. Timas: İstanbul, 1997
- Duran B.: Postseküler toplumda İslam ve Müslüman. Unveröffentlichtes Manuskript, 2007

- Durkheim E.: Der Selbstmord. Luchterhand: Neuwied/Berlin, 1973
- Durkheim E.: Die elementaren Formen des religiösen Lebens. Suhrkamp: Frankfurt am Main, 1981
- Durkheim E.: Über soziale Arbeitsteilung. Studie über die Organisation höherer Gesellschaften. Suhrkamp: Frankfurt am Main, 1992
- Eickelman Dale F.: Qur'anic Commentary, Public Space and Religious Intellectuals in the Writing of Said Nursi. Yayınlandığı yer: Muslim World. No. 89 (3-4), 1999, s.260-269
- Erdoğan L.: Fethullah Gülen Hocaefendi. Küçük Dünyam. AD Yayıncılık: İstanbul, 1995
- Ergin M.: Nurculuk Gerçeği. Yeni Asya: İstanbul, 2001
- Fortes M.: The Web of Kinship among the Tallensi. Oxford University Press: London, 1949
- Fox A.: Beyond Contract: Work, Power and Trust Relations. Faber & Faber: London, 1974
- Fuchs S.: Against Essentialism. A Theory of Culture and Society. Harvard University Press: Cambridge, 2001
- Gazali: İslâm'da Müsamaha. Marifet Yayınları: İstanbul, 1990
- Geiersbach P.: Gott auch in der Fremde dienen. Ein Türkenghetto in Deutschland. Cild 2. Berlin: Mink-Verlag, 1990
- Giddens A.: The Consequences of Modernity. Cambridge University Press: Cambridge, 1990
- Giddens A.: Risk, Trust, Reflexivity. Yayınlandığı yer: Beck U., Giddens A. (Ed.): Reflexive

Modernization. Stanford University Press: Stanford, 1994
- Goffman E.: Interaction Ritual. Essays in Face-to-Face Behavior. Aldine: Chicago, 1967
- Gondek H.-D., Heisig U., Littek W.: Vertrauen als Organisationsprinzip. Yayınlandığı yer: dies. (Ed.): Organisation von Dienstleistungsarbeit: Sozialbeziehungen und Rationalisierung im Angestelltenbereich. Edition Sigma: Berlin, 1992, s.33-55
- Gould R.: Collective Action and Network Structure. Yayınlandığı yer: American Sociological Review, 58/2, 1993, s.182-196
- Göle N.: 80 Sonrası Politik Kültür. Yayınlandığı yer: Kalaycıoğlu E., Sarıbay A.Y. (Ed.): Türkiye'de Siyaset: Süreklilik ve Değişim. Der Yayınevi: İstanbul, 1986, s.509-511
- Göle N.: Gendered Nature of the Public Sphere. Yayınlandığı yer: Public Culture No. 10, 1997, s.61-81
- Granovetter M.: The Strength of Weak Ties. Yayınlandığı yer: American Journal of Sociology, 78/6, 1973, s.1360-1380
- Granovetter M.: Economic Action and Social Structure: The Problem of 'Embeddedness'. Yayınlandığı yer: Granovetter M., Swedberg R. (Ed.): The Sociology of Economic Life. Westview Press: Boulder, 1992, s.53-81
- Granovetter M.: Ökonomische Institutionen als soziale Konstruktionen – Ein Analyserahmen. Yayınlandığı yer: Bögenhold D. (Ed.): Moderne

amerikanische Soziologie. Lucius & Lucius: Stuttgart, 2000, s.199-217

- Grundwald W.: Wie man Vertrauen erwirbt: Von der Misstrauens- zur Vertrauensorganisation. Yayınlandığı yer: Management Zeitschrift 64, No. 1-2, 1995, s.73-77
- Güleçyüz K.: Din de zorlama olmamalı. Yayınlandığı yer: İzlenim 2/1993, s.12
- Güleçyüz K.: Nur Hareketi. Yeni Asya Gazetesi, 31.01.2006
- Gülen F.: Son Karakol. Yayınlandığı yer: Sızıntı Dergisi, Ekim 1980
- Gülen F.: Fasıldan Fasıla. Cilt 2. 2. baskı. Nil: Izmir, 1995
- Gülen F.: Prizma. Cilt 1-2. Nil: Izmir, 1997
- Gür M.: Türkisch-islamische Vereinigungen in der Bundesrepublik Deutschland. Brandes und Apsel: Frankfurt am Main, 1993
- Gürsoy I.: Devletin Gizli Belgelerinde Said Nursi Günlügü. 2013
- Haddad Y.: Ghurba as Paradigm for Muslim Life: A Risale-i Nur Worldview. Yayınlandığı yer: Muslim World. Cild 89 (3-4). Temmuz–Ekim, 1999
- Hartfiel G., Hillmann K.: Wörterbuch der Soziologie. 3. baskı. Alfred Körner Verlag: Stuttgart, 1982
- Heimbach M.: Die Entwicklung der islamischen Gemeinschaften in Deutschland seit 1961. Klaus Schwarz Verlag: Berlin, 2001

- Hermann R.: Die drei Versionen des politischen Islam in der Türkei. Yayınlandığı yer: Orient, No. 37 (1), 1996, s.35-57
- Hobbes T.: Leviathan or the Matter, Forme, & Power of a Common-wealth Ecclesiasticall and Civil. Andrew Crooke: London, 1651
- Holzer B.: Netzwerke. Transcript: Bielefeld, 2006
- Höpp G.: Arabische und islamische Periodika in Deutschland, 1915 – 1929. Yayınlandığı yer: Moslemische Revue, Cild 3, 1991, s.150-175
- Höpp G., Reinwald B. (Ed.): Fremdeinsätze. Afrikaner und Asiaten in europäischen Kriegen, 1914-1915. Zentrum Moderner Orient, Studien 13: Berlin, 2000
- Höpp G.: Mohammed Essad Bey oder Die Welten des Lev Abramovič Nussenbaum. Yayınlandığı yer: Essad Bey (Ed.): 'Allah ist gross': Niedergang und Aufstieg der islamischen Welt von Abdul Hamid bis Ibn Saud. Matthes & Seitz: München, 2002, s.385-414
- Hürriyet: Gülen, geçmişini nasıl görüyor? 03.04.1998
- Hüttermann J.: Islamische Mystik. Ein 'gemachtes Milieu' im Kontext von Modernität und Globalität. Ergon Verlag: Würzburg, 2002
- Jama'at-un Nur Hannover. Islamische Gemeinschaft. Selbstdarstellung, Tarih yok
- Jama'at-un Nur Köln. Gesellschaft des Lichtes. Selbstdarstellung, Tarih yok
- Jansen D.: Einführung in die Netzwerkanalyse. Grundlagen, Methoden, Anwendungen. Leske + Budrich: Opladen, 2003

- Johanson J., Mattson L.: Interorganizational Relations in Industrial Systems: A Network Approach Compared with the Transaction-Cost Approach. Yayınlandığı yer: International Studies of Management and Organization, 18 (1), 1987, s.34-48
- Jonker G.: Eine Wellenlänge zu Gott. Der Verband der islamischen Kulturzentren in Europa. Transcript: Bielefeld, 2002
- Jütte W.: Soziales Netzwerk Weiterbildung. Analyse lokaler Institutionenlandschaften. Bertelsmann: Bielefeld, 2002
- Karabaşoğlu M.: Text and Community: An Analysis of the Risale-i Nur Movement. Yayınlandığı yer: Abu-Rabi I. (Ed.): Islam at the Crossroads. On the Life and Thought of Bediüzzaman Said Nursi. State University of New York Press: New York, 2003, s.263-296
- Khaldun Ibn: Muqaddima. F. Maspero: Paris, 1966
- Kinross P.: Atatürk: The Rebirth of a Nation. Phoenix Giant: London, 1995
- Kutay C.: Kader Bağı. Ercan Holding: İstanbul, 1986
- Lemmen T.: Die Nurdschuluk-Bewegung / Jama'at-un Nur. İnternette: http://www.chrislages.de/Nurculuk.htm. 1997.
- Leveau R.: Der Islam in Frankreich: Wandel und Kontinuitäten. Yayınlandığı yer: Escudier A. (Ed.): Der Islam in Europa. Der Umgang mit dem Islam in Frankfreich und Deutschland. Wallstein: Göttingen, 2003, s.12-25

- Lipp W.: Stigma und Charisma. Über soziales Grenzverhalten. Reimer: Berlin, 1985
- Lipp W.: Drama Kultur. Duncker und Humblot: Berlin, 1994
- Lipp W.: Charisma. Yayınlandığı yer: Schäfers B. (Ed.): Grundbegriffe der Soziologie. 8. baskı. Leske + Budrich: Opladen, 2003, s.45-47
- Luhmann N.: Vertrauen. Ein Mechanismus der Reduktion sozialer Komplexität. Enke: Stuttgart, 1973
- Luhmann N.: Trust and Power. Wiley: Chichester, 1979
- Luhmann N.: Soziale Systeme. Grundriss einer allgemeinen Theorie. Suhrkamp: Frankfurt am Main, 1984
- Luhmann N.: Inklusion und Exklusion. Yayınlandığı yer: Soziologische Aufklärung 6. Westdeutscher Verlag: Opladen, 1995a, s.237-264
- Luhmann N.: Die Weltgesellschaft und ihre Religion. Yayınlandığı yer: Solidarität 45, Cild 9/10, 1995b, s.11-12
- Luhmann N.: Religion als Kommunikation. Yayınlandığı yer: Tyrell H., Krech V., Knoblauch H. (Ed.).: Religion als Kommunikation. Ergon: Würzburg, 1998, s.135-145
- Luhmann N.: Vertrautheit, Zuversicht, Vertrauen: Probleme und Alternativen. Yayınlandığı yer: Hartmann M., Offe C. (Ed.): Vertrauen: die Grundlage des sozialen Zusammenhalts. Campus: Frankfurt am Main, 2001, s.143-160
- Mardin Ş.: Religion and Social Change in Modern Turkey. The Case of Bediüzzaman Said Nursi.

State University of New York Press: New York, 1989

- Mardin Ş.: Anmerkungen zu normativen Konflikten in der Türkei. Yayınlandığı yer: Berger, P. L. (Ed.): Die Grenzen der Gemeinschaft. Bertelsmann Stiftung: Gütersloh, 1997, s.355-397
- Mardin Ş.: Bediüzzaman Said Nursi Olayı. İletişim Yayınları: İstanbul, 2003a
- Mardin Ş.: Reflections on Said Nursi's Life and Thougt. Yayınlandığı yer: Abu-Rabi I. (Ed.): Islam at the Crossroads. On the Life and Thought of Bediüzzaman Said Nursi. State University of New York Press: New York, 2003b, s.45-50
- Mead G.H.: Geist, Identität und Gesellschaft. Suhrkamp: Frankfurt am Main, 1968
- Mettele G.: Eine 'Imagined Community' jenseits der Nation. Die Herrnhuter Brüdergemeinde als transnationale Gemeinschaft. Yayınlandığı yer: Geschichte und Gesellschaft 32, 2006, s.45-68
- Mıhçıyazgan U.: Identitätsbildung zwischen Selbst- und Fremdreferenz. Überlegungen zur Beschreibung der Identität muslimischer Migranten. Yayınlandığı yer: Schreiner P. (Ed.): Identitätsbildung in multikultureller Gesellschaft. Beiträge eines interdisziplinären Kolloquiums. Comenius-Institut: Münster, 1994, s.31-48
- Michel T.: Christlich-Islamischer Dialog und die Zusammenarbeit nach Bediüzzaman Said Nursi. Söz Basım Yayın: İstanbul, 2004
- Mısıroğlu K.: TV'de röportaj. TV Net, Gerçek, 04.02.2011

- Misawa: Risale-i Nur´lar sadeleştirildi. İnternette: http://forum.misawa.de/showthread.php/16137-Risale-i-Nur%C2%B4lar-sadelestirildi. 2012
- Misawa: Cemaat ve Ak Parti (Fethullah Gülen ve Tayyip Erdoğan) İnternette: http://forum.misawa.de/showthread.php/2842-Cemaat-ve-Ak-Parti-(Fethullah-G%C3%BClen-Tayyip-Erdogan). 2013
- Misawa: Risale-i Nur ve telif hakkı. İnternette: http://forum.misawa.de/showthread.php/18491-Risale-i-Nur-ve-telif-hakki. 2014
- Muradoğlu A.: Sürgünde Geçen Bir Ömür. Yeni Şafak Gazetesi Yazı Dizisi, 23.03.2002 – 26.03.2002
- Münavi: Feyzü´l-Kadir. Cild 1. Yayınevi yok: Beirut, 1972
- Nursi S.: Divan-ı Harb-i Örfi. Sözler: İstanbul, 1978
- Nursi S.: Asar-ı Bediyye. Yayınevi yok: Beirut, 1979
- Nursi S.: Hutuvat-ı Sitte. Takdim: İstanbul, 1991
- Nursi S.: Sünuhat. Yeni Asya: İstanbul, 1993
- Nursi S.: Das oberste Zeichen. Sözler: İstanbul, 1994
- Nursi S.: Nurun İlk Kapısı. Yeni Asya: İstanbul, 1995a
- Nursi S.: Hutbe-i Şamiye. Yeni Asya: İstanbul, 1995b
- Nursi S.: Latif Nükteler. Yeni Asya: İstanbul, 1995c
- Nursi S.: Beyanat ve Tenvirler. Yeni Asya: İstanbul, 1995d

- Nursi S.: Sayqal al-Islam. Sözler: İstanbul, 1998
- Nursi S.: Münazarat. Yeni Asya: İstanbul, 1999a
- Nursi S.: Miftahü'l-İman. Yeni Asya: İstanbul, 1999b
- Nursi S.: Asa-yı Musa. Yeni Asya: İstanbul, 2000a
- Nursi S.: Hizmet Rehberi. Yeni Asya: İstanbul, 2000b
- Nursi S.: Kastamonu Lahikası. Yeni Asya: İstanbul, 2000c
- Nursi S.: Şualar. Yeni Asya: İstanbul, 2000d
- Nursi S.: Sikke-i Tasdik-i Gaybi. Yeni Asya: İstanbul, 2000e
- Nursi S.: Lem'alar. Yeni Asya: İstanbul, 2000f
- Nursi S.: Barla Lahikası. Yeni Asya: İstanbul, 2000g
- Nursi S.: Muhakemat. Yeni Asya. İstanbul, 2000h
- Nursi S.: Mesnevi-i Nuriye. Yeni Asya. İstanbul, 2000i
- Nursi S.: İşaratü'l-İ'caz. Yeni Asya. İstanbul, 2000j
- Nursi S.: Tarihçe-i Hayat. Yeni Asya: İstanbul, 2001a
- Nursi S.: Mektubat. Yeni Asya: İstanbul, 2001b
- Nursi S.: Emirdağ Lahikası. Yeni Asya: İstanbul, 2001c
- Nursi S.: Sözler. Yeni Asya: İstanbul, 2001d
- Nursi S.: Die Aufrichtigkeit. Sözler: İstanbul, 2002a
- Nursi S.: Die Früchte des Glaubens. Sözler: İstanbul, 2002b
- Nursi S.: The Rays. Sözler: İstanbul, 2002c
- Nursi S.: Mensch und Universum. Sözler: İstanbul, 2002d

- Nursi S.: Die Worte. Sözler: İstanbul, 2002e
- Nursi S.: Die Auferstehung und das Jenseits. Sözler: İstanbul, 2002f
- Nursi S.: Ayet'ül Kübra. Envar: İstanbul, 2003
- Nursi S.: Die Lichtstrahlen. Sözler: İstanbul, 2004a
- Nursi S.: Die Briefe. Sözler: İstanbul, 2004b
- Nursi S.: İhlas Risaleleri. Söz Basım Yayın: İstanbul, 2004c
- Nursi S.: The Flashes. Sözler: İstanbul, 2004d
- Nursi S.: Uhuvvet Risalesi. Söz Basım Yayın: İstanbul, 2004e
- Nursi S.: Signs of Miraculousness. The Inimitability of the Qur'an's Conciseness. Sözler: İstanbul, 2004f
- Nursi S.: Tröstung für die Alten. Sözler: İstanbul, 2005a
- Nursi S.: Die erste Tür des Nur. Envar Neşriyat: İstanbul, 2005b
- Nursi. S. İçtima-i dersler. Zehra Yayıncılık: İstanbul, 2006
- Nursi S.: Die Lichtblitze. Sözler: İstanbul, 2007
- Nursi S.: Sırr-ı İnna A'tayna. Derin Tarih: İstanbul, 2016
- Nursi S.: Blitze. VFJH e.V.: Ulm, Tarih yok
- Oğur Y.: Paralel devletin çekilmiş en net fotoğrafı. Türkiye Gazetesi, 15.12.2014
- Özcan Ö.: Risale-i Nur Hizmetkarları Ağabeyler Anlatıyor. Cild 2. Nesil: İstanbul, 2008
- Özkılınç A.: Akrebin Kıskacında. Nesil: İstanbul, 2011

- Pappi F. (Ed.): Methoden der Netzwerkanalyse. Techniken der empirischen Sozialforschung Bd.1. Opladen: München, 1987
- Pohl R.: Islam in Deutschland. Yayınlandığı yer: BRD und Dritte Welt No. 59, Cild 6, 2004, s.1-48
- Posch W.: Islam und Islamismus in der Türkei. Yayınlandığı yer: Feichtinger W., Wentker S. (Ed.): Islam, Islamismus und islamischer Extremismus. Landesverteidigungsakademie Österreich: Wien, 2005, s.167-187
- Powell W.: Weder Markt noch Hierarchie: Netzwerkartige Organisationsformen. Yayınlandığı yer: Kenis P., Schneider V. (Ed.): Organisation und Netzwerk. Institutionelle Steuerung in Wirtschaft und Politik. Campus: Frankfurt am Main, New York, 1996, s.213-269
- Preisendörfer P: Vertrauen als soziologische Kategorie. Yayınlandığı yer: Zeitschrift für Soziologie, 24. Yıl, Cild 4, Ağustos 1995, s.263-272
- Rabbani: Mektubat-ı Rabbani. Hakikat Kitabevi: İstanbul, 2001
- Reed F.A.: Anatolia Junction: A Journey into Hidden Turkey. Taloonbooks: British Columbia, 1999
- Ripperger T.: Die Effizienz des Vertrauensmechanismus bei der Organisation internationaler Transaktionen. In Herder-Dorneich P., Schenk K.-E., Schmidtchen D. (Ed.): Jahrbuch für neue politische Ökonomie. Cilt 18. Globalisierung und Rechtsordnung. Mohr: Tübingen, 1999, s.257-291

- Risale Haber: Said Nursi'nin o talebeleri beni çok etkiledi. 12.12.2011
- Risale Haber: Ali Uçar'ın vefatından önceki son mektubu Kaynak: Ali Uçar'ın vefatından önceki son mektubu. 24.11.2013
- Risale Haber: Demirel'e Nur cemaatinin misin Oktay Ekşi'nin misin sorusu. 09.12.2013
- Risale Haber: Said Nursi'nin 95 yıl önceki CV'si. 03.09.2014
- Roy O.: Siyasal İslam'ın İflası. 2. baskı. Metis: İstanbul, 1995
- Salihoğlu M. L.: Cesaret ve sadakat örnekleri. Yeni Asya Gazetesi, 15.01.2007
- Schäfers B.: Gemeinschaft. Yayınlandığı yer: ders. (Ed.): Grundbegriffe der Soziologie. 8. baskı. Leske + Budrich: Opladen, 2003a, s.99-101
- Schäfers B.: Gesellschaft. Yayınlandığı yer: ders. (Ed.): Grundbegriffe der Soziologie. 8. baskı. Leske + Budrich: Opladen, 2003b, s.109-114
- Schiffauer W.: Ausbau von Partizipationschancen islamischer Minderheiten als Weg zur Überwindung des islamischen Fundamentalismus? Yayınlandığı yer: Bielefeldt H., Heitmeyer W. (Ed.): Politisierte Religion. Ursachen und Erscheinungsformen des modernen Fundamentalismus. Suhrkamp: Frankfurt am Main, 1998, s.418-437
- Schiffauer W.: Die Gottesmänner. Türkische Islamisten in Deutschland. Suhrkamp: Frankfurt am Main, 2000
- Schiffauer W.: Muslimische Organisationen und ihr Anspruch auf Repräsentativität: Dogmatisch

bedingte Konkurrenz und Streit um Institutionalisierung. Yayınlandığı yer: Escudier A. (Ed.): Der Islam in Europa. Der Umgang mit dem Islam in Frankreich und Deutschland. Wallstein: Göttingen, 2003, s.143-158

- Schiffauer W.: Die Islamische Gemeinschaft Milli Görüş – ein Lehrstück zum verwickelten Zusammenhang von Migranten, Religion und sozialer Integration. Yayınlandığı yer: Bade K., Bommes M., Münz R. (Ed.): Migrationsreport 2004. Fakten-Analysen-Perspektiven. Campus: Frankfurt am Main, New York, 2004a, s.67-96
- Schiffauer W.: Vom Exil- zum Diaspora-Islam. Muslimische Identitäten in Europa. Yayınlandığı yer: Soziale Welt (55), 2004b, s.347-368
- Schütz A.: 'Der Fremde' ve 'Der Heimkehrer'. Yayınlandığı yer: ders.: Gesammelte Aufsätze. Cild 2: Studien zur soziologischen Theorie. Nifhoff: Den Haag, 1972, s.53-84
- Seufert G.: Politischer Islam in der Türkei. Franz Steiner Verlag: İstanbul, 1997
- Seufert G.: Die Türkisch-Islamische Union der türkischen Religionsbehörde (DITIB). Zwischen Integration und Isolation. Yayınlandığı yer: Seufert G., Waardenburg J. (Ed.): Turkisch Islam and Europe. Türkischer Islam und Europa. In Komission bei Franz-Steiner-Verlag: İstanbul, Stuttgart, 1999a, s.261-293
- Seufert G.: Die Milli-Görüş-Bewegung. Zwischen Integration und Isolation. Yayınlandığı yer: Seufert G., Waardenburg J. (Ed.): Turkisch Islam and Europe. Türkischer Islam und Europa. In

Komission bei Franz-Steiner-Verlag: İstanbul, Stuttgart, 1999b, s.295-322

- Sevilgen G.: MSP´de Dört Yıl (1973-1977). İstiklal: Ankara, 1979
- Simmel G.: Exkurs über den Fremden. Yayınlandığı yer: ders: Soziologie. Untersuchungen über die Formen der Vergesellschaftung. Duncker & Humblot Verlag: Leipzig, 1908, s.509-512
- Simmel G.: Soziologie. Untersuchungen über die Formen der Vergesellschaftung. Duncker & Humblot Verlag: Leipzig, 1908
- Simmel G.: Soziologie. Suhrkamp: Frankfurt am Main, 1992
- Sitembölükbaşı Ş.: Türkiye´de İslam´ın Yeniden İnkişafı. 1950-1960. İsam Yayınları: Ankara, 1995
- Smith M.: Studies in Early Mysticism in the Near and Middle East. Yayınevi yok: Oxford, 1995
- Sönmez A.: Fethullah Gülen Gerceği. 2. baskı. Kaynak: Izmir, 1999
- Spinner H.: Die Architektur der Informationsgesellschaft. Philo: Bodenheim, 1998
- Spuler U.: Nurculuk. Die Bewegung des ´Bediüzzaman´ Said Nursi in der modernen Türkei. Yayınlandığı yer: Spies O. (Ed.): Studien zum Minderheitenproblem im Islam. Cild 1. Bonner Orientalische Studien. Neue Serie Bd. 27/1. Yayınevi yok: Bonn, 1973, s.100-183.
- Spuler U.: Zur Organisationsstruktur der Nurculuk-Bewegung. Yayınlandığı yer: Roemer H.R., Noth A. (Ed.): Studien zur Geschichte und Kultur des Vorderen Orients. Festschrift für Berthold Spuler

zum siebzigsten Geburtstag. Brill: Leiden, 1981, s.423-442

- Staber U.: Steuerung von Unternehmensnetzwerken: Organisationstheoretische Perspektiven und soziale Mechanismen. Yayınlandığı yer: Sydow J., Windeler A. (Ed.): Steuerung von Netzwerken. Konzepte und Praktiken. Westdeutscher Verlag: Opladen, 1999, s.58-87
- Steinbach U., Feindt-Riggers N.: Islamische Organisationen in Deutschland. Eine aktuelle Bestandsaufnahme und Analyse. Deutsches Orient-Institut: Hamburg, 1997
- Strauss A. (Ed.): George Herbert Mead on Social Psychology. University of Chicago Press: Chicago, 1956
- Sydow J., Windeler A.: Steuerung von und in Netzwerken – Perspektiven, Konzepte, vor allem aber offene Fragen. Yayınlandığı yer: dies. (Ed.): Steuerung von Netzwerken. Konzepte und Praktiken. Westdeutscher Verlag: Opladen, 1999, s.1-24
- Sztompka P.: Vertrauen: Die Fehlende Ressource in der postkommunistischen Gesellschaft. Yayınlandığı yer: Kölner Zeitschrift für Soziologie und Sozialpsychologie. Özelsayı 35, 1995, s.254-276
- Szyska C.: Reformen und Reaktionen. Wie reformresistent ist der Islam? Ein historischer Überblick. Yayınlandığı yer: Kultur-Austauch, 01/2002, s.22-27
- Şahiner N.: Bilinmeyen Taraflarıyla Bediüzzaman Said Nursi. Yeni Asya: İstanbul, 1979a

- Şahiner N.: Said Nursi ve Nurculuk hakkında Aydınlar Konuşuyor. Yeni Asya: İstanbul, 1979b
- Şahiner N.: Son Şahitler Bediüzzaman Said Nursi'yi anlatıyor. Cild 1-5. Nesil: İstanbul, 2005
- Şahinöz C.: Nurculuk – Gülen Hareketi farkı. İnternette: https://misawatruth.wordpress.com/2006/01/10/10-01-2006-nurculuk-guelen-hareketi-farki/. 10.01.2006
- Şahinöz C.: Der deutsche Islam. Bod: Nordestedt, 2011
- Şahinöz C.: Die Gülen Bewegung. Religionsgemeinschaft oder Geheimbund? Bod: Nordestedt, 2016
- Şahinöz C.: Die Nurculuk Bewegung. Entstehung, Organisation und Vernetzung. 4. Auflage. BOD: Norderstedt, 2019
- Şahinöz C.: Positives Handeln bei Said Nursi. BOD: Norderstedt, 2020
- Şahinöz C.: Cemaat'ten Örgüt'e. FETÖ'nün sosyolojik analizi. BOD: Norderstedt, 2021
- Tacke V.: Netzwerk und Adresse. Yayınlandığı yer: Soziale Systeme 6/2, 2000, s.291-320
- Talib A.: Stationen des Lebens eines türkischen Schuhmachermeisters in Deutschland von 1917 bis 1983. Kaiserreich - Weimarer Republik - Drittes Reich – DDR. Önel Verlag: Köln, 1997
- TBMM Zabıt Ceridesi, Cild 24
- Teubner G.: The Many-Headed Hydra: Networks as Higher-Order Collective Actors. Yayınlandığı yer: Corporate Control and Accountability. Changing Structures and the Dynamics of

Regulation. Clarendon Press: Oxford, 1993, s.41-60

- Tezcan L.: Inszenierungen kollektiver Identität, Artikulationen des politischen Islam – beobachtet auf den Massenversammlungen der türkisch-islamischen Grubpe Milli Görüs. Yayınlandığı yer: Soziale Welt (53), 2002, s.303-324
- Tezcan L.: Das islamische in den Studien zu Muslimen in Deutschland. Yayınlandığı yer: Zeitschrift für Soziologie, 32. Yıl, Cild 3, 2003, s.237-261
- Tezcan L.: The Problems of Religious Modernity. Yayınlandığı yer: Asian Journal of Social Science. 33:3, 2005, s.506-528
- Tönnies F.: Gemeinschaft und Gesellschaft. Wissenschaftliche Buchgesellschaft Darmstadt: Darmstadt, 1979
- Tuksavul M.: Eine bittere Freundschaft. Erinnerungen eines türkischen Jahrhundertzeugen. Econ: München, 1985
- Turgut H: Nur Hareketi. Sabah Gazetesi Yazı Dizisi, 15.01.1997-02.02.1997
- Urry J.: Small Worlds and the New 'Social Physics'. Yayınlandığı yer: Global Networks, 4/2, 2004, s.109-130
- Utermann C.: Türkischer Islam in Deutschland. DPA: Hamburg, 1995
- Ülken H. Z.: Türkiyede Çağdaş Düşünce Tarihi. Cilt 1. Selçuk: Konya, 1966
- Ülsever C.: Türkiye'nin Görevi: Said-i Nursi'yi anlamak / anlatmak. Hürriyet Gazetesi, 02.10.2004

- Vahide Ş.: Dschihad in modernen Zeiten. Bediüzzaman Said Nursi's Interpretation des Dschihad. Yayınlandığı yer: Jama'at-un Nur (Ed.): Said Nursi im Spiegel westeuropäischer Diskussionen. Jama'at-un Nur: Köln, 1999, s.24-41
- Vahide Ş.: Ein Beitrag zu einer 'Intellektuellen Biographie' Said Nursis. Söz Basım Yayın: İstanbul, 2004
- Vahide Ş.: Islam in Modern Turkey. An intellectual Biography of Bediuzzaman Said Nursi. State University of New York Press: Albany, 2005
- Vámbéry A.: La Turquie d'Aujourd'hui et d'Avant Quarante Ans. P.V.Stock: Paris, 1898
- Wagner G.: Expatriates als Netzwerkarchitekten. Yayınlandığı yer: Mense-Petermann U., Wagner G. (Ed.): Transnationale Konzerne als neuer Organisationstyp? VS Verlag: Wiesbaden, 2006, s.225-247
- Watts D.: The 'New' Science of Networks. Yayınlandığı yer: Annual Review of Sociology, 30, 2004, s.243-270
- Weber M.: Wirtschaft und Gesellschaft. Grundriss der verstehenden Soziologie. 5.baskı. J.C.B. Mohr: Tübingen, 1980
- Weber M.: Soziologische Grundbegriffe. 6.baskı. J.C.B. Mohr: Tübingen, 1984
- Weber M.: Über einige Kategorien der verstehenden Soziologie. Yayınlandığı yer: ders.: Gesammelte Aufsätze zu Wissenschaftslehre. 7. baskı. J.C.B. Mohr: Tübingen, 1988
- Weber M.: Politik als Beruf. Reclam: Ditzingen, 1992

- Weber M.: Schriften zur Soziologie. Reclam: Ditzingen, 1995
- Weber M.: Die protestantische Ethik und der Geist des Kapitalismus. Area: Erftstadt, 2005
- Wegmann J., Zimmermann G.: Netzwerk, soziales. Yayınlandığı yer: Schäfers B. (Ed.): Grundbegriffe der Soziologie. 8. baskı. Leske + Budrich: Opladen, 2003, s.250-254
- Weinbrenner H.: Nurculuk. Yayınlandığı yer: Islam Nachricht. No. 0003, 28.03.1997
- White H.: Identitiy and Control. A Structural Theory of Social Action. Princeton University Press: Princeton, 1992
- White H.: Careers and Creativity: Social Forces in the Arts. Westview Press: Boulder, 1993
- Williamson O.: Transaction-Cost Economics: The Governance of Contractual Relations. Yayınlandığı yer: Journal of Law and Economics 22, 1979, s.233-261
- Windhager G.: Leopold Weiss alias Muhammad Asad. Von Galizien nach Arabien 1900-1927. Böhlau: Wien, 2002
- Wunn I.: Muslimische Grubpierungen in Deutschland. Ein Handbuch. Kohlhammer: Stuttgart, 2007
- Yaşar İ.: Bediüzzaman. Yeni Asya: İstanbul, 1993a
- Yaşar İ.: Zamanın Sesi. Yeni Asya: İstanbul, 1993b
- Yavuz H.: Yayına Dayalı İslami Söylem ve Modernlik: Nur Hareketi. Yayınlandığı yer: 3. Uluslararası Bediüzzaman Sempozyumu. Nesil: İstanbul, 1995, s.641-666

- Yavuz H.: Die Renaissance des religiösen Bewusstseins in der Türkei: Nur-Studienzirkel. Yayınlandığı yer: Göle N., Ammann L. (Ed.): Islam in Sicht. Der Auftritt von Muslimen im öffentlichen Raum. Transcript: Bielefeld, 2004, s.121-146
- Yavuz H., Esposito J. (Ed.): Turkisch Islam and the Secular State: The Gülen Movement. Syracuse University Press: Syracuse, 2003
- Zarcone T.: La Turquie moderne et l'Islam. Flammarion: Paris, 2004

Ekler

Ek 1

Varşova, Berlin ve Viyana üzerinden İstanbul´a giden
Said Nursi´ye Almanya´da verilen kimlik belge
(Nursi, 2001a, s.105).

Ek 2

Almanya´da 1918´de verilen çıkış belgesi (Nursi, 2001a, s.106).

Ek 3

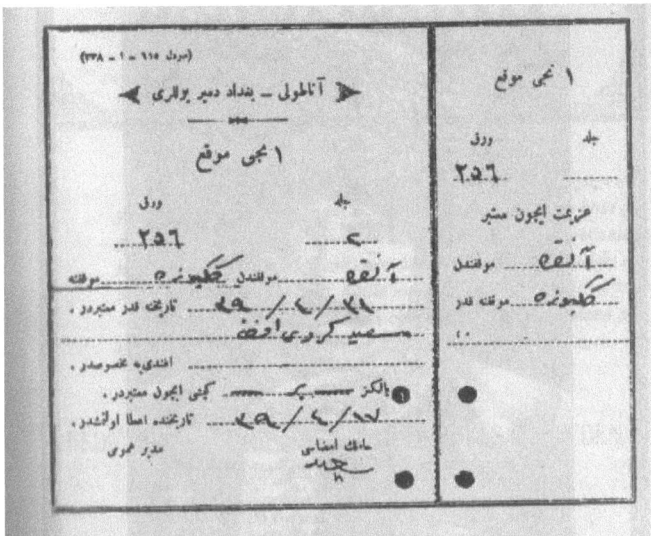

Eski Said´i Yeni Said´e döndüren tren yolculuğunun
bileti (Nursi, 2001a, s.133).

Ek 4

Cemil Abiciğim!

Binler Selâm ve dualar ederiz.

Uğradığımız yerler, sırasıyle s,

Berlin, Hamburg, Bremen, Hanno-
ver, Lemgo, Ahlen, Duisburg, Mon-
heim, Düsseldorf, Eindhoven, Den
Haag, Rotterdam Eindhoven,
Roermond Hückelhoven, Düren,
M.Gladbach, Alsdorf, Merkstein,
Köln, Budenheim, Mainz, Kaiserslautern,
Diedenbach, Mannheim, Stuttgart,
Ludwigsburg, Aschaffenburg, München
Augsburg, Ulm, Nürnberg, Erlangen,
Kaiserslautern, Budenheim, Offenb.h.
Wetzlar, Limburg, Budenheim, Düs-
seldorf, Köln, Eindhoven, Buden-
heim, Wien..

1. Weinacht'a, inşaallah, geleceğim.
2. Arabanın benzin kapağındaki metal kapı çalışmıyor.
3. 170 km'de gaz pedalı çok titriyor.
4. İlmim dahilinde trafik hatası yapmadım, ceza yok.
5. Arabayı sadece ben kullandım. Sadece ehliyetinden emin olduğum için az bir zaman Mehmet Çiçek kullandı.
6. Araba iyi çalışıyor; benzin doldurma yerindeki metal kapı kapanmıyor, kapanınca açılmıyor, tek eksiklik.

Binler var u canlar teşekkür ederim. Bayram Abinin de hususi tereccühlerini nakle-diyorum size çok dua ediyor.

Bizler selâm ve duâ eder
şuhurun selâsenizi ve içindeki çok sevaplı günlerinizi
tebrik ederiz.

İnşâallah görüşmek düşün-
cesiyle.

الباقي هو الباقي
دعاءنه محتاج قردشكر

ALİ UÇAR

Ali Uçar´ın son mektubu (Risale Haber, 24.11.2013)

Ek 5

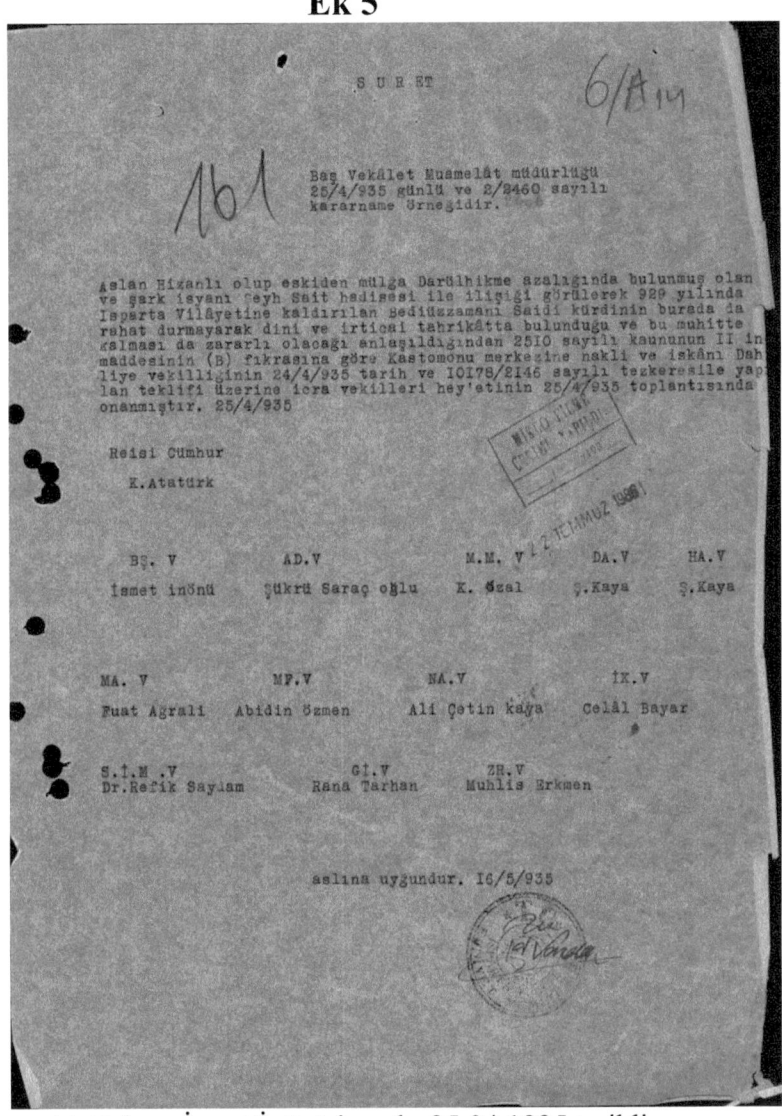

S U R ET 6/A14

Baş Vekâlet Muamelât müdürlüğü
25/4/935 günlü ve 2/2460 sayılı
kararname örneğidir.

Aslan Bizanlı olup eskiden mülga Darülhikme azalığında bulunmuş olan
ve şark isyanı şeyh Sait hadisesi ile ilişiği görülerek 929 yılında
Isparta Vilâyetine kaldırılan Bediüzzamanı Saidi kürdinin burada da
rahat durmayarak dini ve irticai tahrikâtta bulunduğu ve bu muhitte
kalması da zararlı olacağı anlaşıldığından 2510 sayılı kanunun II in
maddesinin (B) fıkrasına göre Kastomonu merkezine nakli ve iskânı Dah
liye vekilliğinin 24/4/935 tarih ve 10178/2146 sayılı tezkeresile yap
lan teklifi üzerine icra vekilleri hey'etinin 25/4/935 toplantısında
onanmıştır. 25/4/935

Reisi Cumhur

K.Atatürk

BŞ. V   AD.V   M.M. V   DA.V   HA.V
İsmet İnönü   Şükrü Saraç oğlu   K. Özal   Ç.Kaya   Ş.Kaya

MA. V   MF.V   HA.Y   İX.V
Fuat Ağralı   Abidin Özmen   Ali Çetin kaya   Celâl Bayar

S.İ.M .V   Gİ.V   ZR.V
Dr.Refik Saydam   Rana Tarhan   Muhlis Erkmen

aslına uygundur. 16/5/935

Atatürk ve İsmet İnönü imzalı, 25.04.1935 tarihli
belge (Akgündüz, 2014)

293

Ek 6

Adı soyadı : Saidi Kürdi -Saidi Nursi - Bediüzzemah

Kayıtlı bulunduğu kısım : A; fişinin 5 sayısına kayıtlıdır.
ve sıra sayısı :

Yaptığı iş : Boşta gezer

Bu kısma alınmasını isti- : Kürtçülük mevkuresi taşıdığı ve dini hissiya-
lzam eden durum tı alet ederek irticai hareketlerde bulundu-
ğu ve nurculuk teşkilatı kurmak istediği gö-
rüldüğünden.

Durumunun murakabe altına : 1929 yılında
alındığı tarih.

Bu tetbirlerin alınmasın- : Dini hissiyatı alet ederek devletin emniye-
dan sonra temas ve hara- tini bozabilecek hareketlere halkı teşvik
ketlerinde dikkati çeken ve nurcular adlı gizli cemiyet kurmaktan 948
halleri adalete intikal senesinde adalete verilmiş tevkif edilmiştir.
etmiş bir suçu varsa hak- Mahkemesi mevkufen devam etmiş ve Afyon Ağır
kında verilmiş kararın ceza mahkemesinin 6/Aralık/1948 gün 142 esas
tarih.ve özeti. 257 sayılı kararıyla mahkum olmuştur. Temyi-
zin naksı üzerine tekrar mahkemesine başlan-
mışsa da 5677 sayılı af kanununa göre hakkın-
daki tahkikat durdurulmuştur, 1 sene 8 ay mev-
kuf kalmış ve tahliye edilmiştir. İstanbul
da, Gençlik rehberi adlı kitabı neşretmekten
mahkemeye verilmişse de 5/3/1952 tarihinde
beraat etmiştir. Şapka Kanununa muhalefetten
Kmirdağ'ında 13/3/1952 de mahkemeye verilmiş-
sede beraat etmiştir. halen adı geçen ve 87.
arkadaşı hakkında nurcular adlıyla gizli bir
cemiyet kurmalarından ötürü haklarında, Isper-
ta sorgu hakimliğince ilk tahkikat açılmış
olup henüz bitmemiştir.

Daha bir müddet bulunduğu kısımda
kalması gerekiyorsa bu
kanaatı takviye eden hu- Fırsat düşkünü; sinsi ve kurnaz bir şahıs
suslar olan adı geçenin kötü emellerinin tahakkuku
için gizliden gizliye faaliyet sarfettiği mü-
şahede olunmaktadır. Durumunun denetlenmesinin
devam olunmasında fayda mülahaza edilmektedir.

A. Fişinin (5) sayısına kayıtlı Saidi Nursi, Bediüzzemanın yu-
karıda belirtilen durumu komisyonumuzca göz önünde tutularak adı geçenin
A; fişinde bırakılmasına karar verildi. 23/3/1955

Fiş komisyonu başkanı   Üye   Üye
Isparta Valisi V. Emniyet Müdürü Vilayet Jandarma Kum.
Avni Uuru Rifat Açıkalın Niyazi Tankur
imza imza imza

Aslının aynıdır.
11/11/1960.

Aslı : 13311-22/17

Fişlenme belgesi (Gürsoy, 2013)

Ek 7

Nursi´nin gazetelerdeki ilk köşe yazısı 06.08.1908
tarihinde Rehber-i Vatan Gazetesinde yayınlandı.

Ek 8

22.11.1922´de Meclis´de konuşma yaptığına dair
resmi belge (TBMM Zabıt Ceridesi, c. 24, s. 457)

Ek 9

İrticaî Ólaylar Sanık Fişi. 24/69

Adı	Soyadı	Babasının adı	Anasının adı
Ziver	Gündüzalp	Mehmet	Seyyide

Doğum yeri ve tarihi	Milliyeti	Dini	Evli olup olmadığı
Ermenek ilcesi Zaviye Mahallesi 1336	Türk	İslâm	Bakâr

Yaptığı iş	Uyruğu	Olay Fiş sayısı	
Posta T.T.M. emuru	T. C.	2	

1	Suçu	Saidi Kurdiye bağlı eshastan
2	Suçla ilgisi	Saidi Kurdinin neşrettiği kitapları okumak
3	Adalete verildiği yer ve tevkif edildiği yer	Konya Afyon
4	Mahkeme safhaları	Mahkemesi ceryan etmektedir.
5	Mahkûm olup olmadığı	Halen Tutukludur. Nazareti ceryan
6	Cezasını nerede çektiği	Afyonda
7	Şimdi oturduğu yer, evvelce oturduğu yerler	Aslen Ermenek ilcesinin Zaviye mahallesi halkından olup Konyada ahtatepen mahallesinde oturur
8	Yabancı memleketlerde gezi yapmışsa gezdiği ve oturduğu yerler	Yapmamıştır
9	Askerlik durumu düzgünmüdür, sınıf ve rütbesi	Muhabere Çavuşu ,İyidir
10	Evvelce hüküm giymişmidir, Cezanın nevi ve miktarı	Giymemiştir.
11	Mahitinde ve kollukça nasıl tanıdığı.	Mütaassip ruhlu
	Emniyet Müdür ve âmirinin bu kimse hakkındaki kanaatı	Mütaassiptir	24 TEMMUZ 1980

HATIRLATMA : Fiş doldurulurken arka taraftaki açıklama gözönünde tutulacaktır.

Said Nursi´nin talebesi Zübeyir Gündüzalp 1940´ların
sonuna doğru fişlenmiş.

297

Ek 10

Medine-i Münevvere'deki Tahkik'ül-Ensab kurumu,
Irak'daki Sadat ve Esraf Yüksek Meclisi ve
Ürdün'deki Sadat ve Esraf Yüksek Meclisi ve bütün
dünyadaki seyyid ve şerifleri bünyesinde barındıran
Rabitatu Alil-Beyt kurumu tarafından hazırlanan
Neseb Şahadeti belgesinde Bediüzzaman'ın Evlad-ı
Resul olduğu tasdik ediliyor (Akgündüz, 2014).

Ek 11

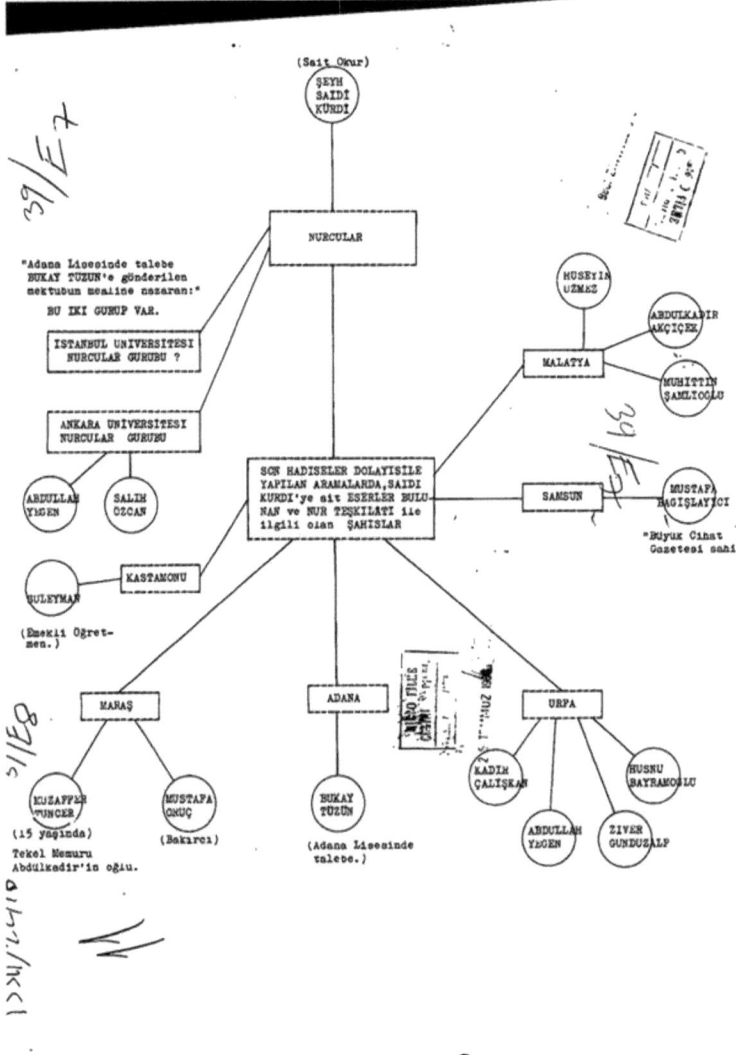

1953´den bir fişlenme belgesi (Akgündüz, 2014)

Ek 12

Nursi 1919'da Daru´l Hikmeti´l İslamiye'ye verdiği
özgeçmişi (Risale Haber, 03.09.2014)

Ek 13

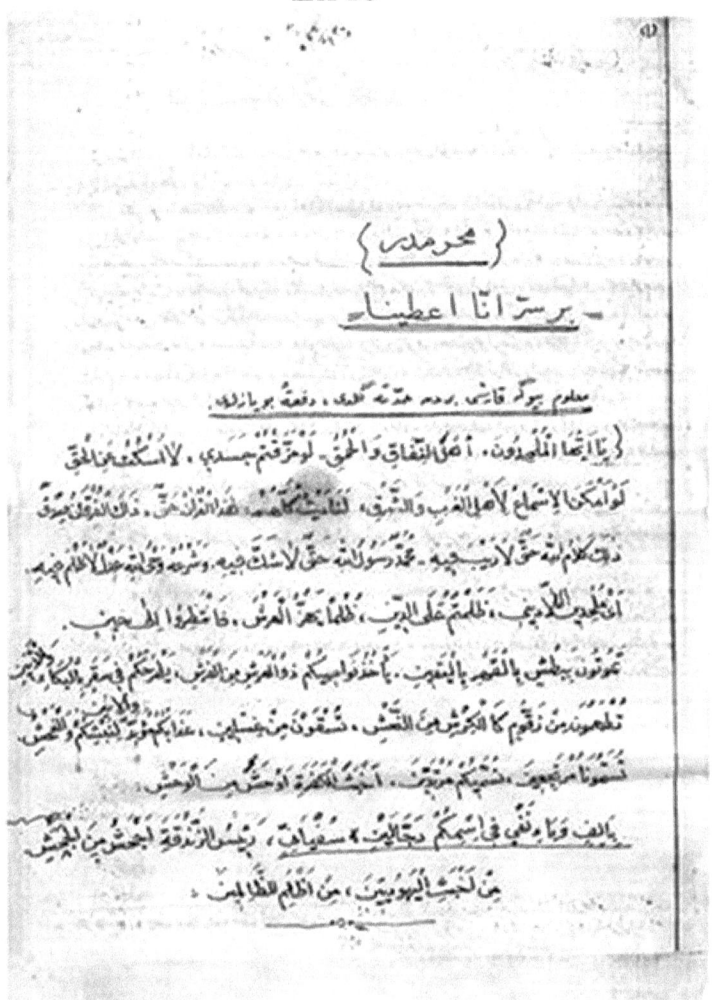

Nursi´nin mahrem diye neşredilmeyen Sırr-ı İnna
Atayna eseri (Akgündüz, 2014)

Ek 14

BAKANLAR KURULU KARARI

Karar Sayısı : 2014/7007

Ekli "Eser Sahibi Sait Okur (Bediüzzaman Said Nursi) Olan Eserler Üzerindeki Hakların Diyanet İşleri Başkanlığı Tarafından Kullanılmasına İlişkin Karar"ın yürürlüğe konulması; Kültür ve Turizm Bakanlığının 22/10/2014 tarihli ve 202226 sayılı yazısı üzerine, 5846 sayılı Fikir ve Sanat Eserleri Kanununun 47 nci maddesine göre, Bakanlar Kurulu'nca 24/11/2014 tarihinde kararlaştırılmıştır.

Recep Tayyip ERDOĞAN
CUMHURBAŞKANI

Ahmet DAVUTOĞLU
Başbakan

B. ARINÇ	A. BABACAN	Y. AKDOĞAN	N. KURTULMUŞ
Başbakan Yardımcısı	Başbakan Yardımcısı	Başbakan Yardımcısı	Başbakan Yardımcısı
B. BOZDAĞ	A. İSLAM	V. BOZKIR	F. IŞIK
Adalet Bakanı	Aile ve Sosyal Politikalar Bakanı	Avrupa Birliği Bakanı	Bilim, Sanayi ve Teknoloji Bakanı
F. ÇELİK	I. GÜLLÜCE	M. ÇAVUŞOĞLU	N. ZEYBEKCİ
Çalışma ve Sosyal Güvenlik Bakanı	Çevre ve Şehircilik Bakanı	Dışişleri Bakanı	Ekonomi Bakanı
T. YILDIZ	A. Ç. KILIÇ	M. M. EKER	N. CANİKLİ
Enerji ve Tabii Kaynaklar Bakanı	Gençlik ve Spor Bakanı	Gıda, Tarım ve Hayvancılık Bakanı	Gümrük ve Ticaret Bakanı
E. ALA	C. YILMAZ	Ö. ÇELİK	M. ŞİMŞEK
İçişleri Bakanı	Kalkınma Bakanı	Kültür ve Turizm Bakanı	Maliye Bakanı
N. AVCI	I. YILMAZ	V. EROĞLU	
Milli Eğitim Bakanı	Milli Savunma Bakanı	Orman ve Su İşleri Bakanı	
M. MÜEZZİNOĞLU	L. ELVAN		
Sağlık Bakanı	Ulaştırma, Denizcilik ve Haberleşme Bakanı		

ESER SAHİBİ SAİT OKUR (BEDİÜZZAMAN SAİD NURSİ) OLAN ESERLER ÜZERİNDEKİ HAKLARIN DİYANET İŞLERİ BAŞKANLIĞI TARAFINDAN KULLANILMASINA İLİŞKİN KARAR

Hakların kullanımına ilişkin esaslar

MADDE 1- (1) Eser sahibi Sait Okur (Bediüzzaman Said Nursi) olan ekli listedeki eserler üzerinde, 5/12/1951 tarihli ve 5846 sayılı Fikir ve Sanat Eserleri Kanunundan kaynaklanan tüm hak ve yetkiler Diyanet İşleri Başkanlığına aittir.

(2) Ekli listedeki eserler, aslına uygun olmak kaydıyla, Diyanet İşleri Başkanlığınca ya da Diyanet İşleri Başkanlığının verdiği izin veya yetki çerçevesinde kişi ve kuruluşlarca işlenebilir, çoğaltılabilir, yayımlanabilir, temsil edilebilir veya işaret, ses ve görüntü nakline yarayan araçlarla umuma iletilebilir. Diyanet İşleri Başkanlığınca verilen izin veya yetki çerçevesinde hareket edilmediğinin ya da eserlerin aslına uygun olma koşuluna riayet edilmediğinin tespiti halinde hukuki süreç başlatılır.

(3) Ekli listedeki eserler üzerinde 5846 sayılı Kanundan kaynaklanan hak sahipliğini belgelendiren kişilere, talep edilmesi halinde, Diyanet İşleri Başkanlığınca, 5846 sayılı Kanunun 47 nci maddesi çerçevesinde münasip bir bedel ödenir. Bu bedel Kültür ve Turizm Bakanlığı ile Diyanet İşleri Başkanlığı tarafından oluşturulacak komisyon marifetiyle belirlenir.

(4) Diyanet İşleri Başkanlığınca, ekli listede belirtilen eserler üzerindeki hakların kullanılması sonucu bir gelir veya kullandırılması suretiyle telif geliri elde edilmesi halinde, bu gelirler, hak sahiplerine ödenecek münasip bedelin karşılanması için kullanılır. Ekli listede belirtilen eserler üzerindeki hakların kullanılması ve kullandırılması bakımından Diyanet İşleri Başkanlığınca bir kuruluşun yetkilendirilmesi ve bu kuruluş tarafından hakların kullanılması sonucu bir gelir veya kullandırılması suretiyle telif geliri elde edilmesi halinde, bu gelirler; ekli listedeki eserlerin basım, yayım ve tanıtımı ile eser sahibinin tanıtımına yönelik gerçekleştirilecek kültürel, sosyal ve eğitim amaçlı her türlü hizmet, faaliyet ve proje için kullanılır veya bu amaçlar doğrultusunda Diyanet İşleri Başkanlığının görüşü alınarak ilgili kişi veya kuruluşlara kullandırılır.

Yürürlük
MADDE 2- (1) Bu Karar yayımı tarihinde yürürlüğe girer.

Yürütme
MADDE 3- (1) Bu Karar hükümlerini Bakanlar Kurulu yürütür.

Risale-i Nur´ların basım hakkı ile ilgili Resmi Gazete´de 26.11.2014´de yayınlanan karar

Ek 15

Almanya´daki medreseler

Ek 16

RAPOR

Bedi'üzzeman Said Nursi ve diğer şahıslara aid teslim olunan kitap ve Defterlerin içlerinde kanunen müsâderesi icap eden muzur Kitaplar bulunup bulunmadığı hakkında incelenip, neticesinin bir raporla bildirilmesi için Ankara Birinci Ağır Ceza Yüksek Reisliğince Ehli Vukuf seçilmemiz üzerine iş bu beş çuval ve bir tahta sandık içindeki, ilişik listede isimleri yazılı Kitap ve mektup ve Defterler teker teker okunup incelendikte:

Bunların çoğu Said Nursi'ye âit Eserler olup münderecatlarının, hiç bir şahıs zikr edilmiyerek yalnız Kur'ânı Kerîm ve Ehâdîsi Şerîfeden ilham alınarak başka başka ünvanlar altında kârihasına göre hazırladığı bir takım esrârı ilmiyye ve hikemiyyenin madde âleminden temsiller getirilerek izahları yazılmış ve hâli hazırdaki nev'i beşeri ve bilhassa memleketimizdeki küçük ve büyük insan kitlelerini gafletten îykaz ile fikri ve şehevânî dalâletten ve sûi i'tikad ve sûi ahlak girivelerinden kurtarmağa mâtuf ifâdelerden ve onları Devletimizce dahi matlup olan güzel ahlâka sevk edebilecek yazılardan ibâret bulunmuş olduğu ve diğer şahıslara ait mektup ve saire dahi Said Nursinin Eserlerinde okudukları noktalara ait hatırlarına gelen bazı mühim dînî ve ahlâkî mesâilin kendisinden istifsarlarından ve bazıları bu Zâtın Nâsıhı Ümmet olduğundan bahisle arkadaşlarına kendisini tanıttırmalarından ibaret Defterler olduğu anlaşılmış ve netice itibari ile münderecatlarında Kanunî mevzuâta muhalif siyasî ve idarî bir mahzur görülmemiş olduğundan bu Eserlerde müsaderelerini iycap eden bir hal bulunmadığı kanaatına varılmış bulunduğuna dair iş bu raporumuz Ankara Birinci Ağır Ceza Yüksek Reisliğine sunulmuştur. 23-5-1956

Diyanet işleri Reisliği
Müşavere ve Dini Eserler inceleme Hey'eti Azaları

Bilir kişi
Hasan Fehmi Başoğlu

Bilir kişi
Hasan Hüsnü Erdem

Bilir kişi
Şehit Oral

Diyanet İşleri Reisliği Müşavere ve Dini Eserler
İnceleme Heyeti'nin Risale-i Nur ile ilgili 23 Mayıs
1956'da verdiği olumlu rapor

305

Ek 17

Almanya'da İslâmiyet

Avrupa'da bilhassa Almanya'da İslâmiyet günden güne gelişmekte bir çok kimse müslüman olmaktadır. Bu arada Türk işçileri arasında Ali Uçar isminde bir Üniversite talebesi imani mevzulu konferanslar vermektedir. Yu-

karıdaki kupür bir Türk gazetesi'nin Almanya baskısından alınmıştır. Kupürde Ali Uçar'ın iki yıl içerisinde 400 konferans verdiği belirtilmektedir. Büyük alâka gören konferanslara gözyaşları arasında konuşmacıyı dinlemektedirler.

Ali Uçar´ın Almanya´da verdiği konferanslarla ilgili
12.07.1974 tarihli haber.

306

Ek 18
Said Nursi´nin eserleri

TÜRKÇE / GENEL
1899 Kızıl İcaz
1899 Tâlikat (tahminen)
1899-1906 Matematik ve fizyonomi ile ilgili iki kitabı yangında yanıyor.
1908-1909 Reçetet-ül Avam
1909 Divan-ı Harbi Örfi
1911 Reçetet-ül Ulema veya Saykal-ül İslam
1911 Hutbe-i Şamiye
1911 Münazarat
1911 Muhakemat
1911 Teşhis-ül illet
1911 Deva's ül Ye's
1911 Nutuk-1
1914-1916 İşarat-ül İcaz
1919 Bediüzzaman'ın Tarihçe-i Hayatı
1919 Nokta
1920 Hakikat Çekirdekleri-1
1920 Sünuhat
1921 Hakikat Çekirdekleri-2
1921 Lemaat
1921 Şuaat
1921 Rumuz
1921 Tulûât
1921 Muhakemat
1921 İşârât
1921 İki Mekteb-i Musibetin Şehâdetnâmesi (tahminen)
1922 Katre
1922 Zeyl-ül- Katre
1922 Habbe

1922 Zeyl-ül Habbe
1922 Zerre
1922 Şemme
1922 Zeyl
1923 Zehre
1923 Zehrenin zeyli
1923 Habab
1923 Zeyl-ül Habab
1922 Hutuvat-ı Sitte
1925 Sırr-ı İnnâ A'taynâ

1926-1930 SÖZLER

1926 Birinci söz
1926 İkinci Söz
1926 Üçüncü Söz
1926 Dördüncü Söz
1926 Beşinci Söz
1926 Altıncı Söz
1926 Yedinci Söz
1926 Sekizinci Söz
1926 Dokuzuncu Söz
1926 Onuncu Söz
Onbirinci Söz
Onikinci Söz
Onüçüncü Söz
Ondördüncü Söz
1933 Ondördüncü Söz'ün Zeyli
Onbeşinci Söz
Onaltıncı Söz
Onyedinci Söz
1927 Onsekizinci Söz
Ondokuzuncu Söz
1926 Yirminci Söz

1926 Yirmibirinci Söz
1926 Yirmiikinci Söz
1929 Yirmiüçüncü Söz
Yirmidördüncü Söz
1927 Yirmibeşinci Söz
Yirmialtıncı Söz
1929 Yirmiyedinci Söz ve Zeyli
Yirmisekizinci Söz
1928-30 Yirmidokuzuncu Söz
1928-30 Otuzuncu Söz
1928-30 Otuzbirinci Söz
1928-30 Otuzikinci Söz
1928-30 Otuzüçüncü Söz

1929-1934 MEKTUBAT

1929 Birinci Mektup
1930 İkinci Mektup
1930 Üçüncü Mektup
1930-31 Dördüncü Mektup
1930-31 Beşinci Mektup
1930-31 Altıncı Mektup
Yedinci Mektup
Sekizinci Mektup
1930 Dokuzuncu Mektup
Onunucu Mektup
Onbirinci Mektup
Onikinci Mektup
1929 Onüçüncü Mektup (Telif edilmedi)
Ondördüncü Mektup
Onbeşinci Mektup
1930-31 Onaltıncı Mektup
1931 Onaltıncı Mektup'un Zeyli
1930 Onyedinci Mektup

Onsekizinci Mektup
1929 Ondokuzuncu Mektup
1928 Yirminci Mektup
Yirmibirinci Mektup
Yirmiikinci Mektup
1933 Yirmiüçüncü Mektup
1928 Yirmidördüncü Mektup (Telif edilmedi)
Yirmibeşinci Mektup
1932 Yirmialtıncı Mektup
1931 Yirmialtıncı Mektup'un İkinci Kısmı
1929-1960 Yirmiyedinci Mektup (Bütün lahika mektupları)
1931 Yirmisekizinci Mektup (Birinci parçası)
1933 Yirmisekizinci Mektup (İkinci parçası)
1934 Yirmidokuzuncu Mektup (Birinci Kısım)
1914-16 Otuzuncu Mektup (İşarat-ül İcaz)
Otuzbirinci Mektup
1921 Otuzikinci Mektup (Lemaat)
1929 Otuzüçüncü Mektup

1932-1936 LEMALAR

1932 Birinci Lem'a
1932 İkinci Lem'a
1932 Üçüncü Lem'a
1932 Dördüncü Lem'a
Beşinci Lem'a (Telif edilmedi)
Altıncı Lem'a (Telif edilmedi)
1932 Yedinci Lem'a
1933 Sekizinci Lem'a
1932 Dokuzuncu Lem'a
1934 Onuncu Lem'a
1933 Onbirinci Lem'a
1934 Onikinci Lem'a

Onüçüncü Lem'a
1934 Ondördüncü Lem'a
Onbeşinci Lem'a
1934 Onaltıncı Lem'a
1933 Onyedinci Lem'a
1934 Onsekizinci Lem'a
1935 Ondokuzuncu Lem'a
1934 Yirminci Lem'a
1934 Yirimibirinci Lem'a
Yirmiikinci Lem'a
Yirmiüçüncü Lem'a
1934 Yirmidördüncü Lem'a
1934 Yirmibeşinci Lem'a
1934 Yirmialtıncı Lem'a
1935-36 Yirmiyedinci Lem'a
1935 Yirmisekizinci Lem'a
1935 Yirmidokuzuncu Lem'a
1935-36 Otuzuncu Lem'a
Otuzbirinci Lem'a
Otuzikinci Lem'a
1921-23 Otuzüçüncü Lem'a (Mesnevi-i Arabi)

1936-1949 ŞUALAR

1936 Birinci Şua
1936 İkinci Şua
1937 Üçüncü Şua
1938 Dördüncü Şua
1938 Beşinci Şua
Altıncı Şua
1938 Yedinci Şua (Ayetü'l Kübra)
1942 Sekizinci Şua
Dokuzuncu Şua
1940 Onuncu Şua

1943-1944 Onbirinci Şua
1944 Onikinci Şua (Meyve Risalesi)
1943-1944 Onüçüncü Şua
1948-49 Ondördüncü Şua
1949 Onbeşinci Şua

AFGANCA
Uhuvvet Risalesi

ALMANCA
33 Fenster
6 Große Namen Gottes
Abhandlung über die Natur
Ärztliches Rezept
Beweise erhabener Glaubenswahrheiten
Blitze
Briefe aus Barla
Briefe aus Emirdağ
Briefe aus Kastamonu
Bruderschaft und Wahrhaftigkeit im Islam
Das große Zeichen
Das Ich
Das Oberste Zeichen
Das Siegel der Bestätigung aus dem Verborgenen
Der Quran – Ein Zeichen des Wunders
Die Auferstehung
Die Auferstehung und das Jenseits
Die Briefe
Die erste Tür des Nur
Die Ewigkeit
Die Fliegen
Die Früchte des Glaubens
Die Harmonie des Lichtes
Die Lichtblitze

Die Lichtstrahlen
Die Worte
Diskussionen
Ein Schlüssel zum Glauben
Gott und das Jenseits
Harmonie des Lichts
Heilmittel für Kranke
Im Aufscheinen des Morgensterns
Islamische Glaubenswahrheiten
Kleine Worte
Kurze Wörter
Leuchtende Rechtleitung
Mensch und Universum
Ramadan
Sein Leben und Werk
Stab Mosis
Strahlen
Tröstung für die Alten
Wegweiser für die Jugend
Wunder Muhammeds

ARAPÇA
El- Tabiat
El-Ayet'l Kübra
El-Haşr (Haşir Risalesi)
El-İhlas Ve'l Uhuvvet (İhlas ve Uhuvvet Risaleleri)
El-İman Tekamülü'l İnsan (Yirmiüçüncü Söz)
El-Kelimat (Sözler)
El-Lemeat (Lem'alar)
El-Mektubat (Mektubat)
El-Melahik (Lahikalar)
El-Melaike (Yirmidokuzuncu Söz)
El-Mucizat-ı Ahmediye (On Dokuzuncu Söz)
El-Mucizat-ı Kur'aniyye

El-Şuaat (Şualar)
En- Nevafiz (Otuz Üçüncü Pencere)
Ene (Otuzuncu Söz)
Envaru'l Hakikat
Eş-Şükr (Şükür Risalesi)
Hakaikü'l İman (İman Hakikatleri)
Hakikatü't- Tevhid (Tevhid Bahisleri),
Hücumat-ı Sitte
Hutbe-i Şamiye
İşaratü'l İ'caz (Orijinal Tahkikli)
Kelimat-ı Sağire (Küçük Sözler)
Mesnevi -i Nuriye (Orijinal Tahkikli)
Miftahü'l Alemi'n Nur
Muhakemat
Mürşidu Ehavati'l Ahire (Hanımlar Rehberi)
Mürşidu Ehli'l Kur'an (Hizmet Rehberi)
Raidü'ş Şebab (Gençlik Rehberi)
Risale İla Külli Meridın Mubtela (Hastalar Risalesi)
Sayqal al-İslam
Siretü'l- Müceddid (Küçük Tarihçe-i Hayat)
Siretü'l Müceddid (Tarihçe-i Hayat)
Ta'likat (Orijinal)
Tefekkürname (Orijinal)

ARNAVUTÇA
Küçük Sözler

BOŞNAKÇA
Hastalar Risalesi
Küçük Sözler
Uhuvvet Risalesi

ÇEKCE
Tabiat Risalesi

314

ÇİNCE
Gençlik Rehberi

FARSÇA
Ayetü'l – Kübra
Gençlik Rehberi
İhlas ve Uhuvvet Risaleleri
Mucizat-ı Ahmediye

FELEMENKÇE
Tabiat Risalesi

FİNCE
Hastalar Risalesi

FRANSIZCA
Les deux voies pour l'homme: 23.ème (23. Söz)
Traite de la Nature (Tabiat Risalesi)

İNGİLİZCE
A Guide for Youth (Gençlik Rehberi)
Bediuzzaman Said Nursi (Tarihçe-i Hayat)
Belief and Man (Yirmi Üçüncü Söz)
Divine Density & Maris Free will (Kader Risalesi)
Fruits of Belief (Meyve Risalesi)
Man & Universe (Otuzuncu Söz)
Message of Sick (Hastalar Risalesi)
Nature Cause or Effect (Tabiat Risalesi)
On Ramadan Thanks & Frugality (Ramazan- İktisat-
Şükür Risaleleri)
Resurrection & Hereafter (Haşir Risalesi)
Said Nursi of Turkey (Tarihçe-i Hayat)

Sincerity & Brotherhood (Ihlas ve Uhuvvet Risalesi)
The Damascus Şermon (Hutbe-i Şamiye)
The Flashes (Lem'alar)
The Immortality of Man's Spirit (Yirmi Dokuzuncu Söz-
Melaike ve Ruhaniyat)
The Key of Belief (Miftahül İman)
The Letters (Mektubat)
The Miracles of Muhammed (On Dokuzuncu Mektup)
The Short Word (Küçük Sözler)
The Spirit & Angels (Ruh ve Melaike)
The Supreme Sign (Ayet-ül Kübra)
The Tongues of Reality (Otuzuncu Söz)
The words (Sözler)
Thirty Three Windows (Otuz Üçüncü Söz)

İSPANYOLCA
Acerca del mes de Ramadan (Ramazan Risalesi)
El septimo Rayo (Ayet-ül Kübra)
Naturaleza: Causa o Efecto? (Tabiat Risalesi)

KAZAKÇA
Haşir Risalesi
Hastalar Risalesi
İhlas Risalesi
Küçük Sözler
Küçük Sözler
Ramazan- İktisat- Şükür Risaleleri
Tabiat Risalesi
Yirmi Üçüncü Söz

KIRGIZCA
Küçük Sözler

KÜRTÇE

Bery Drehti Eyman (Meyve Risalesi)
Çareseri Weswese (Vesveselerin İlacı-21.Söz)
Hikmeti Hopenadan Le Şeytan (Hikmet-ül İstiaze- 13.
Lem'a)
İctihad Lem Serdemeda (İçtihat Risalesi)
Le Melaekat w Liyani Dwarojewe (Melaike ve
Ruhaniyat-29. Söz)
Mn Hüdiy Mrov w Bzutni Gerdilekan le Niwan Felsefe
w Aiynda (Ene ve Zerre Risalesi)
Mrov w Eiman (İnsan ve İman- 23.Söz)
Müa'cizati Ahmadi (Mu'cizat-ı Ahmedi)
Pencerekan (Otuz Üç Pencere)
Peviya Pist u Seyemin (23. Söz)
Peyami Biyman (Hastalar Risalesi)
Peyami Heşr (Haşir Risalesi)
Peyami İhlas w Brayeti (İhlas ve Uhuvvet Risaleleri)
Peyami Piyran (İhtiyarlar Risalesi)
Peyami Remezen (Ramazan Risalesi)
Peyiven Piçuk (Küçük Sözler)
Raberi Hizmetgüzarani Qüran (Hizmet Rehberi)
Raberi Hüşkan (Hanımlar Rehberi)
Raberi Lawan (Gençlik Rehberi)
Rastiy Tewhid Yan Tewhidi Rasteqine (Tevhidin
Hakikatleri)
Rastiyekani İyman (İman Hakikatleri)
Risale Biratiye (Uhuvvet Risalesi)
Sruşt Hünera yan Hünermend (Tabiat Risalesi)
Şükranebjyri (Şükür ve İktisad Risaleleri)
Wte Bıçukekan (Küçük Sözler)
Zlley Mihrebani (Şefkat Tokatları-10. Lem'a)

LEHÇE
23.Söz
Tarihçe-i Hayat

CEMİL ŞAHİNÖZ

POZİTİF OL POZİTİF BAK

PSİKOLOJİK TERAPİDE RİSALE-i NUR

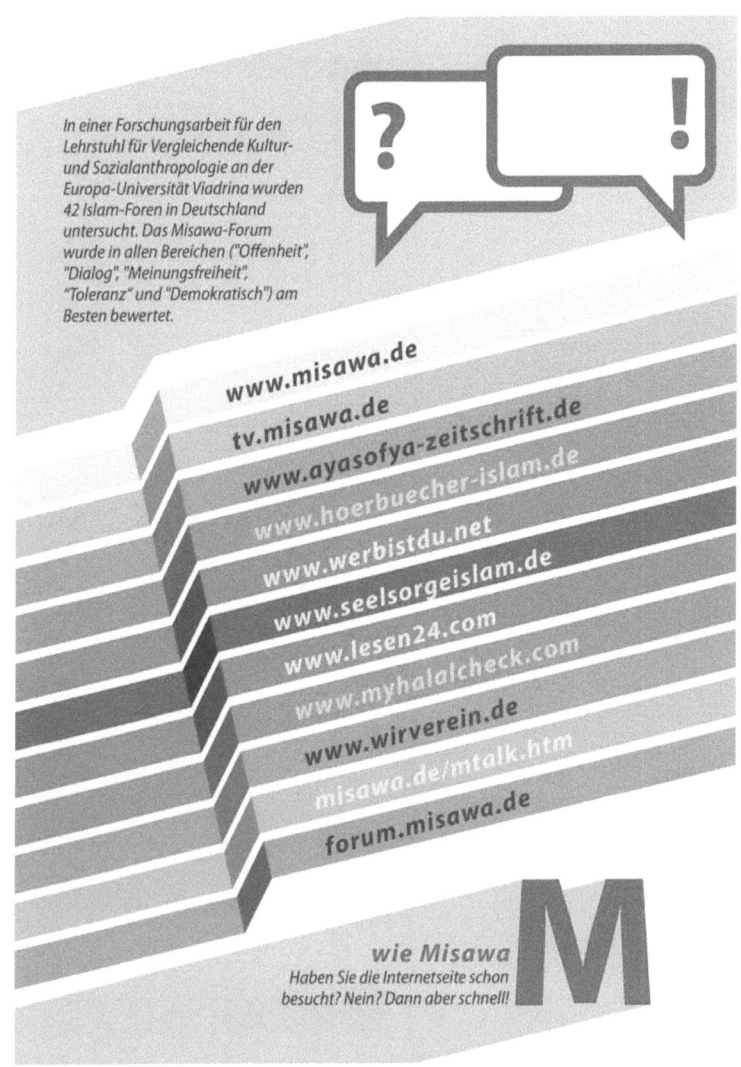

In einer Forschungsarbeit für den Lehrstuhl für Vergleichende Kultur- und Sozialanthropologie an der Europa-Universität Viadrina wurden 42 Islam-Foren in Deutschland untersucht. Das Misawa-Forum wurde in allen Bereichen ("Offenheit", "Dialog", "Meinungsfreiheit", "Toleranz" und "Demokratisch") am Besten bewertet.

www.misawa.de
tv.misawa.de
www.ayasofya-zeitschrift.de
www.hoerbuecher-islam.de
www.werbistdu.net
www.seelsorgeislam.de
www.lesen24.com
www.myhalalcheck.com
www.wirverein.de
misawa.de/mtalk.htm
forum.misawa.de

wie Misawa
Haben Sie die Internetseite schon besucht? Nein? Dann aber schnell!

M